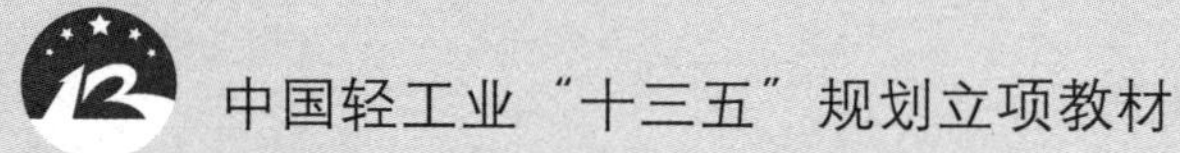

新编21世纪高等职业教育精品教材◆**经济贸易类**

国际商法

（第二版）

GUOJI SHANGFA

主　编　曾黎娟

副主编　吴　薇　黄小文　郭新志　石　娜

中国人民大学出版社

·北京·

图书在版编目(CIP)数据

国际商法/曾黎娟主编. --2 版. --北京：中国人民大学出版社，2021.11

新编 21 世纪高等职业教育精品教材. 经济贸易类

ISBN 978-7-300-29596-1

Ⅰ.①国… Ⅱ.①曾… Ⅲ.①国际商法-高等职业教育-教材 Ⅳ.①D996.1

中国版本图书馆 CIP 数据核字（2021）第 132249 号

中国轻工业“十三五”规划立项教材

新编 21 世纪高等职业教育精品教材·经济贸易类

国际商法（第二版）

主　编　曾黎娟

副主编　吴　薇　黄小文　郭新志　石　娜

Guoji Shangfa

出版发行	中国人民大学出版社		
社　　址	北京中关村大街 31 号	**邮政编码**	100080
电　　话	010－62511242（总编室）		010－62511770（质管部）
	010－82501766（邮购部）		010－62514148（门市部）
	010－62515195（发行公司）		010－62515275（盗版举报）
网　　址	http://www.crup.com.cn		
经　　销	新华书店		
印　　刷	中煤（北京）印务有限公司	**版　　次**	2019 年 2 月第 1 版
规　　格	185 mm×260 mm　16 开本		2021 年 11 月第 2 版
印　　张	15.25	**印　　次**	2021 年 11 月第 1 次印刷
字　　数	355 000	**定　　价**	39.00 元

第二版前言

本书是为高职高专院校的国际贸易、商务英语、应用英语专业及相关专业开设的“国际商法”课程而编写的。本书根据编者十多年教授“国际商法”课程的教学经验以及从事兼职律师的实践经验，总结了高职高专学生学习法律课程的特点，收集了丰富的案例，坚持以案说法，以增强学生分析和解决实际问题的能力，旨在培养学生成为从事涉外商务、对外贸易活动的高素质、高技能复合型人才。

本书比较全面地介绍了国际商事活动所涉及的法律、法规和规章，在编写中力求做到实用、准确、新颖，尽可能满足现代国际商事活动的需求。本书在编写中，注意突出了以下特点：

第一，实用性强。本书每一项目都由知识目标与能力目标开始，简要概括和提示本项目的关键知识。每一项目都穿插有案例，还附有项目小结、综合实务训练，使全书尽可能易于理解且生动有趣，便于教师由浅入深地引入教学内容，也易于激发学生的学习兴趣。

第二，针对性强。编者精心挑选综合实务训练题，突出培养学生的应用能力，启发学生的独立思考能力，帮助学生灵活运用法律知识，培养学生分析问题、解决问题的能力。

第三，内容新颖。随着电子信息技术和经济全球化的全面发展，电子商务在对外贸易中的地位和作用越来越重要，已成为中国对外贸易发展的重要趋势。国际商务电子化使得国际商法的许多内容都发生了深刻的变化，调整国际商事活动的法律、国际惯例也不断发生变化。本书力求介绍的内容与时俱进，吸收国内外最新的理论研究成果，并将最新的国际商事立法、国际惯例介绍给读者。

第四，留有拓展余地。“国际商法”课程本身就是一个开放的体系，国内外教科书的体例和内容也不尽相同。编者选择最主要、最重要的部分予以介绍，对每个项目的具体内容，总体上秉承简明扼要的原则，将篇幅控制在一定范围内，以便教师教学时根据需要进行补充拓展及再创造。

本书第一版于 2019 年出版，经过两年的使用，得到了有关院校师生的较好评价和反馈。2021 年，《中华人民共和国民法典》正式实施，我们针对相关内容及时进行了修订。第二版教材保持了上一版的基本框架和基本内容，删除已经变更的法律法规条文，并在项目三“合同法”、项目四“国际货物买卖法”和项目六“知识产权法”等部分增加了新的法规内容，对教材进行了相应的修改和完善。

本书的编者是从事应用英语、商务英语、国际贸易、法律教学和工作的专家及一线教师，有着丰富的教学经验和科研成果，从而保证了本书的编写质量，使其具有一定的指导性与权威性。本书由曾黎娟主编，负责全书统稿、定稿。具体编写分工如下：曾黎娟编写项目一和项目四；黄小文编写项目二和项目三；郭新志编写项目五、项目六和项目九；石娜编写项目七；吴薇编写项目八。

在本书的编写过程中，编者参阅并征引了众多学者、专家的著作，一些法律法规汇编、案例分析、国际商法和法学方面的教材、著作给了我们很大的帮助和启示，在此一并表示衷心的感谢。由于编者水平所限，书中难免存有瑕疵，敬请专家和读者批评指正。

编　者

目　　录

项目一

国际商法概述

知识目标

1. 了解国际商法的概念和渊源；
2. 掌握两大法系之间的区别和联系；
3. 了解中国法律的渊源和司法制度。

能力目标

1. 能够识别不同法系国家法律的特点；
2. 能够根据不同情况选择适用的具体法律规则。

项目分析

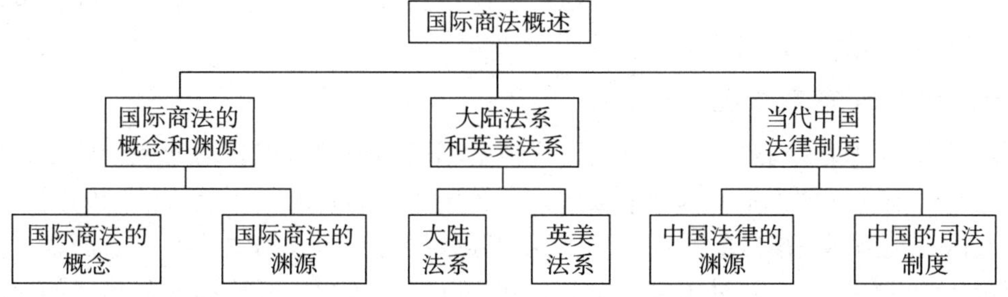

任务一　国际商法的概念和渊源

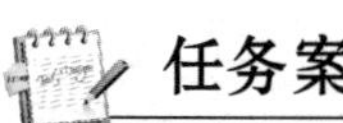

任务案例

中国A公司与日本B公司订立货物买卖合同，将中国的玩具标上B公司指定的商标出口到日本，并由B公司分销到日本各地，合同并未约定适用什么法律。后来A公司因第三人提起商标侵权之诉而受到损失。

问题：

（1）什么是国际商法？

（2）本案中，解决争议应使用什么法律？

一、国际商法的概念

国际商事法（International Business Law），简称国际商法，是指调整国际商事交易和商事组织的各种关系的法律规范的总称。

国际商法，顾名思义，即内容具有国际性的商法。“国际商法”课程与传统的商法课程在内容上难免有交叉。但总体而言，国际商法的研究对象具有更多的国际性，且其涉及的范围比传统的商法更为广泛。国际商法的“国际性”是指其所调整的商事法律关系的诸要素中，至少有一项要素具有国际性。法律关系包括主体、客体和内容三项要素，一项商事关系要成为“国际”商事关系，上述三项要素中至少有一项必须是跨越国境的。因此，如果存在下列情形之一，一项商事关系就具有“国际性”：

（1）商事关系的主体，即个人、合伙企业、公司或非法人组织中的双方当事人国籍不同，或者双方当事人的营业地位于不同的国家。

（2）商事关系的客体处于国外。此处的客体，包括有形物和无形物（如知识产权等）。

（3）导致商事法律关系产生、变更或消灭的法律事实具有跨国性。

由此可见，国际商法的“国际性”并非指某种商事关系发生在国家与国家之间，而是指这种商事关系具有跨国性。

二、国际商法的渊源

国际商法的渊源，主要是指国际商法产生的依据及其表现形式，包括国际商事条约或公约、国际商事惯例和各国商事立法（国内法）。

（一）国际商事条约或公约

国际商事条约或公约是作为国际商事主体的国家和国际组织缔结的关于确立、变更或终止其相互间国际商事关系的国际书面协议。各国缔结的有关国际经济活动的国际条约历来被普遍认为是国际商事法的重要渊源。就国际条约对缔约方的法律拘束力而言，可分为国际双边条约（如《中美贸易关系协定》）和国际多边条约（又称国际公约，如《联合国国际货物销售合同公约》《保护工业产权巴黎公约》《联合国国际汇票和国际本票公约》）。

条约对缔约国有约束力，缔约国必须遵守条约，这是根据“约定必须遵守”的古老的国际法原则得出的结论。各国通过缔结条约（或公约），就可以将某些强制性的法律规范加之于当事人，当事人必须予以遵守。国际商事条约（或公约）通过缔约国立法机关核准后，若与该国国内法发生冲突，除声明保留外，根据国际条约优先适用原则，须首先适用国际条约的有关规定。

（二）国际商事惯例

国际商事惯例是在国际商事交易活动中，经过国际商事主体长期不断的实践、频繁运用而逐渐形成的不成文的习惯性行为规范。这些行为规范虽然未经立法程序确立，不属于法律规范，并无普遍的法律约束力，但一般各国法律均规定，只要相关的国际商事主体在国际商事交易中共同选择遵从某一国际惯例，用以确定相互间权利义务关系，该国际商事惯例便对其具有法律效力。成文的国际商事惯例一般由非政府国际组织制定，如国际商会制定的《国际贸易术语解释通则》《跟单信用证统一惯例》。

（三）国内法

国际商法的国内法渊源，主要是指各国调整涉外商事法律关系的制定法和判例。国际经贸关系具有多样性和复杂性，现有的国际公约和惯例不可能满足实践中的需求；在处理某些国际商事纠纷时，还需借助法律冲突规则的指引，适用有关国家的国内法；个人或企业在从事跨越国境的经贸和商事活动时，也可能选择以某国的国内法为准则。因此，国内法在国际商法中占有重要地位。

任务二　大陆法系和英美法系

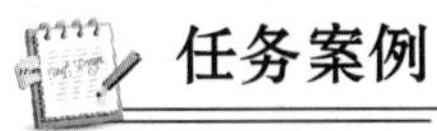

任务案例

原告福克是一个古玩商人，与被告格雷订立合同，被告将其房屋让予原告使用6个月，在合同条款中规定原告可以在6个月后自由选择决定是否购买此房屋以及房内某些物品，其中物品另外估价。双方订立的合同条款中的物品包括“一对落地的东方花瓶，上面绘有精美的花纹，具有东方神韵”。据称，这对花瓶是一位老妇人留下的，国王乔治四世曾经出过100英镑的价格购买这对花瓶。被告基于估价师的鉴定作价出卖，但由于该估价师忽略了花瓶的真实价值，最终将价格定为40英镑，即与原告达成买卖协议。在与原告订约后，有一个买家获悉这对花瓶的消息，向被告出价200英镑求购，被告同意了，并由该买家买走了这对花瓶。于是原告提起诉讼，要求被告交付花瓶，而花瓶的买家则要求法庭判决花瓶归其所有。

问题：

原告能否依英国衡平法请求法院强制被告实际履行40英镑出售花瓶的买卖合同?

法系是指根据各个国家法律的历史传统和外部特征的不同，对其所做的分类。通常把具有一定特点的某一国的法律和仿效这一法律的其他国家法律，划为同一法系。目前，对世界各国法律制度和国际商法影响最大的是大陆法系和英美法系。

一、大陆法系

（一）大陆法系的概念

大陆法系，又称罗马法系、成文法系、法典法系、民法法系等，它是指以罗马法为基础发展起来的、以成文法为基本特征、由众多国家的法律组成的一个完整的法律体系的总称。

大陆法系首先是在欧洲大陆出现和形成的，它具有法典的特征，因此，大陆法系又称为法典法系。

大陆法系还有一个重要的名称，即民法法系。法国在19世纪初编纂的《法国民法典》和德国在19世纪末编纂的《德国民法典》对大陆法系的发展都具有强大的推动作用，以至于把大陆法系又直接称为民法法系。

（二）大陆法系的分布范围

大陆法系分布的国家和地区的数量是世界最多的。以法国和德国为代表，包括比利时、西班牙、葡萄牙、意大利、奥地利、瑞士、荷兰以及曾是法国、西班牙、葡萄牙、荷兰的早期殖民地的国家和地区。北欧各国即挪威、瑞典、丹麦、芬兰和冰岛的法律，通称为斯堪的纳维亚法律，基本上也属于大陆法系。还有亚洲的日本、泰国、土耳其、韩国及我国澳门特别行政区使用的法律，也属于大陆法系。在北美洲，美国的路易斯安那州及加拿大的魁北克省法律，也因历史上的原因属于大陆法系范围。在非洲，如刚果、卢旺达、布隆迪等国的法律，由于以前的殖民地历史，属于大陆法系；北非各国的法律，如阿尔及利亚、摩洛哥、突尼斯等国的法律，也受大陆法系的强烈影响。

（三）大陆法系的特点

1. 大陆法系的主要法律渊源是成文法

所谓成文法，即制定法，是指具有书面形式的、经立法机关依法定程序通过的法律。大陆法系的首要特点就是强调成文法的作用，它在结构上强调法律的系统化、归类化、法典化和逻辑性。大陆法系强调立法机关的垄断权，明确划分立法权和司法权，因此不承认判例的正式效力。法官只能根据成文法而不能根据判例办案。在司法过程中，法官的判决只是起着加强对法律的解释作用。采用成文法是大陆法系区别于英美法系的一个显著特点。

2. 大陆法系各国把全部法律区分为公法和私法两大部分

所谓公法，是以保护国家或公共利益为目的的法律，其主体为国家或公共团体。公法包括宪法、行政法、刑法、诉讼法和国际公法等。所谓私法，是以保护私人利益为目的的法律，其主体为私人或私人团体。私法包括民法、商法和家庭法等。把公法和私法相区分是大陆法系的一个历史传统。古罗马法学家早就意识到公法和私法的区别，并且把这种区别运用到了立法实践。19世纪，以法国和德国为代表的大陆法系国家在编纂法典时广泛运用了公法和私法相区别的理论，把这种理论发展到了顶峰。进入20世纪后，出现了私法公法化、公法社会化的趋势，从而降低了公法和私法划分的意义。但是，绝大多数大陆法系的法学家们仍把此种划分视为法律分类的基础。因此，把法律划分为公法和私法两大部分是大陆法系的另一个显著特征。

3. 大陆法系各国都进行大规模的法典编纂工作

大陆法系崇尚成文法典化，各种法律要求系统完整、逻辑严密、清晰明了。各国都大量编纂法典。1804年的《法国民法典》是19世纪大陆法系法典的一个典型。除民法典之外，还有商法典、刑法典、刑诉法典等。

4. 大陆法系的诉讼制度采取传统的职权制

大陆法系各国强调成文法，当事人的权利和义务已由成文法加以规定，因此，当事人在通过诉讼获得救济时，程序法只是一种获得救济的手段和工具而已。所以，大陆法系各国在诉讼程序上大多采用传统的职权制，法官在诉讼中居于主要地位，证据可于当事人不在场时提出。

5. 大陆法系各国和地区的法院组织

大陆法系各国和地区的法院组织虽然各有特点，但都有一些共同之处。主要表现在：法院的层次基本相同；各国和地区除普通法院以外，都有一些专门法院与普通法院并存；各国和地区法院基本上都分为三级，即一审法院、上诉法院和最高法院。

二、英美法系

（一）英美法系的概念

英美法系又称普通法系、判例法系，是由英国中世纪以来的法律尤其是以普通法为核心发展起来的法律制度的总称。在英国法律发展史上，普通法对整个法律制度的影响最大，因而，英美法系又称为普通法系。英美法系以英国普通法为基础，但并不仅指普通法，它是英国的三种法律（即普通法、衡平法和成文法）的总称。美国的法律虽然源于英国，但改动较大，并对许多国家的法律产生了很大的影响。因此，英美法系又分为英国法和美国法两大分支。

（二）英美法系的分布范围

英美法系的分布范围为英国（苏格兰除外）、美国（路易斯安那州除外）及其他过去曾受英国殖民统治的国家和地区，主要包括加拿大（魁北克省除外）、澳大利亚、新西兰、爱尔兰、印度、巴基斯坦、马来西亚、新加坡和中国香港。南非的法律原属于大陆法系，后被英国吞并，受英国法影响，其法律是大陆法系与英美法系的混合物。斯里兰卡、菲律宾的法律也是混合体。

（三）英美法系的特点

1. 英美法系的主要法律渊源是判例法

英美法系是以中世纪的判例法为渊源和基础发展而来的。其以判例法作为法的主要渊源，而把成文法视为对判例法的补充或修正。判例法是由高等法院的法官以判决的形式发展起来的法律规则。判例法的一个主要特点是，法院在判决中所包括的判决理由必须得到遵循，即对做出判例的法院本身和对下级法院日后处理同类案件均具有约束力。

19 世纪上半叶确立起来的“先例约束力”原则是与判例法紧密相关的一个原则，英美法系国家的法院在处理具体案件时，法官不是引证某项法律，而是参照以前类似案件的判例，按照“公正与正义”的原则做出判决。

英国的“先例约束力”原则包括以下三个方面的内容：

（1）上议院的判决对全国各级审判机关都有约束力，但对其本身没有约束力；

（2）上诉法院的判决可构成对下级法院有约束力的先例，而且对其本身也有约束力；

（3）高级法院的各庭判决对一切低级法院有约束力，对高等法院的其他各庭以及对王冠法院（主要负责审理刑事方面的案件）也有很强的说服力。

美国的“先例约束力”原则包括以下四个方面的内容：

（1）在州法方面，州的下级法院须受其上级法院判例的约束，特别是受州最高法院判例的约束；

（2）在联邦法方面，须受联邦法院判例的约束，特别是受美国最高法院判例的约束；

（3）联邦法院在审理涉及联邦法的案件时，须受其上级联邦法院判例的约束，而在审理涉及州法的案件时，则须受相应的州法院的判例的约束，但以该判例不违反联邦法为原则；

（4）联邦和州的最高法院不受它们以前确立的先例的约束，它们可以推翻过去的先例，并确立新的法律原则。

英美法系在传统上不重视成文法的制定。20 世纪以来尤其是第二次世界大战之后，英国、美国都进行了大量的立法工作，其成文法的数量已相当可观。受英美法系传统的影响，判例法仍旧是基础，所以成文法也只能通过判例法才起作用。也就是说，法官在判案时，不能像大陆法系法官一样直接援引成文法的条文，而只能通过对法律的解释做出判决，形成了先例，才能使得成文法得以实施。

2. 普通法与衡平法是英美法系的两种基本形式

英美法系在法律体系上与大陆法系有很大的不同，它没有公法和私法的划分，普通法与衡平法是其法律的两种基本形式。

普通法的形成，一般认为是在 1066 年诺曼底公爵征服英国后，威廉国王为了削弱封建领主的势力，加强王权，除发布敕令作为全国适用的法律外，还通过设立王室法院，法官有选择地采用各地习惯法审理案件形成的判例，推行全国，最终确立了普通法。因为普通法是以判例形式出现的，所以又称为判例法。

英国法中还包括一种特有的法律制度——衡平法，这是一种与普通法并行的法律原则和诉讼程序。它发端于 14 世纪，是对因普通法程序的呆板和机械而无法得到救济的案件，当事人向英国国王及其咨询机构枢密院甚至国会提出申请，英国国王的近臣枢密院大法官不受普通法约束，按公平正义原则加以审理和判决，以补充普通法的不足所形成的法律制度。

美国法也存在普通法和衡平法的区别，但是由于美国是联邦制国家，美国法律又分为联邦法和州法两大部分。

3. 英美法系的诉讼制度采取对抗制

英美法系诉讼强调程序法，庭审采用对抗制。当事人要想通过诉讼获得救济，必须依据一定的诉讼根据向法院起诉，而依据不同的诉讼根据提起诉讼的案件，其诉讼程序也不同，又不得互相通用。这样，当事人在实体法上的权利，只能通过一定的诉讼程序才能实现，故英美法系国家注重诉讼法，在诉讼程序上一般采用对抗制。即在民事诉讼中由双方律师、在刑事诉讼中由公诉人和辩护人充当主要角色，证据必须在双方当事人在场时提出，当事人可以同对方证人对质，法官居中进行裁决，同时实行陪审团制度。

课堂讨论

在我国香港的影视剧中，有许多法官审理刑事案件的场面。在剧中，双方律师的作用非常大，如果被告方律师能够说服陪审团，让陪审团相信被告是清白的，被告通常会得到无罪判决。

问题：这种诉讼制度采用的是职权制还是对抗制？为什么？

4. 英美法系各国和地区的法院组织

英国的法院组织非常复杂，法院分为高级法院和低级法院。高级法院包括上议院、上诉法院和高等法院三种；低级法院包括王冠法院、郡法院和治安法院三种。高级法院不仅仅审理案件，而且它们的判决往往成为先例，对它们以及对下级法院日后处理同类案件都具有约束力。郡法院和治安法院是英国最低一级的法院。郡法院负责审理民事案件，一般是辖区内争议标的额在 5 000 英镑以下的小额民事案件；治安法院则审理轻微的刑事案件，较大的刑事案件由 1971 年成立的王冠法院审理。

美国的法院组织设有联邦法院和州法院两套系统。联邦法院分为地区法院、上诉法院和最高法院三级。州法院分为一审法院和上诉法院两级。上诉法院包括州的上诉法院和最高法院。在管辖权方面，一般而言，涉及违反联邦法律的案件由联邦法院管辖，涉及违反州法律的案件由州法院管辖。特殊情况下，当当事人来自不同州时，即便案件与联邦法律无涉及，经当事人选择，联邦法院也有权管辖，此时，联邦法官选择适用某一州的法律进行审理。

任务三　当代中国法律制度

任务案例

原告吴××系爱奇艺公司的黄金 VIP 会员，他认为在电视剧《庆余年》播出过程中爱奇艺公司又推出的“付费起前点播”模式，使其需要额外付费才能看最新剧集，损害了其会员权益。此外《VIP 会员服务协议》被爱奇艺公司单方面更改，该协议中亦存在多处违法条款，应属无效。北京互联网法院判决确认爱奇艺《VIP 会员服务协议》导言第二款内容无效，第 3.5 条中的内容对原告吴××不发生效力，爱奇艺公司向吴××连续 15 日提供其原享有的“黄金 VIP 会员”权益，使其享有爱奇艺平台卫视热播电视剧、爱奇艺优质自制剧已经更新的剧集的观看权利，赔偿吴××公证费损失 1 500 元等。爱奇艺公司上诉，北京第四中级人民法院判决：驳回上诉、维持原判。

问题：

本案例中涉及哪些法律问题？

一、中国法律的渊源

中国现行法律受到大陆法系的一定影响，以成文法为主要形式。根据现行宪法和立法法的规定，当代中国的法律渊源包括以下几个方面。

（一）制定法

1. 宪法

宪法是国家的根本大法，由全国人民代表大会制定和修改，具有最高的法律效力，是中国法律的基本渊源，是中国立法的基础。1982 年 12 月 4 日，第五届全国人民代表大会通过了《中华人民共和国宪法》。宪法序言中规定："本宪法以法律的形式确认了中国各族人民奋斗的成果，规定了国家的根本制度和根本任务，是国家的根本法，具有最高的法律效力。"

2. 法律

法律由全国人民代表大会及其常委会制定，主要规定和调整国家和社会生活某一方面的问题。法律从属于宪法，其效力仅次于宪法。

想一想

请列举你所知道的中国法律。

3. 法规

法规包括行政法规和地方性法规，其效力仅次于宪法和法律。行政法规是由国务院制定的规范性文件。作为国家最高行政机关，国务院有权根据宪法和法律制定行政法规，发布决定和命令。国务院制定的行政法规直接调整全国政治、经济、文化、教育等各个方面的事项。地方性法规是由省、自治区、直辖市人民代表大会及其常务委员会制定的规范性文件。其内容主要涉及当地的行政管理，维护社会秩序、市容卫生、交通运输，以及青少年保护等。

4. 规章

规章是行政性法律规范文件。国务院各部、委员会、中国人民银行、审计署和具有行政管理职能的直属机构，可以根据法律和国务院的行政法规、决定、命令，在本部门的权限范围内制定规章。省、自治区、直辖市和设区的市、自治州的人民政府，可以根据法律、法规和本省、自治区、直辖市的地方性法规制定规章。

5. 民族自治地方的自治法规以及特别行政区的法律法规

民族自治地方的自治法规是民族自治地方根据当地的政治、经济、文化的特点制定的自治条例和单行条例。特别行政区法律法规是中国香港和中国澳门特别行政区根据全国人民代表大会制定的中国香港和中国澳门特别行政区基本法，对原有法律文件予以保留、修改或新制定的其他规范性法律文件。香港特别行政区成立后，香港原有的法律（包括普通法、衡平法、条例、附属立法、习惯法）基本不变。因此，香港特别行政区所实行的法律包括《中华人民共和国香港特别行政区基本法》、香港原有的法律和香港特别行政区立法机关制定的法律三类。澳门特别行政区所实行的法律，其结构和类型与香港特别行政区的法律基本相似。

（二）法律解释

1. 立法解释

立法解释权属于全国人民代表大会常务委员会。当法律的规定需要进一步明确具体含义时，或法律制定后出现新的情况，需要明确适用法律依据时，由全国人民代表大会常务委员会进行解释。省、自治区、直辖市人民代表大会常务委员会有权对地方性法规进行解释。立法解释与法律具有同等效力。立法解释是行政解释和司法解释的基础，立法解释的效力最高。

2. 司法解释

司法解释是国家最高司法机关对于法院审判工作和检察院检察工作中具体应用法律的问题所做的解释。国家最高司法机关所做的解释对其下级法院及检察院的审判和检察工作均有拘束力。最高人民法院和最高人民检察院就司法实践中的法律适用提出的指导性意见和解释是一种具有中国特色的法律渊源，尤其是最高人民法院司法解释已被公认为一种“制定法”。

3. 行政解释

国家行政机关对有关法律和法规所做的解释称为行政解释。

（三）判例

我国不采用判例法制度，判例在法律上和理论上不被认为是法律的渊源。但最高人民法院对地方各级人民法院关于疑难案件请求的批复，对同类案件具有法律约束力。《中华人民共和国最高人民法院公报》上公布的典型案件，对各级法院也有借鉴意义。

想一想

你认为我国的法律制度受哪个法系的影响更大些？为什么？

二、中国的司法制度

（一）中国的法院组织

中国的法院组织系统包括地方各级人民法院、专门人民法院和最高人民法院。地方各级人民法院分为基层人民法院、中级人民法院和高级人民法院。专门人民法院包括军事法院、海事法院、知识产权法院、金融法院等。最高人民法院是国家的最高审判机关。

（二）民事商事案件的审判制度

根据《中华人民共和国民事诉讼法》的规定，人民法院审理民事案件实行合议制，由审判员或陪审员组成合议庭。合议庭评议民事案件实行少数服从多数的原则。人民法院还设立审判委员会，对重大疑难的民事案件的处理，由法院院长提交审判委员会讨论，简单的民事案件可以由审判员一人独任审判。

人民法院审判案件，实行两审终审制。地方各级人民法院对于按照审判管辖权的规定，对由它审判的第一审（初审）案件做出判决或裁定以后，若当事人不服，可以在法定期限内向上一级法院提起上诉。上一级人民法院对上诉的案件所做的第二审判决或裁定，是终审判决或裁定，当事人不得再行上诉。但当事人如仍有疑义，可以通过审判监督程序请求重新审查。在中国，第二审人民法院对上诉案件的审查是全面的，既包括对事实问题的审查，也包括对其所适用的法律问题的审查。

项目小结

国际商法，是指调整国际商事交易和商事组织的各种关系的法律规范的总称。国际商法的研究对象具有更多的国际性，且其涉及的范围比传统的商法更为广泛。国际商法调整的对象主要是从事国际商事交易的主体，如公司、企业等商事组织。国际商法的渊源包括国际商事条约或公约、国际商事惯例和各国商事立法。研究国际商法必须了解两个主要的法律体系的结构和特点，即大陆法系和英美法系，同时应了解我国法律制度的特点及成果。

综合实务训练

一、名词解释

1. 国际商法
2. “先例约束力”原则
3. 普通法
4. 衡平法
5. 成文法

二、问答题

1. 什么是国际商法？其法律渊源有哪些？
2. 什么是大陆法系？大陆法系的特点和分布范围有哪些？
3. 什么是英美法系？英美法系的特点和分布范围有哪些？
4. 大陆法系和英美法系的主要区别是什么？

项目二

国际商事组织法

知识目标

1. 了解商事组织的概念，掌握商事组织的主要形式；

2. 掌握个人独资企业的概念、设立条件、事务管理，了解个人独资企业的解散与清算；

3. 掌握合伙企业的概念、普通合伙与有限合伙的区别、合伙人对合伙企业的债务所应承担的责任，了解合伙企业的解散与清算；

4. 掌握公司的分类及内涵；

5. 掌握我国《公司法》规定的五类公司的定义、设立条件、组织机构及区别。

能力目标

1. 能根据自身实际情况，在设立商事组织时，选择最合适的组织形式；

2. 通过学习国际商事组织的相关知识，能够清晰区分各种商事组织的投资人、合伙人、股东的责任以及各种商事组织的内部管理机构，从而在商务活动中能辨析相对人的民事权利和信用情况，进一步规避商务风险。

项目分析

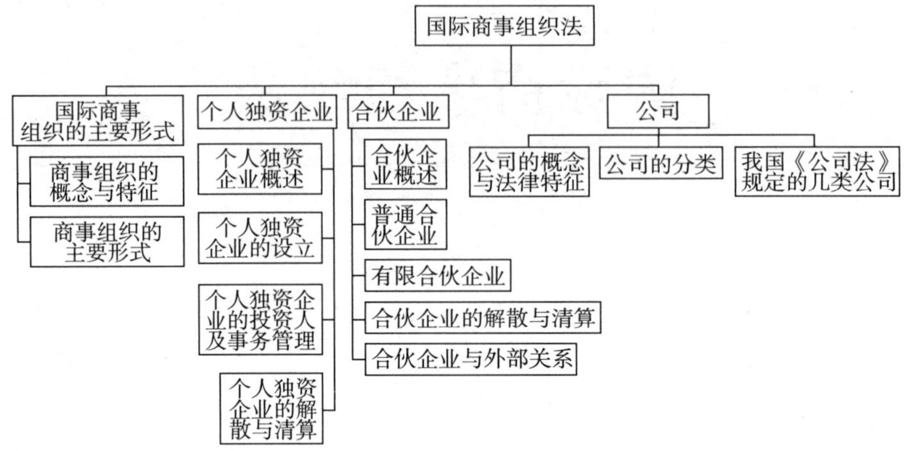

国际商事法律关系是通过商事主体来建立并完成的。商事主体，又叫市场主体，是市场经济中最重要的经济活动主体，是以一定主体形态表现出来的、以营利为目的、从事商业行为的、具有独立主体地位的经济利益体，包括自然人、合伙和法人三种类型。由于激烈的市场竞争所迫，以及追逐规模效益的愿望所需，自然人总是以一定的组织形式参与到市场经济生活中，因此，现代市场经济生活中的基本商事主体主要是合伙和法人。另外，国家以及国际组织也越来越多地参与到国际商事活动中，成为国际商法的主体。然而，在国际法层面上没有关于商事主体的统一规则，主要由各国国内法来完成，且由于国家间的互相影响与传播，各国间商事主体的差异不大，从而使各国国内的商事主体法普遍具有国际通用性。在本项目中，我们主要介绍我国相关的商事组织法。

任务一　国际商事组织的主要形式

任务案例

小张 2017 年大学毕业后，在广州市恒福路一家经营汽车配件出口的公司工作。经过几年的工作经验积累，小张不仅熟悉了汽车配件进货渠道，还结识了许多外国客户，故此，小张萌生了自己创业的想法。但小张工作这几年积蓄不多，自主创业需要较多启动资金，于是小张找到家底丰厚的小学同学小孙，建议小孙一起创业从事汽车配件买卖。小孙主要提供创业资金并负责内部管理，小张负责对外经营，共同分享经营成果。

问题：

（1）如果小张和小孙一起创业，首先必须考虑成立一家对外经营的商事组织，请问通常有哪些组织形式可以选择？

（2）鉴于小孙主要提供资金，小张主要提供劳务，你认为采取哪种商事组织形式更加合理？请说说你的理由。

一、商事组织的概念与特征

商事组织，也称为商事企业，是指按照法律规定设立、具有一定规模、能够以自己名义从事营利性活动的经济组织。

商事组织具有以下三个特征：

（1）商事组织是独立的经济组织，对外能独立参与交易活动；

（2）商事组织是以营利为目的的组织；

（3）商事组织是商人的组织形式。

二、商事组织的主要形式

目前，我国和西方国家的商事组织主要有三种基本的法律形式，即个人独资企业、合伙企业和公司。不同类型的商事组织形式，在法律地位、设立程序、投资者的收益与风险、资金的筹措、管理权的分配、税收等方面均有很大的不同。因此，选择适当的法律形式，对于企业的发展以及实现投资者的期望有着非常重要的意义。

任务二 个人独资企业

任务案例

张三是某高校的在职研究生，经济独立。2019年8月，他注册成立了一家主营信息咨询的个人独资企业，注册名称为“灵通信息咨询工作室”，但张三在其工作地点挂牌及私人名片上均采用“灵通信息咨询有限公司”这个名称，注册资本为人民币1元。开业伊始，实际收益甚丰，营业形势看好。于是，李四与张三签订协议参与该个人独资企业的投资经营活动，并注入资金5万元人民币。经营过程中，先后共聘用工作人员10名。张三认为自己开办的是个人独资企业，并不需要为职工办理社会保险，因此没有给职工缴纳社会保险费，也没有与职工签订劳动合同。后来，该独资企业因经营不善导致负债十余万元，张三决定于2020年10月自行解散企业。

问题：

（1）该企业的设立是否合法？

（2）张三允许他人参加投资、共同经营的行为是否合法？

（3）张三认为个人独资企业不必与雇员签订劳动合同、不必为其购买社会保险，该理由是否成立？

（4）该企业的债权人能否要求张三的家庭成员承担企业产生的债务？

（5）张三决定解散企业是否合法？

（6）李四是否应当对该企业的债务承担连带责任？

一、个人独资企业概述

个人独资企业，是指依法设立，由一个自然人投资，财产为投资人个人所有，投资人以其个人财产对企业债务承担无限责任的经营实体。从法律性质来说，个人独资企业属于自然人企业，它不是法人，不具有独立的法人资格，其财产与出资人的个人财产没有区别，出资人就是企业的所有人，他以个人的全部财产对企业的债务负责。出资人对企业的经营管理拥有控制权与指挥权。尽管个人独资企业有时聘用经理或其他职员，但经营的最高决策权仍属于出资人。出资人有权决定企业的扩大、停业、关闭等事项。个人独资企业是世界各国中数量最多的企业形式。个人独资企业大多属于中小型企业，但在解决国民就业方面作用巨大。

想一想

如何理解个人独资企业投资人对企业债务承担无限责任？

二、个人独资企业的设立

（一）个人独资企业的设立条件

个人独资企业作为一种经营实体，其产生和设立必须具备一定的条件。依照《中华人民共和国个人独资企业法》第八条的规定，设立个人独资企业应当具备下列条件。

1. 投资人为一个自然人

个人独资企业，顾名思义，是一个人投资的企业，没有与其他人合作投资或合伙投资的关系。个人独资企业作为企业的一种，其要从事生产经营，开展各方面的业务，首先要有投资人，比如购买和租用场地需要投资，购买或者租用设备需要投资，购进原材料或用于销售的货物需要投资等。这种投资人，在有限责任公司和股份有限公司中被称作股东，在合伙企业中被称作合伙人。在个人独资企业中，因为只有一个投资人，既不能称作股东，也不能称作合伙人，所以将其称为投资人，也就是通常所说的投入资金、实物或劳务技术开办实业的人。

这种投资人的数量是一个。“人”作为法律主体，在法律上有自然人和法人之分。这里在界定投资人时，明确其是一个自然人，将法人和非法人组织排除在投资人之外。

2. 有合法的企业名称

个人独资企业的名称是企业所享有的一种人格权，它必须依法确定，才能受法律保护。企业名称也是企业对外交往的标志，个人独资企业的名称也就是其作为经营实体对外交往的标志。在有的情况下，也将这种企业名称称作“商号”。对个人独资企业来说，有确定的企业名称十分必要。否则，对第三人而言，就很容易弄不清究竟是投资人个人的行为还是个人独资企业的企业行为。个人独资企业有了自己的名称，随之而来的问题是这个名称是否合法。按我国有关企业名称登记管理的规定，在企业申请登记时，企业名称要由企业自主申报，市场监管部门在企业注册登记时核准名称，经核准后方可使用并在规定的范围内享有专用权。企业只准使用一个名称，并且在登记主管机关辖区内不得与已登记注册的同行业企业名称相同或者近似。企业名称应当由以下几个部分组成：字号或者商号，行业或者经营特点，组织形式以及企业所在地省、自治区、直辖市或市、县等行政区划名称。企业名称中不得含有下列内容和文字：有损于国家、社会公共利益的；可能对公众造成欺骗或误解的；外国国家（地区）名称、国际组织名称；政党名称、党政军机关名称、群众组织名称、社会团体名称及部队番号；汉语拼音和数字；其他法律、行政法规规定禁止的名称。除几类特殊企业外，其他企业不得在企业名称中使用“中国”“中华”“国际”等字词。企业不得随意在其名称中使用“总”字。个人独资企业在申请登记名称时，应当遵守这些规定。同时，个人独资企业的名称应当与其责任形式及从事的业务相适应，如不能出现“有限责任”字样。

想一想

肖明大学毕业后，想进行打字复印方面的创业，计划注册一家个人独资企业，朋友给他提了一些名称建议，有“肖明印务中心”“肖明印务工作室”“肖明印务公司”等，你认为这些名称合法吗？

3. 有投资人申报的出资

个人独资企业作为一个生产经营性实体，从事的是经济活动，投资人必须投入相应的财物用于生产经营。

4. 有固定的生产经营场所和必要的生产经营条件

个人独资企业与其他企业一样，既然要进行生产经营，就需要一定的场地，也要具备必要的生产经营设施，比如机器设备、营业柜台等。有了相对固定的经营场所，就能区别于走街串巷叫卖的小本生意人。

5. 有必要的从业人员

个人独资企业要经营运作，需要有从业人员为之劳动。个人独资企业投资人及其招用的职工，都是从业人员。个人独资企业招用职工，应当依法与职工签订劳动合同，保障职工的劳动安全，按时、足额发放职工工资，并按照国家规定参加社会保险，为职工缴纳社会保险费。

（二）个人独资企业的设立登记

具备了设立个人独资企业的条件，投资人或投资人的委托代理人可向行政主管部门申请设立登记，领取营业执照。个人独资企业营业执照签发的日期，就是个人独资企业成立的日期。

在领取个人独资企业营业执照前，投资人不得以个人独资企业名义从事经营活动。

个人独资企业设立分支机构，应当由投资人或者其委托的代理人向分支机构所在地的登记机关申请登记，领取营业执照。分支机构经核准登记后，应将登记情况报该分支机构隶属的个人独资企业的登记机关备案。分支机构的民事责任由设立该分支机构的个人独资企业承担。

个人独资企业存续期间登记事项发生变更的，应当在做出变更决定后及时依法向登记机关申请办理。

想一想

张旺在广州市越秀区开办了一家个人独资企业，名字叫“旺记烧鹅饭餐厅”。该餐厅生意红火，张旺计划利用旺记烧鹅饭的良好声誉，在广州其他地方再开一家一样的餐厅，请问张旺是否需要重新注册一家个人独资企业？

三、个人独资企业的投资人及事务管理

个人独资企业设立后，开始经营运作，必然会产生许多事务，如与聘用的人员签订劳动合同、按照会计制度要求进行财务核算、对外处理经营事务等。个人独资企业的投资人可以自行处理其企业事务，也可以委托或者聘用其他具有民事行为能力、具有相关专业知识的人负责企业的事务管理。

投资人委托或者聘用他人管理个人独资企业事务，应当与受托人或者被聘用人员签订书面合同，明确委托的具体内容和授予的权利范围。受托人或者被聘用人员应当履行诚信、勤勉义务，按照与投资人签订的合同负责个人独资企业的事务管理。

受托人或者被聘用人员对外代表个人独资企业，当受托人或者被聘用人员违反委托合同约定的权限而与善意第三人（就是指不知情的第三人）发生交易时，为了保护善意第三人的利益，保障市场交易安全，法律规定投资人不得以委托权利的限制来对抗该善意第三人，即要求投资人承担委托事务履行后所导致的法律后果。

想一想

个人独资企业聘用员工，是否需要依据我国《劳动法》的规定签订劳动合同并为其购买社会保险？

四、个人独资企业的解散与清算

与“设立”相对应，必然存在“解散”，个人独资企业同样也面临解散、清算问题，现结合《中华人民共和国个人独资企业法》的相关规定介绍如下。

（一）解散

企业解散，是过程也是结果，表明其作为经济实体资格消灭的过程和结果。造成企业解散的原因是多方面的，概括起来讲，可以分为强制解散和自行解散。强制解散是指企业违反了法律、法规的规定而依法必须解散的情形。自行解散是指企业自己决定解散或者因强制解散以外的原因导致企业解散的情形。

1. 个人独资企业自行解散的情形

（1）投资人决定解散；

（2）投资人死亡或者被宣告死亡，无继承人或者继承人决定放弃继承。

2. 个人独资企业强行解散的情形

（1）被依法吊销营业执照；

（2）法律、行政法规规定的其他情形。

（二）清算

上述解散情形仅仅是个人独资企业解散的开始，企业并非因解散的情形发生而自行立即消灭，还须经过清算、注销等手续。个人独资企业的清算是处置解散企业未了事务的过

程，清算结束，进行注销登记，个人独资企业才完成解散。

个人独资企业解散，由投资人自行清算或者由债权人申请人民法院指定清算人进行清算。

投资人自行清算的，应当在清算前 15 日内书面通知债权人，无法通知的，应当予以公告。债权人应当在接到通知之日起 30 日内，未接到通知的应当在公告之日起 60 日内，向投资人申报其债权。

任务三 合伙企业

任务案例

甲、乙、丙、丁四人决定投资设立一家普通合伙企业，并签订了书面合伙协议。合伙协议的主要内容如下：

(1) 甲以货币出资 10 万元，乙以实物折价出资 8 万元，丁以货币出资 4 万元，丙以劳务作价出资 6 万元。

(2) 约定了分配利润和承担债务的比例。

(3) 由甲处理合伙企业事务，对外代表合伙企业，其他三人均不再执行合伙企业事务，但对外签订 2 万元以上的合同时应经其他合伙人同意。合伙协议中未约定合伙企业的经营期限。

合伙企业在存续期间，发生下列事项：

(1) 甲擅自以合伙企业的名义与善意第三人 A 公司签订了代销合同，乙合伙人获知后，认为该合同不符合合伙企业利益，经与丙、丁商议后，即向 A 公司表示对该合同不予承认，因为甲合伙人无单独与第三人签订代销合同的权利。

(2) 合伙人丁撤资退伙，其退伙并不给合伙企业造成任何不利影响。合伙企业又接纳戊入伙，并修改了合伙协议。

(3) 合伙企业的债权人 A 公司就合伙人丁退伙前发生的债务要求合伙企业的现合伙人甲、乙、丙、戊及退伙人丁共同承担连带清偿责任。丁以自己已经退伙为由，拒绝承担清偿责任。戊以自己新入伙为由，拒绝对其入伙前的债务承担清偿责任。

(4) 执行合伙事务的合伙人甲为了改善企业经营管理，独自决定聘任合伙人以外的张某担任该合伙企业的经营管理人员；并以合伙企业名义为 B 公司提供担保。

(5) 合伙人乙在其个人与 C 公司的买卖合同中，无法清偿 C 公司的到期债务 8 万元，C 公司要求代位行使乙在合伙企业中的权利以清偿债务。

问题：

(1) 甲以合伙企业名义与 A 公司所签订的代销合同是否有效？请说明理由。

(2) 丁拒绝承担责任的主张是否成立？请说明理由。如果丁向 A 公司偿还了全部债务，丁可以向哪些当事人追偿？

(3) 戊拒绝承担责任的主张是否成立？请说明理由。

(4) 甲聘任张某担任合伙企业的经营管理人员及为 B 公司提供担保的行为是否合法？

请说明理由。

（5）C公司的要求是否符合法律规定？请说明理由。

一、合伙企业概述

合伙是介于个体商人（包括自然人和个人独资企业）与企业法人之间的经济实体。合伙，是两个或两个以上的合伙人为经营共同事业订立合伙协议，共同投资、共同经营、共享利润及共担风险，并对合伙企业债务承担无限连带责任而组成的营利性组织。一般来说，合伙企业是一种“人的组合”，合伙人与合伙企业紧密联系，合伙人的死亡、退出或破产等都可能导致合伙企业的解散。

《中华人民共和国合伙企业法》第二条规定：本法所称合伙企业，是指自然人、法人和其他组织依照本法在中国境内设立的普通合伙企业和有限合伙企业；普通合伙企业由普通合伙人组成，合伙人对合伙企业债务承担无限连带责任；有限合伙企业由普通合伙人和有限合伙人组成，普通合伙人对合伙企业债务承担无限连带责任，有限合伙人以其认缴的出资额为限对合伙企业债务承担责任。

合伙企业在我国法律上不具有法人资格，但我国立法以及理论通说均明确肯定合伙企业的民事主体资格，其应属于在自然人、法人之外的第三类民事主体。在民事诉讼中，依法注册并领取营业执照的合伙企业，可以作为民事诉讼当事人参加诉讼。

想一想

合伙企业的合伙人是否一定是自然人？

二、普通合伙企业

（一）普通合伙企业的设立

1. 普通合伙企业的设立条件

企业设立条件，是法律规定的保证企业合法设立并正常开展生产经营活动的前提，是依法保护企业及其交易相对人合法权益的重要手段。设立普通合伙企业，必须同时符合下列法定要件：

（1）具有两个（含）以上合伙人。合伙人为自然人的，应当具有完全民事行为能力。

一人为独，二人称合，作为人合性经营组织，合伙企业的设立必须具有两个或两个以上的合伙人，包括自然人、法人和非法人组织，否则不能称为合伙企业。至于合伙人数量的最高限制，普通合伙企业没有人数的上限，允许当事人自行选择。一方面，合伙人出于管理和对切身利益的考虑，自己会将合伙人的人数限定在一个合理的范围内；另一方面，由于各类合伙企业的情况不同，法律也不宜对合伙人的最高数量做出统一规定，但有限合伙企业的合伙人不得超过50人。

合伙人为自然人的，必须具有完全民事行为能力。这意味着无民事行为能力人或限制民事行为能力人不能成为合伙企业的设立人，即不能成为合伙企业的创始人，实际上也不能成为普通合伙人，但无民事行为能力人、限制民事行为能力人可以成为有限合伙人，如《中华人民共和国合伙企业法》第四十八条第二款规定：合伙人被依法认定为无民事行为能力人或者限制民事行为能力人的，经其他合伙人一致同意，可以依法转为有限合伙人，普通合伙企业依法转为有限合伙企业。该法第五十条对合伙人的继承人也有类似的规定。

公司可以成为合伙人，但国有独资公司、国有企业、上市公司以及公益性的事业单位、社会团体不得成为普通合伙人，只能成为有限合伙人。

想一想

普通合伙企业的合伙人是否必须是完全民事行为能力人？

（2）有书面合伙协议。

合伙协议是合伙人之间共同协商订立，确定合伙经营原则与合伙企业事务执行原则、各合伙人间权利与义务等内容的契约文件。

合伙协议应当载明下列事项：1）合伙企业的名称和主要经营场所的地点；2）合伙目的和合伙经营范围；3）合伙人的姓名或者名称、住所；4）合伙人的出资方式、数额和缴付期限；5）利润分配、亏损分担方式；6）合伙事务的执行；7）入伙与退伙；8）争议解决办法；9）合伙企业的解散与清算；10）违约责任。

合伙协议一般具有三方面的功能：一是用作企业设立登记时，向登记机关登记备案的文件；二是作为企业从事经营活动的准则；三是作为协调各合伙人之间关系的基本准则和依据。从企业登记方面来看，需要通过合伙协议了解合伙企业及其合伙人的构成情况，从而统计有关资料、监督合伙企业及其合伙人遵守法律。同时，当其他有关部门因工作需要，或合伙企业的债权人追索债务等需要查阅该合伙企业及其合伙人有关情况时，登记机关也可以提供必要的查询服务。从企业经营方面来看，合伙协议规定了合伙企业的经营范围、经营目的、经营规则等企业的重大问题，是合伙企业开展生产经营活动、管理合伙企业的基本依据。从协调各合伙人之间的关系来看，合伙协议规定了各合伙人之间相互的权利、义务及对企业的权利、义务，是调整其各类内外部关系的基本准则。因此，从上述内容可以看出，合伙协议是合伙人设立合伙企业不可缺少的法律文件，具有合伙协议是设立合伙企业的必备条件。应注意，合伙协议必须采取书面形式。

想一想

合伙协议是否需要全体合伙人签名或盖章？

（3）有合伙人认缴或者实际缴付的出资。

合伙企业的设立筹备阶段和生产经营过程需要有一定的资金保障，虽然合伙企业是人合性企业，法律对其资金的要求较为灵活，但仍要求其有合伙人认缴或者实际缴付的出资。各合伙人认缴的出资，即在合伙人之间签订合伙协议、设立合伙企业时各自承诺要向企业投入、缴付于企业用于生产经营的出资。实际缴付的出资，是指在设立合伙企业时，合伙人承诺并实际投入的财产，它既是企业设立和经营的财产保障，也是对外的信用保证。

合伙人可以用货币、实物、知识产权、土地使用权或者其他财产权利出资，也可以用劳务出资。合伙人以实物、知识产权、土地使用权或者其他财产权利出资，需要评估作价的，可以由全体合伙人协商确定，也可以由全体合伙人委托法定评估机构评估。合伙人以劳务出资的，其评估办法由全体合伙人协商确定，并在合伙协议中载明。

想一想

林某在职业技术学院学习汽车维修，毕业后在汽修厂工作了两年，成了汽修能手。此时，林某打算自己开一家汽车维修厂，但开汽车维修厂需要大量的资金投入，林某没有积蓄，你能给他提一些建议吗？

（4）有合伙企业名称和生产经营场所。

如同自然人的姓名一样，企业名称是企业区别于非法人组织的基本标志。一方面，企业要有一个自己的名称以便对外开展活动；另一方面，随着企业经营的发展及产品与经验的积累，名称可能形成品牌，企业品牌具有较高的内在价值，使得企业形成自己的商誉与字号。合伙企业应以自己的名称进行企业登记，并且依照国家的规定使用企业名称。

合伙企业的名称中不能有诸如“有限公司”“股份公司”“股份有限公司”等字样，而且应该名副其实。普通合伙企业应表明“普通合伙”字样；有限合伙企业应表明“有限合伙”字样。

生产经营场所是企业从事生产经营活动的处所，任何企业从事经营活动都必须有自己的经营场所，以便于开展生产经营、接待客户、展示产品、对外联络等。

（5）法律、行政法规规定的其他条件。

除了上述几方面条件外，设立合伙企业还应符合法律、行政法规规定的其他条件。例如，我国《合伙企业法》规定注册会计师事务所及其他有关专业服务机构可采取合伙企业方式运作，注册会计师事务所及其他专业服务机构的监管部门根据行业管理的需要，对于本行业采用合伙形式的专业服务机构的设立规定其他条件的，包含于本项条件之内。

2. 普通合伙企业的设立登记

申请设立普通合伙企业，应当向企业登记机关提交登记申请书、合伙协议书、合伙人身份证明等文件。合伙企业的经营范围中有属于法律、行政法规规定在登记前须经批准的项目的，该项经营业务应当依法经过批准，并在登记时提交批准文件。

登记机关核发营业执照之日为合伙企业成立日，在合伙企业领取营业执照前，不得以合伙企业名义从事经营业务。

（二）普通合伙企业财产

合伙人的出资、以合伙企业名义取得的收益和依法取得的其他财产，均为普通合伙企业的财产。世界上多数国家和地区的法律都规定合伙人原始的财产投入为合伙企业的财产，同时规定，所有以合伙名义取得的收益和依法取得的其他财产也属于合伙企业的财产。

合伙人以其在合伙企业中的财产份额出质的，须经其他合伙人一致同意；未经其他合伙人一致同意，其行为无效，由此给善意第三人造成损失的，由行为人依法承担赔偿责任。

（三）合伙事务执行

合伙企业的事务执行，是指合伙企业的经营管理及对内对外关系中的事务处理等活动。合伙企业的人合性和经营管理的灵活性，体现在合伙企业不仅由各合伙人共同出资设立，还通常由合伙人共同进行经营和管理，这是合伙企业不同于其他类型企业的重要特征。合伙企业的合伙人通常人数较少，相互信任，其从事经营活动具有法律上的相互代理关系。因此，合伙企业无须像法人企业那样设立严格的企业管理组织机构。合伙人既是合伙企业的所有者，又是合伙企业的经营者，这在很大程度上提高了企业的决策效率和经营效率，对中小企业及家庭经营企业较适宜。根据合伙企业的这一特性，合伙企业的合伙人对执行合伙事务享有同等的权利，即每个合伙人对企业的经营管理和其他事务的执行不但有参与权，而且他们的权利平等。无论出资多少、出资方式是否相同，都不影响这一法定权利，不影响其在执行合伙企业事务时的平等资格。

合伙企业事务的重要程度不同，一般来说，合伙企业会通过合伙协议规定，重要事务必须由全体合伙人一致同意，合伙人在执行合伙事务时必须按照合伙人一致同意的决定行事。合伙事务既可以由全体合伙人共同执行，也可以根据协议委托个别合伙人单独执行。全体合伙人共同执行合伙事务是指根据协议的约定，各合伙人都可以对内负责管理事务，对外分别代表合伙企业，以企业名义从事经营活动。委托个别合伙人执行合伙事务是指在实际生活中，也有合伙人不愿直接参与合伙事务的执行，而委托他人代为执行合伙事务。由于谁来执行合伙事务对内关系到企业生产经营的安排，对外涉及谁来代表企业对外发生联系，对维护交易安全有一定的影响，因此，委托个别合伙人执行合伙事务须由全体合伙人共同决定。委托个别合伙人执行合伙事务，合伙协议可以约定执行合伙事务的合伙人的报酬或费用处理方法，但通常应与劳务提供量、业绩和难易程度挂钩。如果合伙协议没有规定，则合伙人无权因参加了合伙事务的执行而要求报酬。这是因为执行合伙事务既是每个合伙人的权利，也是其应尽的义务。当然，为了体现公平原则，保护对合伙企业做出更多贡献的合伙人的积极性及合法权益，应当允许其从合伙经营利润中获得补偿。

法人和非法人组织可以成为合伙人，但由于法人和非法人组织不是自然人，有自己的组织机构，故作为合伙人的法人和非法人组织应委派代表（即特定的自然人）执行合伙事务。

合伙企业作为一个经营性组织，也有谁来对外代表企业的问题。从本质上说，全体合伙人互为代理关系，如果全体合伙人共同执行合伙事务，则对外均有代表权。如果全体合伙人委托一个或数个合伙人执行合伙事务，则由受委托人对外代表合伙企业。当然，在实际经营活动中，根据需要，不执行合伙事务的合伙人有时也会就某一事项对外代表合伙企业，但应有合伙企业协议或其他合伙人的授权。未经合伙人授权，擅自对外代表合伙企业的，对内应承担相应的责任，但这一行为对外不能对抗不知情的善意第三人。

合伙企业对其债务应先以其全部财产进行清偿，合伙企业不能清偿到期债务的，合伙人承担无限连带责任。

想一想

试比较个人独资企业投资人与普通合伙企业合伙人对企业债务承担无限责任的不同之处。

三、有限合伙企业

有限合伙企业是由普通合伙企业发展而来的一种合伙形式。有限合伙企业由两种合伙人组成：一是普通合伙人，负责合伙企业的经营管理，并对合伙企业债务承担无限连带责任；二是有限合伙人，通常不负责合伙企业的经营管理，并仅以其出资额为限对合伙企业债务承担有限责任。

有限合伙企业融合了普通合伙企业和有限公司的优点。与有限公司相比，普通合伙人直接从事合伙企业的经营管理，使合伙的组织结构简单，节省管理费用和运营成本；普通合伙人对合伙企业债务要承担无限连带责任，可以促使其对合伙企业的管理尽职尽责。同时，对有限合伙企业本身不征所得税，直接对合伙人征收所得税，避免了公司的双重税负。与普通合伙企业相比，有限合伙企业允许投资者以承担有限责任的方式参加合伙成为有限合伙人，解除了投资者对合伙企业债务要承担无限连带责任的后顾之忧，有利于吸引投资。

有限合伙企业的上述特点，在实践中为资本与智力的结合提供了一种便利的组织形式，即拥有财力者作为有限合伙人，拥有专业知识和技能者作为普通合伙人，二者共同组成以有限合伙为组织形式的风险投资机构，从事高科技项目的投资。这种做法在国外较为普遍。

我国原来的《合伙企业法》没有规定有限合伙制度，而且有的条文对设立有限合伙企业形成直接限制，使得我国的风险投资行业难以采用这一制度。现行的《合伙企业法》为适应风险投资行业的发展，鼓励创新，同时为市场主体提供更多的企业组织形式，引进了有限合伙企业制度，并以专章的形式对其进行规定。

有限合伙企业虽然是从普通合伙企业发展而来的，但由于在有限合伙企业中有限合伙人只对合伙企业债务承担有限责任，因此，在制度设计上同普通合伙企业有很多不同的地方，如对有限合伙企业合伙人人数的限制、对有限合伙人执行合伙事务的限制等。

有限合伙企业也是合伙企业的一种，法律对普通合伙企业及其合伙人的规定同样适用于有限合伙企业及其合伙人。因此，对有限合伙企业和普通合伙企业的共性部分不再赘述，我们在此只介绍有限合伙企业的特别规定。

（一）对有限合伙企业合伙人人数的规定

法律对普通合伙企业合伙人人数的上限没有进行限制，这是因为：普通合伙企业的全体合伙人对合伙企业债务承担无限连带责任，合伙人之间相互信任、互为代表，合伙企业由全体合伙人共同经营，合伙人相互承担彼此行为所带来的风险，这就使得合伙人的人数不可能过多，否则合伙企业就无法正常运行。普通合伙企业自身的特点限制了企业的规模及参加的人数，因此，法律不需要对合伙人的人数上限进行规定。

但是，有限合伙企业与普通合伙企业不同。有限合伙企业中的有限合伙人不参加合伙事务的执行，同时对合伙企业的债务仅以其出资额为限承担有限责任，有限合伙人的人数多少对合伙企业的运行并没有多大的影响，因此，有限合伙企业的合伙人人数可以是很庞大的，实际上在国外也确实存在着合伙人人数成千上万的有限合伙企业。但是，如果有限合伙企业合伙人的人数过于庞大，会带来两个问题：第一，有限合伙企业也是合伙企业的一种形式，属于人合性的组织，如果合伙人人数过多，彼此之间可能根本就不认识，人合性也就无从谈起；第二，有限合伙人仅以出资额为限对合伙企业债务承担有限责任，类似于公司的股东，有限合伙企业吸纳大量的投资者成为有限合伙人，向公众投资者募集资金，实际上就类似于证券的公开发行，如果不加以控制，就可能产生非法集资的现象。有的国家针对有限合伙企业这一特点，对合伙人的人数进行了一定的限制。如英国规定，有限合伙企业全体合伙人的人数不得超过 20 人。有的国家如美国，虽然没有在法律中明确限制有限合伙企业的合伙人人数，但规定合伙人人数超过一定数量就要适用证券法关于证券公开发行的规定，履行信息披露等义务，实际上这也是对有限合伙企业合伙人人数的限制。

有限合伙制度作为一项新引进的制度，国内没有经验，在制度设计上应当慎重，既要鼓励投资者采用有限合伙企业的形式，又要防止有人利用有限合伙的形式进行非法集资，损害广大投资者的利益。因此，《中华人民共和国合伙企业法》第六十一条规定，有限合伙企业由 2 个以上 50 个以下合伙人设立。同时规定，如果有关法律根据某个特定行业或者领域有限合伙企业的特点，规定在该行业或者领域设立的有限合伙企业的合伙人人数可以超过 50 个，即应按照该法律的规定执行。

合伙企业从设立到运行都比公司灵活，因为其没有最低出资比例限制，组织设置也更加灵活等，这也是合伙企业制度的优点所在。但是，权利与义务都是对等的，享有一定优惠，相应地要加重一定的负担，对于合伙企业来说，这一负担就是合伙人要为合伙企业债务承担无限连带责任，这也是保护合伙企业债权人利益的需要。有限合伙企业作为合伙企业的一种形式，也应有上述负担；法律允许部分合伙人（有限合伙人）承担有限责任，仅属于特别规定。因此，有限合伙企业至少应当有一个普通合伙人，不允许设立全体合伙人均为有限合伙人的合伙企业。

（二）对有限合伙人出资形式的规定

合伙企业是由全体合伙人出资设立的，合伙人对合伙企业的出资是合伙企业成立和运行的经济基础。特别是在有限合伙企业中，有限合伙人以其出资额为限承担合伙企业债务，因此，对有限合伙人的出资进行规范是很重要的。

有限合伙人可以用下列方式出资。

1. 货币出资

货币出资，即有限合伙人以一定数额的货币作为对合伙企业的出资，这是最普遍的一种出资方式。这里的货币既包括我国的法定货币——人民币，也包括外币。

2. 实物出资

实物出资，即有限合伙人以各种动产、不动产等实物作为对合伙企业的出资。有限合伙人作为出资的实物应当是可以依法转让的，法律禁止转让的实物以及依照其性质不能转让的实物，不能作为出资。同时，有限合伙人作为出资的实物必须是对合伙企业的设立和运行有用的，对合伙企业无用的实物不得作为出资。

3. 知识产权出资

我国法律所认可的专利权、商标权、著作权、专有技术等知识产权均可以作为有限合伙人的出资。

4. 土地使用权出资

我国实行土地公有制，土地归国家或者集体所有，企业和个人只能享有土地的使用权。土地使用权作为一项财产权利，是可以依法转让的，因此也可以作为有限合伙人的出资。

5. 其他财产权利出资

有限合伙人拥有的除土地使用权和知识产权以外的其他财产权利如债权等，也可以作为对合伙企业的出资。

有限合伙人以非货币财产出资的，应当作价。有限合伙企业中的有限合伙人仅以其出资额为限对合伙企业债务承担责任，其地位类似于公司的股东。有限合伙人的具体出资数额，对交易相对人判断合伙企业的经营规模和经济实力是很重要的。因此，有限合伙人的出资应当以货币的形式表现出来，以有利于交易相对人的判断，保护合伙企业债权人的利益。当有限合伙人以实物、知识产权、土地使用权以及其他财产权利出资时，其出资表现为物质形式或者权利形式，为了确定这些出资的真实货币价格，就需要对其进行评估作价。这是有限合伙人的出资在法律要求上不同于普通合伙人的地方，有限合伙企业中的普通合伙人以非货币财产出资的，法律不强制其进行作价。

有限合伙人不得以劳务出资。所谓劳务出资，是指合伙人以自己的劳动作为向合伙企业的出资方式。不允许有限合伙人以劳务出资，是由有限合伙企业的特点、有限合伙人在合伙企业中的作用、承担责任的方式等决定的。有限合伙企业是在普通合伙企业人合性的基础上由有限合伙人参与投资而形成的人合与资合相结合的企业形式。其中，有限合伙人一般只进行投资并依协议获取收益，不执行合伙事务，不参加企业的经营管理，对合伙企业承担有限责任。根据这些特点，可以看出：一是有限合伙人以劳务出资的必要性不大；二是有限合伙人将其财产出资到合伙企业后，其财产变为企业的财产，有限合伙人对该财产不再拥有支配权，而劳务出资则无法转移支配权；三是有限合伙人以其认缴的出资额为限对合伙企业承担责任，有限合伙人若以劳务出资，则使其出资处于不确定的状态，难以体现其对外承担责任的特点。因此，禁止有限合伙人采用劳务出资方式。

想一想

在有限合伙企业中，普通合伙人能否以劳务出资？

四、合伙企业的解散与清算

合伙企业解散是指由于法律规定的原因或者当事人约定的原因，而使合伙人之间的合伙协议终止，合伙企业的事业终结，全体合伙人的合伙关系消灭。合伙企业从宣布解散到完成解散是一个过程，在合伙企业清算期间，合伙企业的性质、职能发生一定的变化。对于此时合伙企业的法律地位，我国《合伙企业法》采用人格存续说，即合伙企业虽已宣布解散，但其独立的民事主体资格至清算结束前依然存在，只是合伙企业的权利能力受到一定的限制，合伙企业的活动范围限于与清算有关的事务，不得从事营业活动。

（一）解散事由

合伙企业解散的事由，是指致使合伙企业解散的法律事实。根据我国《合伙企业法》

第八十五条的规定，合伙企业的解散事由主要包括以下七种：

（1）合伙期限届满，合伙人决定不再经营。

（2）合伙协议约定的解散事由出现。

（3）全体合伙人决定解散。

（4）合伙人已不具备法定人数满三十天。

（5）合伙协议约定的合伙目的已经实现或者无法实现。

（6）依法被吊销营业执照、责令关闭或者被撤销。

（7）法律、行政法规规定的其他原因。

（二）清算

我国《合伙企业法》第八十六条规定，合伙企业解散后应当进行清算。具体清算程序如下。

1. 清算人的确定

（1）清算人由全体合伙人担任。

（2）未能由全体合伙人担任清算人的，经全体合伙人过半数同意，可以自合伙企业解散事由出现后十五日内指定一个或数个合伙人，或者委托第三人担任清算人。

（3）自合伙企业解散事由出现之日起十五日内未确定清算人的，合伙人或者其他利害关系人可以申请人民法院指定清算人。

2. 通知和公告债权人

（1）确定清算人起十日内将合伙企业解散事项通知债权人，并于六十日内在报纸上公告。

（2）债权人自接到通知书后三十日内，未接到通知书的，自公告后四十五日内，向清算人申报债权。债权人申报债权，应当说明债权的有关事项，并提供证明材料。清算人应当对债权进行登记。

（3）清算期间，合伙企业存续，但不得开展与清算无关的经营活动。

3. 清偿顺序

（1）清算费用。

（2）清偿劳动债权：职工工资、社会保险费用、法定补偿金。

（3）清偿所欠税款。

（4）清偿所欠债务，所余财产则返还合伙人，按照合伙协议的约定办理；合伙协议未约定或者约定不明确的，由合伙人协商决定；协商不成的，由合伙人按照实缴出资比例分配；无法确定出资比例的，由合伙人平均分配。

4. 清算完结与注销登记

（1）清算结束后，清算人应当编制清算报告，经全体合伙人签字、盖章后，在十五日内向企业登记机关报送清算报告，申请办理合伙企业注销登记。

（2）合伙企业注销登记后，合伙企业消灭，但原普通合伙人对合伙企业存续期间的债务仍应承担无限连带责任。

（3）合伙企业不能清偿到期债务的，债权人可以依法向人民法院提出破产清算申请，也可以要求普通合伙人清偿。合伙企业被依法宣告破产的，普通合伙人对合伙企业债务仍应承担无限连带责任。

5. 清算人的法律责任

（1）自担费用与赔偿。清算人未依法向企业登记机关报送清算报告，或者报送清算报告隐瞒重要事实，或者有重大遗漏的，由企业登记机关责令改正，由此产生的费用和损失，由清算人承担和赔偿。

（2）对合伙企业的赔偿责任。清算人执行清算事务，牟取非法收入或者侵占合伙企业财产的，应当将该收入和侵占的财产退还给合伙企业；给合伙企业或者其他合伙人造成损失的，依法承担赔偿责任。

（3）对债权人的赔偿责任。清算人隐匿、转移合伙企业财产，对资产负债表或者财产清单做虚假记载，或者在未清偿债务前分配财产，损害债权人利益的，依法承担赔偿责任。

想一想

不懂财会知识的合伙人能否成为清算人？如果能，他（她）该如何开展清算工作？

五、合伙企业与外部关系

（一）合伙人的法定对外代表权

每一个普通合伙人，无论负责执行事务与否，都有权对外代表合伙企业，企业在内部可以对合伙人的对外代表权做出限制，但合伙企业对合伙人执行合伙事务以及对外代表合伙企业权利的限制，不得对抗善意第三人。

（二）与合伙企业债权人的关系

合伙企业对其债务，应先以其全部财产进行清偿；合伙企业财产不足以清偿到期债务的，各普通合伙人应当承担无限连带清偿责任。合伙人对合伙企业债务承担无限连带责任，是合伙企业最基本的法律特征，也是合伙企业与有限责任公司的根本区别。无限连带责任，实际是无限责任与连带责任的结合。所谓无限责任，即在企业财产不足以清偿债务时，合伙人要以自己的其他财产偿付自己承担的债务份额，直到清偿完毕为止；所谓连带责任，即指当债权人追究各合伙人的无限责任，某一合伙人无力承担这种责任时，其他合伙人有连带承担其偿付债务的义务。因此，当合伙企业财产不足以清偿债务时，其债权人即可向其任何一个普通合伙人主张权利，要求其偿付债务。该合伙人负有代合伙企业偿付债务的责任，这种责任既包括他自己应承担的债务份额，也包括其他合伙人应承担的部分。亦即：

（1）每个合伙人均需要对合伙企业债务负责，债权人可以请求全体、部分或者个别合伙人清偿；被请求人即须清偿全部债务，不得以自己承担的份额为限拒绝。

（2）在合伙人内部，某合伙人清偿的债务数额超过其应当承当的数额时，有权向其他合伙人追偿。

合伙人退伙的，退伙人对基于其退伙前的原因发生的合伙企业债务，承担无限连带责任。合伙人入伙的，新合伙人对入伙前合伙企业的债务承担无限连带责任。

（三）与合伙人债权人的关系

合伙人发生与合伙企业无关的债务，是指合伙人在合伙企业以外，并非以合伙企业名义而是以自己名义，为自己的目的所从事的经营或交易等民事活动，并以自身名义所承担的有关债务。合伙人的自身债务与合伙企业债务是两个不同的概念。合伙人的自身债务，应由合伙人自行偿还。但是，当合伙人的债权人同时是合伙企业的债务人时，这两种债务是否可以通过某种方式抵销呢？我国《合伙企业法》第四十一条规定：合伙人发生与合伙企业无关的债务，相关债权人不得以其债权抵销其对合伙企业的债务；也不得代位行使合伙人在合伙企业中的权利。那么，当合伙人的个人财产不足以清偿其个人债务时，其债权人该如何实现其债权呢？根据我国《合伙企业法》第四十二条第一款的规定，实现债权的途径有两种：（1）合伙人的自有财产不足清偿其与合伙企业无关的债务的，该合伙人可以以其从合伙企业中分取的收益用于清偿。（2）债权人也可以依法请求人民法院强制执行该合伙人在合伙企业中的财产份额用于清偿。但须注意，根据《合伙企业法》第四十二条第二款的规定，人民法院强制执行合伙人的财产份额时，应当通知全体合伙人，其他合伙人有优先购买权；其他合伙人未购买，又不同意将该财产份额转让给他人的，依照《合伙企业法》相关规定，为该合伙人办理退伙结算，或者办理削减该合伙人相应财产份额的结算。

想一想

我国法律为什么要规定“人民法院强制执行合伙人的财产份额时，应当通知全体合伙人，其他合伙人有优先购买权”？

任务四　公司

任务案例

甲、乙两股东投资成立了A公司，从事生产活动。甲、乙两股东又投资成立B公司，从事商品批发与零售业务。A公司的部分生产原料由B公司负责供应。某年，A公司扩大了生产经营规模，需要大量原材料，该批原材料由B公司向C银行借款购入，然后转手供应给A公司，B公司供应给A公司的该批原材料价格不但低于购入价格，而且远远低于正常市场价格，导致B公司严重亏损，资不抵债处于破产境地，C银行的债权到期后，B公司无法偿还。

问题：

在这种情况下，C银行可否要求甲、乙两股东承担责任？

一、公司的概念与法律特征

（一）公司的概念

不同国家对于公司的概念有着不同的认识，《中华人民共和国公司法》（以下简称《公司法》）在借鉴大陆法系和英美法系两大法系立法经验的基础上规定：公司是指依照本法在中国境内设立的有限责任公司和股份有限公司。有限责任公司和股份有限公司是企业法人。

（二）公司的法律特征

作为企业法人，公司具有以下特征。

1. 公司具有法人人格

法人是与自然人并列的民商事主体。我国的公司都是企业法人，独立地享有民事权利和承担民事责任，包括起诉和应诉权等。公司法人资格的取得必须满足以下几点：

（1）依法设立。指设立公司应当依法向公司登记机关申请设立登记。法律、行政法规规定设立公司必须报经批准的，应当在公司登记前依法办理批准手续。

（2）独立财产。公司的原始财产由股东的出资构成，股东一旦履行了出资义务，其出资的财产权即转移至公司，这些财产从法律上便属于公司所有，构成公司的财产，公司对其享有法人财产权，包括货币及实物的所有权、知识产权、土地使用权等可以用货币估价并可以依法转让的非货币财产，股东则丧失了直接支配、使用这些财产的权利而对公司享有股权，即享有资产收益、参与重大决策和选择管理者等权利。公司的财产与股东个人的财产相分离。

（3）独立责任。指公司必须在自主经营的基础上自负盈亏，用其全部法人财产，对公司债务独立承担责任。公司独立承担责任，意味着股东仅仅以其对公司的出资额为限对公司承担责任，即股东有限责任。可见，有限责任的主体不是公司而是股东。需要指出的是，公司独立承担责任的原则过于注重保护股东的利益，但对公司的债权人有失公平，它可能为公司股东牟取法外利益创造机会，从而成为侵害债权人的工具。鉴于此，我国《公司法》引入了公司人格否认制度和限制关联交易制度。如我国《公司法》第二十条规定：公司股东应当遵守法律、行政法规和公司章程，依法行使股东权利，不得滥用股东权利损害公司或者其他股东的利益；不得滥用公司法人独立地位和股东有限责任损害公司债权人的利益。公司股东滥用股东权利给公司或者其他股东造成损失的，应当依法承担赔偿责任。公司股东滥用公司法人独立地位和股东有限责任，逃避债务，严重损害公司债权人利益的，应当对公司债务承担连带责任。

想一想

张某以其自有的一栋厂房出资与杜某一起成立了一家电器有限责任公司，请问公司成立后，该栋厂房的所有权人还是张某吗？

2. 公司具有团体性

通常，法人有公法人与私法人之分，公法人是指以社会公共利益为目的，由国家或者公共团体依公法所设立的行使或者分担国家权力或者政府职能的法人；私法人是指以私人利益为目的，由私人依私法（如订立合同和捐助行为）而设立的法人。私法人又分为社团法人和财团法人两类。社团法人是以社员为基础的人的集合体，也称人的组合。公司、合作社、各种协会与学会都是典型的社团法人。财团法人是指为一定目的而设立的，并由专门委任的人按照规定的目的使用各种财产的法人，也称财产组合。各种基金会组织、慈善组织等都是典型的财团法人。

公司属于社团法人。公司的社团性表现为它通常由两个或两个以上的股东出资组成，通过产权的多元化实现股东间利益制衡。当然，也有例外的公司，其股东只有一人，如在我国《公司法》中，就规定有一人有限责任公司和国有独资公司，还有根据我国《外资企业法》的规定由外商独资设立的有限公司。

3. 公司具有营利性

（1）公司可以从事营利性活动。

（2）公司将其营利活动所获利润分配给其成员，即股东。

二、公司的分类

关于公司的种类，各国在立法上和理论上所依据的标准不同，因此分类亦不相同。

（一）按股东对公司的责任范围和组织形式划分

按股东对公司的责任范围和组织形式划分，将公司分为无限公司、两合公司、股份两合公司、有限责任公司和股份有限公司。

1. 无限公司

无限公司，是指由两个以上股东组成、全体股东对公司债务负无限连带责任的公司。股东关系具有合伙性，公司组织具有封闭性。我国法律规定中无这种公司。无限公司的股东为自然人，是一种人合公司，与合伙企业较为类似。

2. 两合公司

两合公司，是指由部分无限责任股东和部分有限责任股东共同组成，对公司债务前者负无限连带责任，后者仅以出资额为限承担责任的公司。我国法律规定中无这种公司。

3. 股份两合公司

股份两合公司，是指由部分对公司债务负无限连带责任的股东和部分仅以所持股份对公司债务承担有限责任的股东共同组建的公司。我国法律规定中无这种公司。股份两合公司属于两合公司的一种特殊形式，将资本划分为等额股份后，发行股票，公开招股，有限责任股东组成股东大会，并选举出监察人，对公司的业务进行监督。

4. 有限责任公司

有限责任公司，也称有限公司，是指由一定数量的股东通过出资而组成的公司，股东仅以其认缴的出资额为限对公司承担责任，公司以其全部资产对外承担责任。

5. 股份有限公司

股份有限公司，也称股份公司，是指由一定数量的股东组成，全部资本分为等额股份，股东以其所认购的股份为限对公司承担责任，公司以其全部资产对其债务承担责任的公司。

（二）按公司的信用基础划分

按公司的信用基础划分，将公司分为人合公司、资合公司与人合兼资合公司。

1. 人合公司

人合公司是指公司的信用基础在于股东个人财产信用，这意味着股东对公司债务要承担无限责任。无限公司是最典型的人合公司。

2. 资合公司

资合公司是指公司的信用基础在于公司的资产，与股东的资产无关，这意味着股东对公司的债务仅以其出资为限承担责任。有限责任公司、股份有限公司是典型的资合公司。

3. 人合兼资合公司

人合兼资合公司又称中间公司、折中公司，是指公司信用基础在于股东个人财产信用兼公司财产信用。两合公司、股份两合公司均属此类。

（三）按公司的国籍划分

按公司的国籍划分，将公司分为本国公司、外国公司。

国籍如何确定，各国有不同做法，我国《公司法》第二条规定："本法所称公司是指依照本法在中国境内设立的有限责任公司和股份有限公司。"第一百九十一条规定："本法所称外国公司是指依照外国法律在中国境外设立的公司。"可见，我国对公司的定义采用了设立准据法主义兼设立行为地主义。

1. 本国公司

在中国境内设立的有限责任公司与股份有限公司属于中国公司。依此规定，在我国境内设立的中外合资经营公司、中外合作经营公司和外商投资公司都属于中国公司。

2. 外国公司

依照外国法律在中国境外设立的公司为外国公司。

（四）按公司的内部管辖系统划分

按公司的内部管辖系统划分，将公司分为总公司与分公司。

1. 总公司

总公司又称本公司，是指依法设立并管辖公司全部组织的具有企业法人资格的总机构。总公司在法律上具有独立的法人资格。分公司业务的经营、资金的配置、财产的调度、人事的安排，均由总公司统一指挥和决定。

2. 分公司

分公司是指在业务、资金、人事等方面受本公司管辖而不具有法人资格的分支机构，其民事责任由总公司承担。因此，分公司不是独立的公司，它不具有公司的组织形式，也无须按公司设立的要求和条件去设立。不过，其仍然具有经营资格，所以公司设立分公司应当向分公司所在地的公司登记机关申请登记，领取营业执照。分公司可以自己的名义独立订立合同，也可以自己的名义独立参加诉讼。但是，分公司不能独立承担财产责任，当它的财产不足以清偿债务时，应由总公司来清偿。

（五）按公司之间的控制关系划分

按公司之间的控制关系划分，将公司分为母公司与子公司。

1. 母公司

母公司是指一个公司持有另一个公司一定比例的股份并直接掌管其经营的公司。母公司有时也被称为控股公司，但从严格意义上讲，母公司包括控股公司，但不等于控股公司。因为从逻辑学角度来说，母公司对子公司既有资本控制，又有协议控制。当母公司与子公司之间是一种资本控制关系时，母公司为控股公司，子公司为被控股公司；而当母公司与子公司之间是一种协议控制关系时，则母公司不能被称为控股公司。目前，在公司立法上只对母公司与子公司之间的资本控制关系做出了规定，而对协议等方式的控制关系仅在税法上规定为"关联公司"（资本控制关系的企业也属于"关联公司"），以防"关联公司"之间以人为的划拨价格的方式，将费用成本转移到税率高的国家或地区，将收益（利润）转移到税率低的国家或地区，达到逃税的目的。

2. 子公司

子公司是指由母公司投资并受母公司控制的公司，母公司主要通过表决机制来支配子公司的经营活动。依照母公司拥有子公司的股份额的多少，子公司又可以分为：

（1）全资子公司，即法人为一人的有限公司，股权为母公司100%拥有。

（2）绝对控股子公司，母公司拥有其50%以上不足100%的股权。

（3）相对控股子公司，即虽然母公司的股权低于50%，但其表决权已经对子公司的决议产生重大影响，因为其他股份可能比较分散。

母公司和子公司在法律上互相独立，各为独立法人，但在经济上实为一体。不过，根据法人的有限责任原则，对于子公司产生的债务责任，即使是由母公司的指示或行为造成的，母公司也不负任何责任，而由子公司独立承担民事责任，这是由子公司的独立法人地位决定的。

（六）按公司股权的转让自由性和股份发行的公开性划分

按公司股权的转让自由性和股份发行的公开性划分，将公司分为封闭性公司和开放性公司。这是英美法系国家和地区的特有分类。封闭性公司在外延上相当于我国的有限公司、非公开发行股份的股份公司，即发起设立或定向募集设立的股份公司；开放性公司相当于我国公开发行股份的股份公司，即公开募集设立的股份公司，包括上市公司在内。

（七）跨国公司

跨国公司也称为多国公司或国际公司，是指除了在本国设立总公司、母公司外，又在其他国家或地区设立分支机构或子公司，形成一种国际化的大型公司。

三、我国《公司法》规定的几类公司

依照《公司法》的规定，从组织形式上看，我国只有有限责任公司与股份有限公司两类，这两类公司又衍生出一些特殊类型的公司。具体有有限责任公司、一人有限责任公司、国有独资公司、股份有限公司、外商投资公司。

（一）有限责任公司

1. 有限责任公司概述

有限责任公司也称有限公司，是指由一定数量的股东通过出资而组成的公司，股东以其认缴的出资额为限对公司承担责任。

有限责任公司是营利法人，依照我国《公司法》设立的有限责任公司，必须在公司名称中标明“有限责任公司”或者“有限公司”字样。

2. 有限责任公司的设立

根据我国《公司法》的规定，设立有限责任公司，应当具备下列条件：

（1）股东人数符合规定，即由50个以下股东出资设立。

（2）有符合公司章程规定的全体股东认缴的出资额。有限责任公司的注册资本为在公司登记机关登记的全体股东认缴的出资额。法律、行政法规以及国务院决定对有限责任公司注册资本实缴、注册资本最低限额另有规定的，从其规定。股东可以用货币出资，也可以用实物、知识产权、土地使用权等可以用货币估价并可以依法转让的非货币财产作价出资；但是，法律、行政法规规定不得作为出资的财产除外。对作为出资的非货币财产应当评估作价，核实财产，不得高估或者低估作价。法律、行政法规对评估作价有规定的，从其规定。

（3）股东共同制定公司章程。有限责任公司章程应当载明下列事项：1）公司名称和住所；2）公司经营范围；3）公司注册资本；4）股东的姓名或者名称；5）股东的出资方式、出资额和出资时间；6）公司的机构及其产生办法、职权、议事规则；7）公司法定代表人；8）股东会会议认为需要规定的其他事项。股东应当在公司章程上签名、盖章。公司章程对公司、股东、董事、监事、高级管理人员具有约束力。

（4）有公司名称，建立符合有限责任公司要求的组织机构。

（5）有公司住所。

3. 有限责任公司的内部组织机构

（1）股东会。

1）股东会的组成和职权。

股东会由全体股东组成，是有限责任公司的权力机构，依照我国《公司法》行使下列职权：决定公司的经营方针和投资计划；选举和更换非由职工代表担任的董事、监事，决定有关董事、监事的报酬事项；审议批准董事会的报告；审议批准监事会或者监事的报告；审议批准公司的年度财务预算方案、决算方案；审议批准公司的利润分配方案和弥补亏损方案；对公司增加或者减少注册资本做出决议；对发行公司债券做出决议；对公司合并、分立、解散、清算或者变更公司形式做出决议；修改公司章程；公司章程规定的其他职权。

2）股东会会议的召集和主持。

股东会会议分为定期会议和临时会议。首次股东会会议由出资最多的股东召集和主持。定期会议应当依照公司章程的规定按时召开。代表十分之一以上表决权的股东、三分之一以上的董事、监事会或者不设监事会的公司的监事提议召开临时会议的，应当召开临时会议。

有限责任公司设立董事会的，股东会会议由董事会召集，董事长主持；董事长不能履行职务或者不履行职务的，由副董事长主持；副董事长不能履行职务或者不履行职务的，由半数以上董事共同推举一名董事主持。

有限责任公司不设董事会的，股东会会议由执行董事召集和主持。执行董事不能履行或者不履行召集股东会会议职责的，由监事会或者不设监事会的公司的监事召集和主持；监事会或者监事不召集和主持的，代表十分之一以上表决权的股东可以自行召集和主持。

3）股东会决议。

股东会会议由股东按照出资比例行使表决权，但是，公司章程另有规定的除外。股东会的议事方式和表决程序，除《公司法》有规定的外，由公司章程规定。股东会会议做出修改公司章程、增加或者减少注册资本的决议，以及公司合并、分立、解散或者变更公司形式的决议，必须经代表三分之二以上表决权的股东通过。

（2）董事会。

1）董事会组成及董事任期。

组成：有限责任公司设立董事会，其成员为三人至十三人；但是，股东人数较少或者规模较小的有限责任公司，可以设一名执行董事，不设董事会。执行董事可以兼任公司经理。执行董事的职权由公司章程规定。

任期：董事任期由公司章程规定，但每届任期不得超过三年。董事任期届满，通过选举可以连任。董事任期届满未及时改选，或者董事在任期内辞职导致董事会成员低于法定人数的，在改选出的董事就任前，原董事仍应当依照法律、行政法规和公司章程的规定履行董事职务。

2）董事会职权。

董事会对股东会负责，行使下列职权：召集股东会会议，并向股东会报告工作；执行股东会的决议；决定公司的经营计划和投资方案；制定公司的年度财务预算方案、决算方案；制定公司的利润分配方案和弥补亏损方案；制定公司增加或者减少注册资本以及发行公司债券的方案；制定公司合并、分立、解散或者变更公司形式的方案；决定公司内部管理机构的设置；决定聘任或者解聘公司经理及其报酬事项，并根据经理的提名决定聘任或者解聘公司副经理、财务负责人及其报酬事项；制定公司的基本管理制度；公司章程规定的其他职权。

3）董事会议事规则。

董事会会议由董事长召集和主持；董事长不能履行职务或者不履行职务的，由副董事长召集和主持；副董事长不能履行职务或者不履行职务的，由半数以上董事共同推举一名董事召集和主持。

董事会的议事方式和表决程序，除我国《公司法》有规定的外，由公司章程规定。董事会应当将所议事项的决定做成会议记录，出席会议的董事应当在会议记录上签名。董事会决议的表决，实行一人一票制。

（3）经理。

有限责任公司可以设经理，由董事会决定聘任或者解聘。经理对董事会负责，行使下列职权：主持公司的生产经营管理工作，组织实施董事会决议；组织实施公司年度经营计划和投资方案；拟订公司内部管理机构设置方案；拟订公司的基本管理制度；制定公司的具体规章；提请聘任或者解聘公司副经理、财务负责人；决定聘任或者解聘除应由董事会决定聘任或者解聘以外的负责管理人员；董事会授予的其他职权。公司章程对经理职权另有规定的，从其规定。经理列席董事会会议。

（4）监事会。

1）监事会组成及监事任期。

组成：有限责任公司设立监事会，其成员不得少于三人。股东人数较少或者规模较小的有限责任公司，可以设一至二名监事，不设监事会。监事会应当包括股东代表和适当比例的公司职工代表，其中职工代表的比例不得低于三分之一，具体比例由公司章程规定。监事会中的职工代表由公司职工通过职工代表大会、职工大会或者其他形式民主选举产生。监事会设主席一人，由全体监事过半数选举产生。监事会主席召集和主持监事会会议；监事会主席不能履行职务或者不履行职务的，由半数以上监事共同推举一名监事召集和主持监事会会议。董事、高级管理人员不得兼任监事。

任期：监事的每届任期为三年。监事任期届满，通过选举可以连任。监事任期届满未及时改选，或者监事在任期内辞职导致监事会成员低于法定人数的，在改选出的监事就任前，原监事仍应当依照法律、行政法规和公司章程的规定，履行监事职务。

2）监事会职权。

监事会、不设监事会的公司的监事行使下列职权：检查公司财务；对董事、高级管理人员执行公司职务的行为进行监督，对违反法律、行政法规、公司章程或者股东会决议的董事、高级管理人员提出罢免的建议；当董事、高级管理人员的行为损害公司的利益时，要求董事、高级管理人员予以纠正；提议召开临时股东会会议，在董事会不履行我国《公司法》规定的召集和主持股东会会议职责时召集和主持股东会会议；向股东会会议提出提案；董事、高级管理人员执行公司职务时违反法律、行政法规或者公司章程的规定，给公司造成损失、不承担赔偿责任时，可对董事、高级管理人员提起诉讼；公司章程规定的其他职权。

监事可以列席董事会会议，并对董事会决议事项提出质询或者建议。

监事会、不设监事会的公司的监事发现公司经营情况异常，可以进行调查；必要时，可以聘请会计师事务所等协助其工作，费用由公司承担。监事会、不设监事会的公司的监事行使职权所必需的费用，由公司承担。

想一想

有限责任公司的股东会、董事会、经理、监事会之间是什么关系？

（二）一人有限责任公司

我国的一人有限责任公司属于有限责任公司的特殊类型。我国《公司法》第五十七条规定：一人有限责任公司，是指只有一个自然人股东或者一个法人股东的有限责任公司。第五十八条规定：一个自然人只能投资设立一个一人有限责任公司。该一人有限责任公司不能投资设立新的一人有限责任公司。

一人有限责任公司的股东不能证明公司财产独立于股东自己的财产的，应当对公司债务承担连带责任。

一人有限责任公司不设股东会。由股东行使相当于普通有限责任公司的股东会的职权，股东履行该职权时做出的决定，应当采用书面形式，并由股东签名后置备于公司。公司章程由股东制定。一人有限责任公司应当在公司登记中注明自然人独资或者法人独资，并在营业执照中载明。一人有限责任公司应当在每一会计年度终了时编制财务会计报告，并经会计师事务所审计。

想一想

一人有限责任公司与个人独资企业有何不同？

（三）国有独资公司

1. 国有独资公司的定义

国有独资公司属于有限责任公司的特殊类型。我国《公司法》第六十四条第二款规定：国有独资公司，是指国家单独出资、由国务院或者地方人民政府授权本级人民政府国有资产监督管理机构履行出资人职责的有限责任公司。

2. 国有独资公司的组织机构

（1）不设股东会。

股东会的职权由国有资产监督管理机构（国资委）行使，但国资委也可授权董事会行使股东会的部分职权（如公司章程由国资委制定，或者由董事会制定报国资委批准），决定公司的重大事项，但公司的合并、分立、解散、增加或者减少注册资本和发行公司债券，必须由国有资产监督管理机构决定。其中，重要的国有独资公司合并、分立、解散、申请破产的，应当由国资委审核后，报本级人民政府批准。前述所称重要的国有独资公司，按照国务院的规定确定。

（2）董事会、监事会。

国有独资公司设董事会，依法行使董事会职权。董事每届任期不得超过三年。董事会成员中应当有公司职工代表。董事会成员由国有资产监督管理机构委派，但董事会成员中的职工代表由公司职工代表大会选举产生。董事会设董事长一人，可以设副董事长。董事长、副董事长由国有资产监督管理机构从董事会成员中指定。

国有独资公司监事会成员不得少于五人，其中职工代表的比例不得低于三分之一，具体比例由公司章程规定。监事会成员由国有资产监督管理机构委派；但是，监事会成员中的职工代表由公司职工代表大会选举产生。监事会主席由国有资产监督管理机构从监事会成员中指定。

（3）经理。

国有独资公司设经理，由董事会聘任或者解聘。经理依法行使规定的职权。经国有资产监督管理机构同意，董事会成员可以兼任经理。

（四）股份有限公司

1. 股份有限公司概述

股份有限公司，又称股份公司，是指由一定数量以上的股东所组成的，全部资本分为若干等额股份，股东以其认购的股份为限对公司承担责任的公司。

股份公司是法人，依照我国《公司法》设立的股份有限公司，必须在公司名称中标明

“股份有限公司”或者“股份公司”字样。

2. 股份有限公司的设立

公司设立是一种法律行为，公司成立是公司设立成功的法律后果，是公司取得法人资格的一种事实状态。公司设立成功则公司成立，公司设立失败则公司不能成立。

公司成立后取得法人主体资格，能够以自己的名义进行法律活动，由此产生的债权债务由公司承担。但在公司设立阶段，公司尚不具有法人资格，还不能以公司名义进行营业活动，只能进行与设立有关的活动。

我国《公司法》对设立股份有限公司基本上采取严格准则主义，但对个别公司采取核准主义。

（1）设立股份有限公司，应当具备下列条件：

1）发起人符合法定人数；

2）有符合公司章程规定的全体发起人认购的股本总额或者募集的实收股本总额；

3）股份发行、筹办事项符合法律规定；

4）发起人制定公司章程，采用募集方式设立的，需要经创立大会通过；

5）有公司名称，建立符合股份有限公司要求的组织机构；

6）有公司住所。

（2）股份有限公司设立的方式。

根据我国《公司法》第七十七条的规定，我国股份有限公司的设立，可以采取发起设立或者募集设立方式。

发起设立，是指由发起人认购公司应发行的全部股份而设立公司，其注册资本为在公司登记机关登记的全体发起人认购的股本总额。

募集设立，是指由发起人认购公司应发行股份的一部分，其余股份向社会公开募集或者向特定对象募集而设立公司，其注册资本为在公司登记机关登记的实收股本总额。

（3）设立登记。

以发起设立方式设立股份有限公司的，其股东认足公司章程规定的出资后，由全体股东指定的代表或者共同委托的代理人向公司登记机关报送公司登记申请书、公司章程等文件，申请设立登记。

以募集设立方式设立股份有限公司的，发起人认购的股份不得少于公司股份总数的百分之三十五；发起人向社会公开募集股份，必须公告招股说明书，并制作认股书。发行股份的股款缴足后，必须经依法设立的验资机构验资并出具证明。发起人应当自股款缴足之日起三十日内主持召开公司创立大会。董事会应于创立大会结束后三十日内，向公司登记机关申请设立登记。

想一想

发起设立和募集设立股份有限公司有何区别？

3. 股份有限公司的发起人

（1）发起人概述。

股份有限公司发起人是为设立公司而签订协议、制定公司章程、向公司认缴出资或者股份并履行公司设立职责的人。

发起人的责任是筹建公司。他们应当具备一定的资格，各国公司法对股份有限公司的发起人的人数及应具备的资格都做了具体的规定。我国《公司法》规定：设立股份有限公司，应当有二人以上二百人以下为发起人，其中须有半数以上的发起人在中国境内有住所。

（2）发起人的职责。

1）发起人承担公司筹办事务。发起人应当签订发起人协议，明确各自在公司设立过程中的权利和义务。

2）发起人应制定公司章程。股份有限公司章程应当载明下列事项：公司名称和住所；公司经营范围；公司设立方式；公司股份总数、每股金额和注册资本；发起人的姓名或者名称、认购的股份数、出资方式和出资时间；董事会的组成、职权和议事规则；公司法定代表人；监事会的组成、职权和议事规则；公司利润分配办法；公司的解散事由与清算办法；公司的通知和公告办法；股东大会会议认为需要规定的其他事项。

3）发起人向社会公开募集股份，必须公告招股说明书，并制作认股书。

4）发起人向社会公开募集股份，应当由依法设立的证券公司承销，签订承销协议。

5）发起人向社会公开募集股份，应当与银行签订代收股款协议。代收股款的银行应当按照协议代收和保存股款，向缴纳股款的认股人出具收款单据，并负有向有关部门出具收款证明的义务。

6）发行股份的股款缴足后，必须经依法设立的验资机构验资并出具证明。发起人应当自股款缴足之日起三十日内主持召开公司创立大会。创立大会由发起人、认股人组成。发行股份的股款超过招股说明书规定的截止期限尚未募足的，或者发行股份的股款缴足后，发起人在三十日内未召开创立大会的，认股人可以按照所缴股款并加算银行同期存款利息，要求发起人返还。

7）发起人、认股人缴纳股款或者交付抵作股款的出资后，除未按期募足股款、发起人未按期召开创立大会或者创立大会决议不设立公司的情形外，不得抽回其股本。

（3）发起人的出资。

1）发起人的出资方式。依照我国《公司法》第二十七条的规定，股东可以用货币出资，也可以用实物、知识产权、土地使用权等可以用货币估价并可以依法转让的非货币财产作价出资；但是，法律、行政法规规定不得作为出资的财产除外。

对作为出资的非货币财产应当评估作价，核实财产，不得高估或者低估作价。法律、行政法规对评估作价有规定的，从其规定。

2）以发起设立方式设立股份有限公司的，发起人应当书面认足公司章程规定其认购的股份，并按照公司章程规定缴纳出资。以非货币财产出资的，应当依法办理其财产权的转移手续。发起人不依照规定缴纳出资的，应当按照发起人协议承担违约责任。

3）以募集设立方式设立股份有限公司的，发起人认购的股份不得少于公司股份总数的百分之三十五；但是，法律、行政法规另有规定的，从其规定。

（4）发起人承担的责任。

股份有限公司成立后，发起人未按照公司章程的规定缴足出资的，应当补缴，其他发起人承担连带责任。股份有限公司成立后，发现作为设立公司出资的非货币财产的实际价额显著低于公司章程所定价额的，应当由交付该出资的发起人补足其差额，其他发起人承担连带责任。

同时，我国《公司法》第九十四条规定，股份有限公司的发起人应当承担下列责任：

1）公司不能成立时，对设立行为所产生的债务和费用负连带责任。

2）公司不能成立时，对认股人已缴纳的股款，负返还股款并加算银行同期存款利息的连带责任。

3）在公司设立过程中，由于发起人的过失致使公司利益受到损害的，应当对公司承担赔偿责任。

4. 股份有限公司的组织机构

股份有限公司的组织机构俗称“三会一层”，即股东大会、董事会、监事会和高级管理层。各组织机构职能与有限责任公司组织机构职能类似，这里只做简单介绍。

（1）股东大会。

股东大会是股份有限公司的最高权力机构，它由全体股东组成，对公司重大事项进行决策，有权选任和解聘董事，并对公司的经营管理有广泛的决定权。股东大会既是一种定期或临时举行的由全体股东出席的会议，又是一种非常设的由全体股东所组成的公司制企业的最高权力机关。它是股东作为企业财产的所有者，对企业行使财产管理权的组织。企业一切重大的人事任免和重大的经营决策一般都需要通过股东大会认可和批准方才有效。

股东大会应当每年召开一次。特定情形下，应当在两个月内召开临时股东大会。

（2）董事会。

董事会是由董事组成的、对内掌管公司事务、对外代表公司的经营决策机构。股份有限公司设立的董事会，其成员为五人至十九人，由股东大会选举，董事会成员中可以有公司职工代表，董事会中的职工代表由公司职工通过职工代表大会、职工大会或者其他形式民主选举产生。上市公司设独立董事，具体办法由国务院规定。董事会设董事长一人，可以设副董事长，董事长和副董事长由董事会全体董事过半数选举产生。董事任期三年，任期届满，通过选举可连任。董事在任期届满前，股东会不得无故解除其职务。

（3）监事会。

监事会也称公司监察委员会，与董事会并列设置，是股份有限公司法定的必备监督机构。其受股东大会领导，由股东大会选举的监事以及由公司职工民主选举的监事组成，是对公司的业务活动进行监督和检查的法定、必设和常设机构，是对董事会和经理行政管理系统行使监督权的内部组织，成员不得少于三人。

（4）高级管理层。

高级管理层，就是指公司管理层中担任重要职务、负责公司经营管理、掌握公司重要信息的人员，主要包括经理、副经理、财务负责人、上市公司董事会秘书和公司章程规定的其他人员。

（五）外商投资公司

外商投资公司，是指依照中华人民共和国法律的规定，在中国境内设立的，由中国投资者和外国投资者共同投资或者仅由外国投资者投资的公司。这里所称的中国投资者包括中国的公司、企业或者其他经济组织，外国投资者包括外国的公司、企业和其他经济组织或者个人。我国《公司法》第二百一十七条规定：外商投资的有限责任公司和股份有限公司适用本法。

项目小结

商事组织是市场经济中最重要的经济活动主体。本项目主要介绍三种常见的商事组织，分别是个人独资企业、合伙企业和公司。个人独资企业是投资人个人设立的企业，企业的财产即投资人的个人财产，投资人对企业的债务承担无限责任；合伙企业包括普通合伙企业和有限合伙企业，合伙企业财产相对独立，其普通合伙人对企业的债务承担无限连带责任；公司是独立法人，其以自己的财产对外独立承担责任，股东以其认缴投资额为限承担有限责任。上述三种商事组织形式各有特点，有的成立简单，操作简易，方便经营；有的同时具备人合和资合优势，方便各方合作共赢；有的内部治理科学合理，各机构分工明确，保证企业的正常高效运作，有利于对外融资，方便企业做强做大。

通过学习本项目，同时进行横向比较、总结，我们对上述三种常见的商事组织形式有了较全面的了解，从而进一步丰富、完善我们的知识结构，为日后做好本职工作奠定更加坚实的基础。

综合实务训练

一、判断题

1. 所有的中外合资经营企业都是有限责任公司。(　　)

2. 公司章程是公司内部的文件，一般不对外公开。(　　)

3. 公司的存续一般不受股东变化的影响。(　　)

4. 公司是“资本的组合”。(　　)

5. 股份有限公司的股款一般只能以现金交付，不能用实物作价。(　　)

二、单项选择题

1. 某股份公司股东大会正在选举新一届监事会成员，下列人员中可能当选的是（　　）。

A. 研发部职工　　B. 营运总监　　C. 名誉董事长　　D. 总经理

2. 股份有限公司的最高权力机关是（　　）。

A. 董事会　　B. 监事会　　C. 股东大会　　D. 经理

3. 股份有限公司的发起人（　　）。

A. 法律上一般都对其资格加以严格限制　　B. 只能是自然人

C. 只能是法人　　D. 可以是自然人，也可以是法人

4. 合伙企业在解散时，应确定清算人并依法进行清算工作。根据法律的规定，原则上应由（　　）担当清算人。

A. 全体合伙人

B. 合伙企业事务执行人及其指定的人

C. 人民法院指定的清算人

D. 合伙企业事务执行人及其指定的会计师事务所

5. 个人独资企业的投资人对企业债务（　　）。

A. 以出资额为限承担责任　　B. 以企业财产为限承担责任

C. 以其个人财产承担无限责任　　D. 以其个人财产承担连带无限责任

三、多项选择题

1. 公司的法律特征包括（　　）。

A. 公司是法人

B. 公司拥有自己的财产

C. 公司以自己的名义起诉、应诉

D. 公司的存续一般不受股东变化的影响

2. 某公司拟补选一名监事，共有三位候选人。其中，符合我国《公司法》规定条件的人选是（　　）。

A. 张某，公司董事　　B. 蔡某，财务主管

C. 刘某，公司专职司机　　D. 王某，公司普通职员

3. 股份有限公司的机构主要有（　　）。

A. 股东大会　　B. 董事会　　C. 监事会　　D. 工会

4. 股东大会与董事会的关系为（　　）。

A. 股东大会是公司最高权力机关，董事会是业务执行机关

B. 股东大会由董事会召集、董事长主持

C. 股东大会有权审查董事会提出的营业报告书、资产负债表等

D. 董事会向股东大会负责

5. 公司章程必须载明公司的注册所在地是（　　）。

A. 考察公司经营范围的需要　　B. 为了确定公司法人的国籍

C. 诉讼时送达传票的法定地址　　D. 便于通信联系

6. 股东大会的权限主要包括（　　）。

A. 选任和解聘董事　　B. 决定红利的分派

C. 变更公司的章程　　D. 增加或减少公司的资本

7. 有限责任公司的法律特征包括（　　）。

A. 股东人数一般有限制

B. 不得公开发行股票向社会公开募集资本

C. 股东对公司债务负有限责任

D. 公司的财产情况及账目一般不需要公开

四、问答题

1. 简述公司的概念及法律特征。

2. 简述公司董事会及其权限。

3. 简述股份公司设立的方式。

4. 简述有限公司和股份公司的区别。

5. 简述股东会的职权。

五、案例分析题

1. 某个人独资企业成立后的几年由投资人老王自行经营，盈利颇丰。后因投资人老王年老体弱，很难管理和经营企业，便委托小王管理。由于小王不懂经营管理，导致企业连年亏损，现欠债15万元，企业很难再维持下去，故而准备解散和清算。

问题：

（1）企业解散后的15万元债务是由老王负担还是由小王负担？为什么？

（2）如果这家个人独资企业财产不足以清偿债务，后续程序如何？

2. 龙翔服装有限公司由张某、李某、吴某三人共同出资人民币200万元设立，该公司经营情况良好，为拓展业务、扩大经营，三人决定采取以下措施：

第一，向某普通合伙企业投资100万元。

第二，与力宏有限公司共同投资设立一家名叫“实地”的有限责任公司，专门生产运动鞋。实地有限责任公司注册资本为400万元，为达到控股目的，龙翔公司决定出资210万元。

问题：

请根据你所学的公司法相关知识，对这两项投资做出判断，并说明理由。

项目三

合同法

知识目标

1. 掌握合同法的适用范围及合同法的基本原则；
2. 掌握订立合同的主体要求；
3. 了解订立合同的形式及合同的格式条款、缔约过失责任、保密义务等；
4. 掌握订立合同的方式；
5. 掌握附条件合同和附期限合同、表见代理、无效合同及可撤销合同；
6. 掌握合同履行抗辩权；
7. 了解合同的变更及权利义务转让；
8. 掌握合同权利义务终止的各种情形；
9. 掌握承担违约责任的各种法定和约定形式。

能力目标

1. 能够根据具体情况起草合同文本；

2. 能够正确处置合同订立前后、合同履行过程中及合同履行完毕后可能出现的各种情况，依法保护本方的合法合同利益。

项目分析

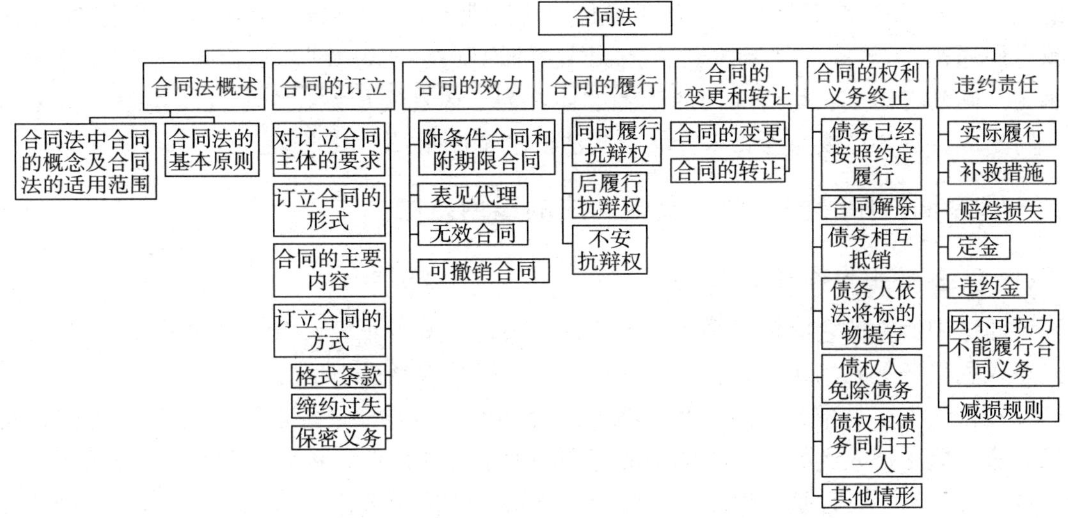

任务一　合同法概述

任务案例

国迪公司拥有教育资本（包括教育理论与理念、教育资源整合与引入、教育经营和管理团队、教育项目的策划与实施等），启华公司资金实力雄厚，经协商，两家公司决定共同成立珠科公司，并由珠科公司与某高校签订成立并管理该校二级学院的协议。在成立珠科公司的股东协议中约定：国迪公司出资550万元，占珠科公司55%股权；启华公司出资450万元，占珠科公司45%股权；国迪公司的出资全部由启华公司支付；珠科公司分配净利润时，国迪公司与启华公司的分配比例为20∶80，直到启华公司收回1 000万元投资之日，分配比例改为55∶45。

珠科公司成立后，在管理过程中，国迪公司与启华公司产生严重分歧，启华公司遂向法院起诉，请求确认珠科公司的全部股权归启华公司所有，理由是国迪公司没有实际投资。

问题：

你认为启华公司的诉讼请求能得到法院的支持吗？

合同几乎是进行一切形式的国际商事交往的基本工具，在从事国际性的商品买卖活动过程中，买卖双方要签署买卖合同；在进行国际合作时，合作各方需要签订各种各样的合作合同；在代理领域中，被代理人与代理人之间需要签订代理合同确定代理关系；等等。合同无处不在，决定了合同法在国际商事活动相关法律体系中的重要地位。合同法的原则和一般原理，对于开展国际货物买卖、合作等商事活动具有重要的指导作用。

世界各国都有自己独立的法律体系，也各有不同的合同法表现形式，如法国的《法国民法典》，德国的《德国民法典》，美国的《美国法律重述合同法》《美国统一商法典》，我国的《中华人民共和国民法典》（以下简称《民法典》），国际统一私法协会推出的《国际商事合同通则》，等等。鉴于各国制定合同法的原则及一般原理基本相同、教材篇幅限制等因素，同时考虑本教材所面向的读者群体，为了体现实用性，本项目以我国《民法典》这一特定成文法为主要参考，来介绍合同法的基本原则及一般原理。

一、合同法中合同的概念及合同法的适用范围

（一）合同法中合同的概念

合同法中所称的合同特指平等主体的自然人、法人、非法人组织之间设立、变更、终止民事权利义务关系的协议。合同是一种协议，但其内涵远小于协议，其中：

（1）自然人，是指有血肉之躯、能够思考问题、有欲望、能够从事劳动等活动的人。自然人这个概念把人类的一切具体特征都剔除掉了，如民族、种族、肤色、宗教信仰、政治态度、文化水平、性别、性取向、职业、财富、政治领域担任的职务等，就是一个非常平等的、非常抽象的概念。自然人是非常平等的，看不到什么区别的，它既包括本国人，也包括外国人和无国籍人。

（2）法人，是指依法成立，能够独立享有民事权利和承担民事义务的组织，包括公司、企事业单位、机关、团体等。

（3）非法人组织，是指不具备法人资格的合伙组织以及分支机构等。

合同各方形成的法律关系属于民事法律关系，既不是行政合同关系，也不是劳动合同关系。

（二）合同法的适用范围

合同关系是民事法律关系，非民事法律关系的其他活动，不属于合同法的调整范围，例如：

（1）政府行政管理活动，属于行政管理关系，不适用合同法，如财政拨款、征用、征购等是政府行使行政管理职权的行为，属于行政关系，适用相关行政法，不适用合同法；政府与行政相对人签订的综合治理、环境保护等协议，不是民事合同，不适用合同法。

（2）企业、单位内部的管理关系，是管理与被管理的关系，不是平等主体之间的关系，不适用合同法。如工厂车间内的生产责任制，是企业的一种管理措施，不适用合同法。

（3）劳动者和用人单位签订的劳动合同，是管理者和被管理者直接订立的协议，属于劳动法调整的范畴，不适用合同法。

（4）婚姻、收养、监护等有关身份关系的协议，首先应当适用其他法律的规定，不能直接适用合同法。

二、合同法的基本原则

（一）平等原则

平等原则是指地位平等的合同当事人，在权利义务对等的基础上，经充分协商达成一

致，以实现互利互惠的经济利益目的的原则。这一原则包括三方面内容：

（1）合同当事人的法律地位一律平等。在法律上，合同当事人是平等主体，没有高低、从属之分，不存在命令者与被命令者、管理者与被管理者。这意味着不论所有制形式如何，也不论单位大小和经济实力强弱，其地位都是平等的。

（2）合同中的权利义务对等。所谓对等，是指享有权利，同时应承担义务，而且彼此的权利、义务是相应的。这要求当事人所取得的财产、劳务或工作成果与其履行的义务大体相当；要求一方不得无偿占有另一方的财产，侵犯他人权益。

（3）合同当事人必须就合同条款充分协商，取得一致，合同才能成立。合同是双方当事人意思表示一致的结果，是在互利互惠基础上充分表达各自意见，并就合同条款取得一致后达成的协议。因此，任何一方都不得凌驾于另一方之上，不得把自己的意志强加给另一方，更不得以强迫、命令、胁迫等手段签订合同；同时还意味着凡协商一致的过程、结果，任何单位和个人都不得非法干涉。例如，市场监督管理部门在依法维护市场秩序时，与企业之间是管理与被管理的关系，但在购买商品时，与企业的法律地位是平等的，不能因为是市场监督管理部门就可以不管企业是否愿意，就将自己的意志强加给企业。法律地位平等是自愿原则的前提和保障，如果当事人的法律地位不平等，就谈不上协商一致，更谈不上自愿。

（二）自愿原则

自愿原则是合同法的重要基本原则，合同当事人通过协商，自愿决定和调整相互之间的权利义务关系。自愿原则体现了民事活动的基本特征，是民事关系区别于行政法律关系、刑事法律关系的特有原则。民事活动除法律强制性的规定外，由当事人自愿约定。自愿原则也是市场经济的要求，随着市场经济的发展，合同自愿原则显得越来越重要。自愿原则意味着合同当事人即市场主体自主自愿地进行交易活动，合同当事人根据自己的知识、认识和判断，以及直接所处的相关环境去自主选择自己所需要的合同，去追求自己最大的利益。自愿原则保障了合同当事人在交易活动中的主动性、积极性和创造性，而市场主体越活跃，活动越频繁，市场经济才越能真正得到发展，从而提高效率，增进社会财富积累。

自愿原则贯穿合同活动的全过程，包括：

（1）订不订立合同自愿，当事人依自己意愿自主决定是否签订合同。

（2）与谁订立合同自愿，在签订合同时，有权选择对方当事人。

（3）合同内容由当事人在不违法的情况下自愿约定。

（4）在合同履行过程中，当事人可以协议补充、变更有关内容。

（5）双方可以协议解除合同。

（6）双方可以约定违约责任，当发生争议时，当事人可以自愿选择解决争议的方式。

当然，自愿也不是绝对的，不是想怎样就怎样。当事人订立合同、履行合同，应当遵守法律，遵守社会公德，不得扰乱社会经济秩序，损害社会公共利益。

（三）公平原则

公平原则要求合同双方当事人之间的权利义务要公平合理，要大体上平衡，强调一方给付与对方给付之间的等值性，合同上的负担和风险的合理分配。具体包括：

（1）在订立合同时，要根据公平原则确定双方的权利和义务，不得欺诈，不得假借订立合同恶意进行磋商。

（2）根据公平原则确定风险的合理分配。

（3）根据公平原则确定违约责任。

公平原则作为合同法的基本原则，其意义和作用是：公平原则是社会公德的体现，符合商业道德的要求。将公平原则作为合同当事人的行为准则，可以防止当事人滥用权利，有利于保护当事人的合法权益，维护和平衡当事人之间的利益。

（四）诚实信用原则

诚实信用原则要求当事人在订立、履行合同以及合同终止后的整个过程中，都要诚实、讲信用、相互协作。诚实信用原则具体包括：

（1）在订立合同时，不得有欺诈或其他违背诚实信用的行为。

（2）在履行合同义务时，当事人应当遵循诚实信用的原则，根据合同的性质、目的和交易习惯履行及时通知、协助、提供必要的条件、防止损失扩大、保密等义务。

（3）合同终止后，当事人也应当遵循诚实信用的原则，根据交易习惯履行通知、协助、保密等义务。

诚实信用原则作为合同法基本原则的意义和作用，主要有以下两个方面：

（1）将诚实信用原则作为指导合同当事人订立合同、履行合同的行为准则，有利于保护合同当事人的合法权益，有利于指引当事人更好地履行合同义务。

（2）合同没有约定或约定不明确且法律又没有规定的事项，可以根据诚实信用原则进行解释、处理。

（五）遵守法律原则

一般来讲，合同的订立和履行，属于合同当事人之间的事情，主要涉及当事人的利益，只要当事人的意思不与强制性规范、社会公共利益和社会公德相抵触，就应承认其法律效力，国家及法律尽可能尊重合同当事人的意思，一般不予干预，由当事人自主约定，采取自愿的原则。但是，合同绝不仅仅是当事人之间的问题，有时可能涉及社会公共利益和社会公德，涉及维护经济秩序，合同当事人的意思应当在法律允许的范围内表示，不是想怎么样就怎么样。为了维护社会公共利益，维护正常的社会经济秩序，对于损害社会公共利益、扰乱社会经济秩序的行为，国家应当予以干预。至于哪些要干预、怎么干预，就要依法进行，由法律做出规定。

遵守法律原则与自愿原则是不是矛盾？如何正确理解和把握这两个原则的关系？一方面，自愿原则鼓励交易，促进交易的开展，发挥当事人的主动性、积极性和创造性，以活跃市场经济；另一方面，遵守法律原则保证交易在遵守公共秩序和善良风俗的前提下进行，使市场经济有一个健康、正常的道德秩序和法律秩序。所以说，遵守法律原则和自愿原则是不矛盾的，自愿是以遵守法律、不损害社会公共利益为前提；同时，只有遵守合同法，依法订立合同、履行合同，才能更好地体现和保护当事人在合同活动中的自愿原则。依法保护当事人的合法权益同依法禁止滥用民事权利是统一的。法律等相关规范性文件有关合同的规定，有强制性的，有非强制性的。对强制性规定，当事人在合同活动中必须遵守。例如，禁止非法借贷，不得恶意串通损害国家、集体或者第三人利益等。对非强制性规定，由当事人自愿选择是否遵守。例如，我国《民法典》第五百一十条规定，合同生效后，当事人就质量、价款或者报酬、履行地点等内容没有约定或者约定不明确的，可以协议补充；不能达成补充协议的，按照合同有关条款或者交易习惯确定。正确认识以上两种不同的规定，有助于指导当事人在遵守法律的前提下自主、自愿地从事订立合同、履行合同等合同活动。

课堂讨论

张某是某酒楼的经理，某日，某烟酒公司业务员上门推销洋酒。经查验，证实该酒是正品，但可能是走私品，因为该酒外包装全是外文、没有中文标识，业务员无法提供相关进口证明，且该酒价格比市场上同类酒便宜很多。

问题：你建议张某购买该批洋酒吗？

（六）依合同履行义务原则

根据合同法的自愿原则，订不订立合同、与谁签订合同、合同的内容如何等，由当事人自愿约定。但是，合同依法成立生效以后，对当事人就具有了法律约束力。所谓法律约束力，就是当事人应当按照合同的约定履行自己的义务。除非依法律规定或者取得对方同意，否则不得擅自变更或者解除合同。如果不履行合同义务或者履行合同义务不符合约定，就要承担违约责任。

依法成立的合同受法律保护。如果一方当事人未经对方当事人同意，擅自变更或者解除合同、不履行合同义务或者履行合同义务不符合约定，从而使对方当事人的权益受到损害，受损害方向人民法院起诉要求维护自己的权益时，人民法院要依法维护，认定变更或者解除合同无效，判令当事人继续履行合同及承担违约赔偿责任等。

任务二　合同的订立

任务案例

绍兴公司于2020年11月23日向渤海公司发出电子邮件：因工程施工需要，现需供应不锈钢“D273＊6的90冲压弯头”共144个，“D273＊6的45冲压弯头”288个，不锈钢三通“DN300＊250”共12个，价格依原价，请贵司立即安排生产，及时供应。渤海公司收到电子邮件后，即安排生产，并于2020年12月3日将上述型号的不锈钢产品全部生产完毕，当天向绍兴公司发出电子邮件，通知其前来验收提货。但绍兴公司一直未来提货，故渤海公司向法院起诉要求判决上述产品归绍兴公司所有，绍兴公司立即支付货款180万元。

绍兴公司辩称双方未达成任何书面要约，更未订立任何合同，请求驳回。

问题：

绍兴公司与渤海公司之间的买卖合同是否成立并生效？请说明理由。

一、对订立合同主体的要求

当事人订立合同，应当具有相应的民事权利能力和民事行为能力。当事人依法可以委托代理人订立合同。

（一）民事权利能力和民事行为能力

民事权利能力是指法律赋予民事主体享有民事权利和承担民事义务的能力，也就是民事主体享有权利和承担义务的资格，这是作为民事主体进行民事活动的前提条件。国家保护自然人的财产所有权，每一个自然人都享有行使自有财产所有权的权利能力。但并不是说，只有当自然人行使了某一项民事权利，才能证明其有权利能力。国家赋予自然人的民事权利能力是一种法律上的确认，它不以自然人是否行使民事权利确定是否拥有民事权利能力。民事权利能力与具体民事权利的不同在于：

（1）民事权利能力是取得具体民事权利的前提。虽然法律赋予自然人财产所有权的权利能力，但只有参加到具体的民事法律关系中，才能享有具体的民事权利，如果不参加具体的民事法律关系，就只有民事权利能力，而没有民事权利。

（2）民事权利能力包括享有民事权利与承担民事义务两个方面，民事权利能力不仅是享有民事权利的前提，也是承担民事义务的前提。而民事权利一般仅仅指权利，不包括民事义务。

（3）民事权利能力是由法律直接赋予的，而民事权利则是在具体的民事活动中产生的。

民事行为能力是指民事主体以自己的行为享有民事权利、承担民事义务的能力。也就是民事主体以自己的行为享有民事权利、承担民事义务的资格。这里的“能力”或者“资格”是指民事主体的意识能力或者精神状态，包括思维是否正常，是否有认识能力、判断能力，是否具有辨别是非和处理自己事务的能力。民事行为能力与民事权利能力不同。民事行为能力以民事权利能力为前提，只有具备民事权利能力，才可能有民事行为能力。但是具备民事权利能力，不一定有民事行为能力。民事行为能力既包括民事主体对其实施的合法行为取得民事权利、承担民事义务的能力，也包括对其实施的违法行为承担民事责任的能力。

（二）自然人的民事权利能力和民事行为能力

1. 自然人的民事权利能力

自然人的权利能力始于出生，终于死亡。一般来说，自然人的权利能力与年龄无关，但有的权利能力，需要达到一定年龄时才能享有，如工作的权利能力。自然人的权利能力是法律所赋予的，与自然人的人身不可分离，非依法律不得限制与剥夺，亦不得由自然人本人放弃。自然人从事订立合同的民事活动，应当具备订立合同所需要的民事权利能力。一般来说，自然人订立合同的权利能力不受限制，只要不违背法律的强制性规定，都可以自由地订立合同。

2. 自然人的民事行为能力

自然人的民事行为能力可以分为完全民事行为能力、无民事行为能力和限制民事行为能力三种情况。

（1）完全民事行为能力，是指达到一定年龄的人，具有以自己的行为取得民事权利和承担民事义务的资格。一般而言，成年人生理和心理发育成熟，具有一定的社会经验和对事物的认识、判断能力，具有独立生活的能力，不仅能够有意识地实施法律行为，而且能够估计到实施某种行为可能发生的后果及对自己和他人的影响。因此，一般的立法都规定成年人在法律上具有完全民事行为能力。根据《民法典》第十七条和第十八条的规定，十八周岁以上的自然人为成年人。成年人为完全民事行为能力人，可以独立实施民事法律行为。

（2）无民事行为能力，是指自然人不具有以自己的行为参与民事法律活动并取得民事权利和承担民事义务的资格。依据《民法典》第二十条和第二十一条的规定，不满八周岁的未成年人和不能辨认自己行为的成年人是无民事行为能力人。不满八周岁的未成年人，由于年龄太小，认识能力与判断能力太差，还不能有意识、有目的地进行民事活动，从保护他们的利益和保障社会经济秩序出发，法律不赋予他们民事行为能力。若他们要进行民事活动，则应由他们的父母或者其他法定代理人代为进行。不能辨认自己行为的成年人，由于他们丧失了认识能力和判断能力，无法独立进行民事活动，从维护他们的利益与保障社会经济秩序出发，法律不赋予他们民事行为能力。若他们要进行民事活动，则应由其法定代理人代理。

（3）限制民事行为能力，又称不完全民事行为能力，按照《民法典》第十九条及第二十二条的规定，八周岁以上的未成年人和不能完全辨认自己行为的成年人是限制民事行为能力人。一方面，八周岁以上的未成年人，生理与心理有一定程度的发育，并且已接受一定程度的正规且系统的社会教育，有一定的认识能力与判断能力，具有一定的独立生活能力，并且随着年龄的增长，各方面的能力也在不断地增强，具备一定的从事民事活动的能力。因此，法律应当赋予他们一定的民事行为能力。另一方面，虽然八周岁以上的未成年人有一定的行为能力，但其智力发展还不全面，社会生活经验还不够丰富，认识能力与判断能力还比较弱，对某些较为复杂的事情还不能完全进行成熟的认识与判断，也不完全具备有效地保护自己的能力。因此，法律不能赋予他们完全民事行为能力，而是赋予他们一定的、与其认识能力和判断能力相适应的行为能力。他们可以进行与其年龄、智力相适应的民事活动，其他民事活动由其法定代理人代理，或者取得法定代理人的同意。不能完全辨认自己行为的成年人是限制民事行为能力人，可以进行与其精神健康状况相适应的民事活动；其他民事活动由其法定代理人代理，或者须征得其法定代理人的同意。

（三）法人的民事权利能力和民事行为能力

法人是法律设定的民事主体，与自然人有很大不同。《民法典》第五十七条规定，法人是具有民事权利能力和民事行为能力，依法独立享有民事权利和承担民事义务的组织。法人的民事权利能力和民事行为能力，从法人成立时产生，到法人终止时消灭。法人的民事权利能力在性质上与自然人的民事权利能力一样，是法人享有民事权利、承担民事义务的能力，是法人作为民事主体的资格。法人的民事行为能力在性质上与自然人的民事行为能力是一样的，是法人通过自己的行为参与民事活动、享有民事权利、承担民事义务的能力，是法人能够以自己的意思进行民事活动的资格。法人的民事行为能力是通过其法定代表人、代表机构或者代理人来实现的。

法人的民事权利能力与民事行为能力，取决于有关法律、法规的规定以及有关部门对法人设立等的审查批准，不同法人的民事权利能力、民事行为能力的范围是不同的。一般来说，法人的业务范围或者经营范围就是法人的民事权利能力与民事行为能力的范围。法人的民事权利能力与民事行为能力在范围上是一致的。

从范围上看，自然人的民事权利能力和民事行为能力与法人有很大不同。自然人的民事权利能力是普遍、一致和平等的，自然人的民事权利能力通常没有多大差别，基本上是相同的；而法人的民事权利能力的大小、范围取决于其成立的宗旨和任务，差别可能是很大的。某些民事权利能力只有自然人才能享有，如婚姻、收养、继承等；而某些民事权利能力只有法人才能享有，如烟草、黄金等只有法人才能经营。

（四）代理

自然人、法人进行民事活动，一是亲自实施某种民事法律行为，二是可以通过代理人实施某种民事法律行为。通过代理人实施民事法律行为，就涉及民法中的代理。代理是代理人在其代理权限内，以被代理人的名义实施民事法律行为，被代理人对代理人的代理行为享有民事权利并承担民事责任。

代理具有如下几个特点：(1) 代理人在其代理权限内进行代理活动；(2) 代理人以被代理人的名义进行代理活动；(3) 代理人的代理活动是实施某种民事法律行为；(4) 代理人代理活动产生的法律后果由被代理人承担。

代理一般有如下三种形式：

(1) 法定代理。基于法律的直接规定而产生的代理为法定代理。如《民法典》第二十三条、二十七条、二十八条规定，无民事行为能力人、限制民事行为能力人的监护人是其法定代理人。父母是未成年子女的监护人。未成年人的父母已经死亡或者没有监护能力的，由祖父母、外祖父母、兄、姐以及依法确定的其他愿意担任监护人的个人或者组织担任监护人。无民事行为能力或者限制民事行为能力的成年人，由其配偶、父母、成年子女、其他近亲属以及依法确定的其他愿意担任监护人的个人、组织担任监护人。

(2) 指定代理。依照法律的规定，因人民法院或者其他指定单位指定而产生的代理为指定代理。指定代理适用于无民事行为能力人、限制民事行为能力人。在没有法定代理人、对谁是法定代理人有争议或者法定代理人无正当理由不予代理的情况下，才会产生指定代理。《民法典》第三十一条规定，对监护人的确定有争议的，由被监护人住所地的居民委员会、村民委员会或者民政部门指定监护人，有关当事人对指定不服的，可以向人民法院申请指定监护人；有关当事人也可以直接向人民法院申请指定监护人。《中华人民共和国民事诉讼法》第五十七条规定，无诉讼行为能力人由他的监护人作为法定代理人代为诉讼。法定代理人之间互相推诿代理责任的，由人民法院指定其中一人代为诉讼。

(3) 委托代理。委托代理是按照委托人的委托而产生的代理。委托代理是代理中适用最广泛、最普遍的一种形式，除具有人身关系性质的民事活动外，一般民事活动都可以实行委托代理，当事人可以依法委托代理人订立合同。

二、订立合同的形式

我国《民法典》第四百六十九条规定：当事人订立合同，可以采用书面形式、口头形式或者其他形式。这一规定并没有提出严格的书面形式要求，对于合同形式采取的是不要式原则，一般不做特殊要求，法律规定用特定形式的属于例外情形。

书面形式是合同书、信件、电报、电传、传真等可以有形地表现所载内容的形式。以电子数据交换、电子邮件等方式能够有形地表现所载内容，并可以随时调取查用的数据电文，视为书面形式。这种形式明确肯定，有据可查，对防止争议和解决纠纷具有积极意义。

口头形式是指当事人面对面地谈话或者以通信设备如电话交谈达成协议。以口头订立合同的特点是直接、简便、快速，数额较小，现款交易通常采用口头订立合同形式，如在自由市场买菜、在商店买衣服等。口头形式在老百姓日常生活中被广泛采用。口头形式当然也可以适用于企业之间，但口头形式没有将合同内容及时记录下来，发生争议后，难以取证，不易分清责任。

除了书面形式和口头形式，合同还可以其他形式订立。我们可以根据当事人的行为或者特定情形推定合同的成立，可以称之为默示合同。此类合同是指当事人未用语言明确表示成立，而是根据当事人的行为推定合同成立，如租赁房屋的合同，在租赁房屋的合同期满后，出租人未提出让承租人退房，承租人也未表示退房而是继续交房租，出租人仍然接受租金，根据双方当事人的行为，我们可以推定租赁合同继续有效。再如，当乘客坐上公共汽车时，尽管乘车人与承运人之间没有明示协议，但可以依当事人的行为推定运输合同成立。

三、合同的主要内容

合同的主要内容，即合同的主要条款，是合同中经各方当事人协商一致、规定各方当事人权利义务的具体条文。合同各方当事人的权利义务，除法律规定的以外，主要由合同的条款确定。合同的条款是否齐备、准确，决定了合同能否成立、生效以及能否顺利地履行、实现订立合同的目的。合同的条款是非常重要的，合同的主要条款或者合同的内容要由当事人约定，一般包括如下几方面。

（一）当事人的名称或者姓名和住所

当事人的名称或者姓名是每一个合同必须具备的条款，当事人是合同的主体。合同中如果不写明当事人，谁与谁做交易都搞不清楚，就无法确定权利的享有和义务的承担，发生纠纷也难以解决，特别是在合同涉及多方当事人的时候更是如此，故此，当事人的名称或者姓名和住所都应准确、清楚地写进合同中。

（二）标的

标的是合同当事人的权利义务指向的对象，如货物交付、劳务交付、工程交付等。标的是合同成立的必要条件，是一切合同的必备条款。没有标的，合同不能成立，合同关系无法建立。

合同的种类有很多，合同的标的也多种多样。

1. 有形财产

有形财产是指具有价值和使用价值并且法律允许流通的有形物。如依不同的分类有生产资料与生活资料、种类物与特定物、可分物与不可分物、货币与有价证券等。

2. 无形财产

无形财产是指具有价值和使用价值且法律允许流通的不以实物形态存在的智力成果。如商标、专利、著作权、技术秘密等。

3. 劳务

劳务是指不以有形财产体现其成果的劳动与服务。如运输合同中承运人的运输行为，保管与仓储合同中的保管行为，接受委托进行的代理、居间、行纪行为等。

4. 工作成果

工作成果是指在合同履行过程中产生的、体现履约行为的有形物或者无形物。如承揽合同中由承揽方完成的工作成果、建设工程合同中承包人完成的建设项目、技术开发合同中的研发人完成的研究开发工作等。

合同对标的的规定应当清楚明白、准确无误，对于名称、型号、规格、品种、等级、花色等都要约定得细致、准确、清楚，防止差错。特别是对于不易确定的无形财产、劳务、工作成果等更要尽可能地描述准确、明白。

（三）数量

在合同中，数量是必备条款，没有数量，合同是不能成立的。许多合同，只要有了标的和数量，即使对其他内容没有规定，也不妨碍合同的成立与生效。因此，数量是合同的重要条款。对于有形财产，数量是对单位个数、体积、面积、长度、容积、重量等的计量；对于无形财产，数量是对个数、件数、字数以及使用范围等的计量和量度；对于劳务，数量为劳动量；对于工作成果，数量是工作量及成果数量。一般而言，合同的数量要准确，选择使用共同接受的计量单位、计量方法和计量工具。根据不同情况，要求不同的精确度，允许的尾差、磅差、超欠幅度、自然耗损率等。

（四）质量

对有形财产来说，质量是物理、化学、机械、生物、外观形态等性质；对于无形财产、服务、工作成果来说，其质量高低有衡量的特定方法。质量是指标准、技术要求，包括性能、效用、工艺等，一般以品种、型号、规格、等级等体现出来。质量条款的重要性是毋庸置疑的，许多的合同纠纷由此引起。合同中应当对质量问题尽可能规定得细致、准确和清楚。国家有强制性标准的，必须按照规定的标准执行。如有其他质量标准，应尽可能地约定其适用的标准。当事人可以约定质量检验的方法、质量责任的期限和条件、对质量提出异议的条件与期限等。

（五）价款或者报酬

价款或者报酬，是一方当事人向对方当事人所付代价的货币支付。价款一般是指对提供财产的当事人支付的货币，如在买卖合同的货款、租赁合同的租金、借款合同中借款人向贷款人支付的本金和利息等。报酬一般是指对提供劳务或者工作成果的当事人支付的货币，如运输合同中的运费、保管合同与仓储合同中的保管费以及建设工程合同中的勘察费、设计费和工程款等。价格应当在合同中规定清楚或者明确规定计算价款或者报酬的方法。有些合同比较复杂，货款、运费、保险费、保管费、装卸费、报关费以及其他一切可能支出的费用，由谁支付都要约定清楚。

（六）履行期限

履行期限是指合同中规定的当事人履行自己的义务（如交付标的物、价款或者报酬）、履行劳务、完成工作的时间界限。履行期限直接关系到合同义务完成的时间，涉及当事人的期限利益，也是确定合同是按时履行还是延迟履行的客观依据。履行期限可以是即时履行，也可以是定时履行；可以是在一定期限内履行，也可以是分期履行。不同的合同，对履行期限的要求是不同的，期限可以以小时计、以天计、以月计、以生产周期或季节计，也可以以年计。期限可以是非常精确的，也可以是不十分确定的。不同的合同，其履行期限的具体含义是不同的。买卖合同中卖方的履行期限是指交货的日期，买方的履行期限是交款日期，运输合同中承运人的履行期限是从起运到目的地卸载的时间，工程建设合同中承包方的履行期限是从开工到竣工的时间。期限条款应当尽量明确、具体，或者明确规定计算期限的方法。

（七）履行地点和方式

履行地点是指当事人履行合同义务和对方当事人接受履行的地点。不同的合同，履行地点有不同的特点。如在买卖合同中，买方提货的，在提货地履行；卖方送货的，在买方收货地履行。在工程建设合同中，在建设项目所在地履行。在运输合同中，从起运地运输到目的地为履行地点。履行地点有时是确定运费由谁负担、风险由谁承担以及所有权是否转移、何时转移的依据。履行地点有时也是在发生纠纷时确定管辖法院的依据。因此，履行地点在合同中应当规定得明确、具体。

履行方式是指当事人履行合同义务的具体做法。不同的合同，其履行方式有差异。买卖合同是交付标的物，而承揽合同是交付工作成果。履行可以是一次性的，也可以是在一定时期内的，还可以是分期、分批的。运输合同按照运输方式的不同可以分为公路、铁路、海上、航空等。履行方式还包括价款或者报酬的支付方式、结算方式等，如现金结算、转账结算、同城转账结算、异地转账结算、托收承付、支票结算、委托付款、限额支票、信用证、汇兑结算、委托收款等。履行方式与当事人的利益密切相关，应当从方便、快捷和防止欺诈等方面考虑采取最为适当的履行方式，并且在合同中明确规定。

（八）违约责任

违约责任是指当事人一方或者双方不履行合同或者不适当履行合同，依照法律的规定或者按照当事人的约定应当承担的法律责任。违约责任是促使当事人履行合同义务，使对方免受或少受损失的法律措施，也是保证合同履行的主要条款。违约责任在合同中非常重要，因此一般有关合同的法律对于违约责任都已经做出较为详尽的规定。但法律的规定是原则性的，即使再细致也不可能面面俱到、照顾到各种合同的特殊情况。因此，当事人为了特殊的需要，为了保证合同义务严格按照约定履行，为了更加及时地解决合同纠纷，可以在合同中约定违约责任，如约定定金、违约金以及赔偿金的计算方法等。

（九）解决争议的方法

解决争议的方法是指合同争议的解决途径。解决争议的途径主要有：（1）双方通过协商解决；（2）由第三方进行调解；（3）通过商事仲裁解决；（4）通过诉讼解决。当事人可以约定解决争议的方法，如果意图通过诉讼解决争议是不用进行约定的，通过其他途径解决争议都要事先或者事后约定。如果选择适用商事仲裁解决争议，除非当事人的仲裁条款约定无效，否则就排除法院对其争议的管辖。但是，如果商事仲裁裁决有问题，可以依法申请法院撤销仲裁裁决或者申请法院不予执行。当事人选择和解、调解方式解决争议，都不能排除法院的管辖，当事人可以提起诉讼。当事人也可以约定诉讼的管辖法院，《中华人民共和国民事诉讼法》第三十四条规定：合同或者其他财产权益纠纷的当事人可以书面协议选择被告住所地、合同履行地、合同签订地、原告住所地、标的物所在地等与争议有实际联系的地点的人民法院管辖，但不得违反本法对级别管辖和专属管辖的规定。

涉外合同的当事人约定采用仲裁方式解决争议的，可以选择中国的仲裁机构进行仲裁，也可以选择在外国进行仲裁。涉外合同的当事人还可以选择解决争议所适用的法律。但法律对有些涉外合同法律的适用有限制性规定的，依照其规定。解决争议的方法的选择对于纠纷发生后当事人利益的保护是非常重要的，应该慎重对待。如果选择商事仲裁，对选择哪一个仲裁机构要规定得具体、清楚，不能笼统地规定“采用仲裁解决”，否则将无法确定仲裁协议条款的效力。

这里必须明确，上述合同的主要条款，并非合同的必备条款，而是一般应包括的主要条款；具体合同也不限于这些条款，当事人可以约定其他条款。不同的合同，由其类型与性质决定，其主要条款或者必备条款可能是不同的。比如，买卖合同中有价格条款，而在无偿合同（如赠与合同）中就没有此项。

课堂讨论

2021 年 3 月，某技术研究所与某科技公司签订了一份《供热系统改造工程技术服务合同》，其中约定：“由技术研究所对科技公司供热系统进行改造，技术服务费暂定为 70 万元，确切的技术服务费按公式计算”。合同履行完毕后，经计算，技术服务费为 15.552 万元，遂起争端。

问题：你认为本案的技术服务费应为多少？

四、订立合同的方式

前面讲到，合同是当事人之间设立、变更、终止民事权利义务关系的协议。合同本质上是一种合意，使合同得以成立的合意是指当事人对合同必备条款达成一致意见。当事人合意形成的过程，是对合同内容协商一致的过程，经过要约、承诺方式完成。向对方提出合同条件、做出签订合同的意思表示称为“要约”，而另一方如果表示接受就称为“承诺”。一般而言，一方发出要约，另一方做出承诺，合同就成立了。

（一）要约

我国《民法典》第四百七十二条规定：要约是希望和他人订立合同的意思表示，该意思表示应当符合下列规定：（1）内容具体确定；（2）表明经受要约人承诺，要约人即受该意思表示约束。

1. 要约成立的要件

一项订约的意思表示要成为一个要约，要取得法律效力，必须具备一定的条件。如不具备这些条件，不能成立要约。按照大陆法系的合同法理论对要约的解释，要约成立的要件有以下四个：

（1）要约是特定合同当事人的意思表示。发出要约的目的在于订立合同，要约人必须使接收要约的相对方能够明白是谁发出了要约以便做出承诺。因此，发出要约的人必须能够确定，必须能够特定化。虽然合同双方都可以作为要约人，但作为要约人的必须是特定的合同当事人。不论是自然人还是法人，只要是具有相应民事权利能力与民事行为能力的人，都可以作为要约人。要约人只要能够特定即可，并不一定需要说明要约人的全部具体情况。

（2）要约必须向要约人希望与之缔结合同的相对人发出。合同因相对人对于要约的承诺而成立，所以要约不能向希望与其订立合同的相对人以外的第三人发出。

（3）要约必须具有缔约目的并表明经承诺即受此意思表示的约束。这一点很重要，很多类似订约建议的表达实际上并不表示如果对方接受就成立了一个合同，如特定当事人对另一个特定当事人说“我打算以六千元把我的摩托车卖掉”，注意用的是“打算”而不是“决定”，故此不构成一个要约。

（4）要约的内容必须具备足以使合同成立的主要条件。这要求要约的内容必须是确定的和完整的。所谓确定的，是要求要约的内容必须明确清楚，不能模棱两可、产生歧义。所谓完整的，是要求要约的内容必须满足构成一个合同所必备的条件，但并不要求一个要约事无巨细、面面俱到。要约的效力在于，一经被受要约人承诺，合同即可成立。因此，如果一个订约的建议含混不清、内容不具备一个合同的最基本的要素，是不能构成一个要约的。即使受要约人做出全面接受的意思表示，也会因缺乏合同的主要条件而使合同无法成立。

上述要约的四个要件中最重要的是后两个：一是内容是确定的、完整的；二是表明经受要约人承诺，要约人即受该意思表示约束。

2. 要约生效的时间

要约生效的时间，有人认为应采取“发信主义”，即要约发出之时就生效。但大多数人认为应当采取“到达主义”，要约必须在到达受要约人时才生效，包括我国在内的许多国家和国际公约都持“到达主义”这种观点。

3. 要约的撤回

要约可以撤回。撤回要约的通知应当在要约到达受要约人之前或者与要约同时到达受要约人，此时应当认为要约尚未生效。如果撤回要约的通知在要约到达受要约人以后到达，则要约已经生效，是否能够使要约失效，就要看是否符合撤销的条件。

4. 要约的撤销

要约的撤销，是指要约人在要约发生法律效力之后且受要约人承诺之前，欲使该要约失去法律效力的意思表示。要约撤销与要约撤回的不同之处在于：要约的撤回发生在要约生效之前，而要约的撤销发生在要约生效之后；要约的撤回是使一个未发生法律效力的要约不发生法律效力，要约的撤销是使一个已经发生法律效力的要约失去法律效力。在法律规定的特别情形下，要约是不得撤销的，如我国《民法典》第四百七十六条明确规定，有下列情形之一的，要约不得撤销：（1）要约人以确定承诺期限或者其他形式明示要约不可撤销；（2）受要约人有理由认为要约是不可撤销的，并已经为履行合同做了合理准备工作。

5. 要约的失效

要约的失效，也称为要约的消灭或者要约的终止，是指要约丧失法律效力，要约人与受要约人均不再受其约束。要约人不再承担接受承诺的义务，受要约人亦不再享有通过承诺使合同得以成立的权利。要约失效的情形有：

（1）受要约人对要约的拒绝。受要约人接到要约后，通知要约人不同意与之签订合同，则拒绝了要约。在拒绝要约的通知到达要约人时，该要约失去法律效力。

（2）要约人撤销要约。

（3）受要约人未在承诺期限内承诺。要约中确定了承诺期限的，表明要约人规定了要约发生法律效力的期限，超过这个期限不承诺，要约的效力当然归于消灭。最通常的情形是，要约中没有规定承诺期限，受要约人也不对要约做出答复，这种情况下，要约什么时候失效？一般而言，在通常的情况下，如果要约人发出要约后一段合理期间内没有收到承诺，则要约失效。这里的承诺期限包括合理的期限。

（4）受要约人对要约的内容做出实质性变更。受要约人对一项要约的内容做出实质性的变更，为反要约。反要约，就是对要约的拒绝，使要约失去效力，要约人即不受其要约的约束。

（二）要约邀请

要约邀请，又称要约引诱，是邀请或者引诱他人向自己发出订立合同的要约的意思表示。要约邀请可以是向特定人发出，也可以是向不特定的人发出。要约邀请与要约不同，要约是一个一经承诺就成立合同的意思表示，而要约邀请只是邀请他人向自己发出要约，自己如果承诺才成立合同。要约邀请处于合同的准备阶段，没有法律约束力。

课堂讨论

2020 年 11 月 7 日，某县自然资源局在报纸上刊登出《土地使用权挂牌出让公告》，载明经县人民政府批准，挂牌出让国有土地使用权。根据该公告，某房地产公司于 2020 年 11 月 20 日向自然资源局提交资料并缴纳挂牌押金 2 000 万元。2020 年 11 月 21 日，该房地产公司参加竞投活动，并挂出最高价 5 000 万元竞买单。2020 年 11 月 22 日，县自然资源局以该开发宗地未经省自然资源厅批准为由，通知某房地产公司对该开发宗地停止挂牌出让，拒绝与房地产公司订立国有土地使用权出让合同。

房地产公司遂起诉，请求判令自然资源局继续履行合同，将开发宗地出让给该房地产公司。

问题：房地产公司的诉讼请求能否得到法院的支持？

（三）承诺

所谓承诺，是指受要约人同意接受要约的全部条件以缔结合同的意思表示。在商业交易中，与“发盘”“发价”等要约相对称，承诺称作“接受”。在一般情况下，承诺做出生效后，合同即告成立。

1. 承诺成立的要件

作为使合同得以成立生效的承诺，必须具备一定的条件，其必要条件是：

（1）承诺必须由受要约人做出。要约是要约人向特定的受要约人发出的，受要约人是要约人选定的交易相对方，受要约人进行承诺的权利是要约人赋予的，只有受要约人才能取得承诺的权利，受要约人以外的第三人不享有承诺的权利。因此，第三人做出的“承诺”并不是承诺，只能视作对要约人发出了要约。如果订约的建议是向不特定的人发出的，并且如果该订约建议可以构成要约，则不特定的人中的任何人均可以做出承诺。不过，实际上，最后能够做出承诺的，通常只能是特定的人，比如悬赏广告。

（2）承诺须向要约人做出。承诺是对要约的同意，是受要约人与要约人订立合同，当然要向要约人做出。如果承诺不是向要约人做出，则做出的“承诺”不视为承诺，达不到与要约人订立合同的目的。

（3）承诺的内容须与要约保持一致。这是承诺最核心的要件，承诺必须是对要约完全的、单纯的同意。因为受要约人如果想与要约人签订合同，必须在承诺内容上与要约的内容一致，否则要约人就可能拒绝受要约人而使合同不能成立。如果受要约人在承诺中对要约的内容加以扩张、限制或者变更，便不能构成承诺，而应当视为对要约的拒绝，如认为是同时提出了一项新的要约，称为反要约。判断承诺的内容是否与要约的内容一致并非易事，受要约人对要约简单地回答同意并不多见，因此，必须对受要约人的承诺进行分析。如果仅仅是表述的形式不同，而不是实质的不一致，则不应当否定承诺的效力。如果承诺中提出了一些新的条件，就要分析这些新的条件是否从实质上改变了要约的内容。如果没有从实质上改变要约的内容，则应当认为是对要约的承诺；如果从实质上改变了要约的内容，则不应认为是一项承诺，而应是对要约的拒绝并可能构成反要约。

（4）承诺必须在要约的有效期内做出。如果要约规定了承诺期限，则承诺应在规定的期限内做出；如果要约没有规定承诺期限，则承诺应当在合理的期限内做出。如果要约的承诺期限已过，或者已超过一个合理的时期，则不应再做出承诺。如果承诺期限已过而受要约人还想订立合同，当然也可以发出承诺，但此承诺已不能视为是承诺，只能视为是一项要约。原来的要约人不再受原要约的约束，他可以不答应受要约人，当然也可以答应。如果答应，则作为受要约人承诺要约人的新要约。

2. 承诺生效

应当以通知的方式做出承诺，承诺通知到达要约人时生效。承诺不需要通知的，根据交易习惯或者要约的要求，做出承诺的行为时生效。

课堂讨论

A 公司因建设项目需要，向 B 银行申请贷款，B 银行出具的《承诺函》明确写明“我行同意对贵司在满足下列条件下给予贷款支持：1. 贷款总额不超过人民币 9 000 万元；2. 该笔贷款须按我行贷款审查程序审批，该笔贷款的审批权在总行。”后 B 银行总行以 A 公司提供的抵押物变现难度大、贷款风险极高为由，不予批准该笔贷款。A 公司因贷款失败而导致建设项目被迫停止建设，造成极大的损失，故 A 公司起诉要求 B 银行承担违约赔偿责任。

问题：A 公司与 B 银行之间的贷款合同是否成立？

3. 合同成立

承诺生效时合同成立，如果当事人采用合同书形式订立合同，则自双方当事人签字或者盖章时合同成立。如果当事人采用信件、数据电文等形式订立合同，可以在合同成立之前要求签订确认书，签订确认书时合同成立。

五、格式条款

格式条款，又称为标准条款、标准合同、格式合同、定式合同、定型化合同等，也有人称作附合合同，是当事人为了重复使用而预先拟定，并在订立合同时未与对方协商的条款。格式条款是自 19 世纪以来发展起来的，是某些行业在进行频繁的、重复性的交易过程中为了简化合同订立的程序而形成的。这些行业一般发展较快且具有一定的规模，往往具有垄断性，如水、电、热力、燃气、邮电、电信、保险、铁路、航空、公路、海运等行业。预先拟定人有公用事业单位，也有一般的大企业。

使用格式条款的好处是简捷、省时、方便、降低交易成本，其弊端在于提供商品或者服务的一方往往利用其优势地位，制定有利于自己而不利于交易对方的条款，这一点在消费者作为合同相对方时特别突出。因此，必须在立法上予以限制。根据我国《民法典》第四百九十六条的精神，提供格式条款一方在拟定格式条款以及在订立合同时，应当遵循公平的原则确定双方的权利和义务，不能利用自己的优势地位制定不公平的条款欺负对方当事人，提供格式条款的一方当事人应当采取合理的方式提请对方注意免除或者限制其责任的条款，并按照对方提出的要求，对该类条款予以说明。

提供格式条款一方不合理地免除或者减轻其责任、加重对方责任、限制、排除对方主要权利的，该条款无效。

对格式条款的理解发生争议的，对该条款的解释，一般认为应当按照合同所使用的词句、合同的有关条款、合同的目的、交易习惯以及诚实信用原则，确定该条款的真实意思。但是，对格式条款有两种以上解释的，应当采用不利于提供格式条款一方的解释。格式条款和非格式条款不一致的，应当采用非格式条款。

课堂讨论

某酒楼在大堂张贴告示：“谢绝自带酒水，自带酒水的，每瓶收取开瓶费 20 元。”

问题：食客是否应该依该告示支付开瓶费？

六、缔约过失

缔约过失责任是指因当事人在订立合同过程中，因违背诚实信用原则而给对方造成损失的赔偿责任。根据自愿原则，当事人可以自由决定是否订立合同、与谁订立合同、订什么样的合同。为订立合同与他人进行协商，协商不成的，一般不承担责任。但是，当事人进行合同的谈判，应当遵循诚实信用原则。当事人在订立合同过程中有下列情形之一，给对方造成损失的，应当承担损害赔偿责任：

（1）假借订立合同，恶意进行磋商。所谓假借，就是根本没有与对方订立合同的目的，与对方进行谈判只是个借口，目的是损害对方或者第三人的利益，恶意地与对方进行合同谈判。例如：甲知道乙有转让餐馆的意图，甲并不想购买该餐馆，但为了阻止乙将餐馆卖给竞争对手丙，却假意与乙进行了长时间的谈判。当丙买了另一家餐馆后，甲中断了谈判，后来乙以比丙出价更低的价格将餐馆转让了。

（2）在订立合同中隐瞒重要事实或者提供虚假情况。

（3）其他违背诚实信用原则的行为。当事人按照诚实信用的原则进行谈判，有谈成的，有谈不成的，都不足为奇，中途停止谈判也是正常的。但是，如果当事人违背诚实信用原则终止谈判，就是不正常的，如果损害了对方当事人的利益，则要承担缔约过失的责任，应赔偿损失。比如，甲向乙保证：如果乙努力做好甲所要求的前期准备工作，并投资 15 万元，则向乙授予专营许可。此后的两年间，乙为订立该合同做了大量工作，且一直深信将会得到甲的专营许可。当订立协议的一切准备工作就绪时，甲通知乙必须投入更多的金额。乙拒绝了这种要求，同时乙有权要求甲补偿其为准备订立合同所发生的费用。

课堂讨论

某银行有一个下属证券公司，按照中央的精神，银行要和证券公司脱钩。该银行找到广东的 A 公司，A 公司就组织了 30 多家公司准备共同来购买证券公司。经过半年的磋商和可行性研究，合同文本起草完毕准备签字的时候，银行突然说不卖了，因为银行的领导说要卖给 B 公司。A 公司因此损失了 50 万元可行性调查费用。

问题：合同没有签订，A 公司能否要求银行赔偿？

七、保密义务

当事人在订立合同的过程中，为达成协议，有时必须将商业秘密告诉对方当事人，但一般也提请对方不得泄露、使用，在这种情况下，对方当事人有义务不予泄露，也不能使用。在有的情况下，虽然一方当事人没有明确告知对方当事人有关的信息是商业秘密，基于此种信息的特殊性质，按照一般的常识，对方当事人也不应当泄露或者不正当地使用，否则有悖于诚实信用原则，也应当承担赔偿责任。

任务三　合同的效力

任务案例

吴某是东莞某菜市场的个体工商户，2020 年 10 月，吴某给东莞某大酒楼送去一批总价为人民币 15 000 元的新鲜蔬菜，酒楼的验货员在列明单价、数量及总价的送货单上签名确认。2020 年 12 月，吴某前去大酒楼催要货款，大酒楼告知吴某：经市场调查，发现吴某送的蔬菜价格太高，要从中扣减 3 000 元后才给吴某结算。吴某不同意，故此发生纠纷。

问题：

该大酒楼的扣减价款行为是否合法？为什么？

通常情况下，依法成立的合同，自成立时生效。也就是说，合同的生效，原则上与合同的成立是一致的，合同成立就产生效力。合同何时成立？承诺生效时合同便成立。例如，买卖合同，如果双方当事人对合同的生效没有特别约定，那么双方当事人就买卖合同的主要内容达成一致时，合同即成立并且生效。

鉴于国家管理需要，某些类型的合同，应当办理批准、登记等手续后才能生效，这是合同生效的特别要件。例如，我国中外合资经营合同、中外合作经营合同必须经过有关部门的审批后，才具有法律效力。

对于实践合同，也是在当事人实际履行时才生效，如车辆保管合同。

一、附条件合同和附期限合同

合同的双方当事人可以对合同的效力附条件，即附条件合同；合同的双方当事人可以对合同的效力附期限，即附期限合同。

（一）附条件合同

附条件合同，是指合同的双方当事人在合同中约定某种事实状态，并以其将来发生或者不发生作为合同生效或者不生效的限制条件的合同。所附条件是指合同当事人自己约定的、未来有可能发生的、用来限定合同效力的某种合法事实。

1. 所附条件的特点

所附条件具有以下特点：

（1）所附条件是由双方当事人约定的，并且作为合同的一个条款列入合同中。其与法定条件的最大区别就在于后者是由法律规定的、不由当事人的意思取舍并具有普遍约束力的条件。因此，合同双方当事人不得以法定条件作为所附条件。

（2）所附条件是将来可能发生的事实。过去的、现存的事实或者将来必定发生的事实或者必定不能发生的事实不能作为所附条件。

（3）所附条件是当事人用来限制合同法律效力的附属意思表示。它同当事人约定的供货条件、付款条件是不同的，后者是合同自身内容的一部分，而附条件合同的所附条件只是合同的附属内容。

（4）所附条件必须是合法的事实。违法的事实不能作为条件，如双方当事人不能约定某人杀死某人作为合同生效的条件。

2. 生效条件和解除条件

所附条件可分为生效条件和解除条件。

（1）生效条件。生效条件是指使合同的效力发生或者不发生的条件。在此条件出现之前，也即所说的条件成就之前，合同的效力处于不确定状态，当此条件出现后，即条件成就后，合同生效；当条件没有出现（或不成就），合同也就不生效。例如，甲与乙签订买卖合同，甲同意把房子卖给乙，但是条件是要在甲调到外地工作之后。这个条件一旦出现，则卖房的合同即生效。

（2）解除条件。解除条件又称消灭条件，是指对具有效力的合同，当合同约定的条件出现（或成就）时，合同的效力归于消灭；若该条件不出现（或不成就），则该合同仍具有效力。

（二）附期限合同

附期限合同，是指附有将来确定到来的期限作为合同的条款，并在该期限到来时合同的效力发生或者终止的合同。所附的期限就是双方当事人约定的将来确定到来的某个时间，附期限合同中的附期限可分为生效期限和终止期限。

1. 生效期限

生效期限又可称为始期，是指以其到来使合同发生效力的期限。该期限的作用是延缓合同效力的发生，其作用与附条件合同中的生效条件相当。合同在该期限到来之前，其效力处于停止状态，待期限到来时，合同的效力才发生。

2. 终止期限

终止期限是指以其到来使合同效力消灭的期限。附终止期限合同中的终止期限与附条件合同中的解除条件的作用相当，故终止期限又称为解除期限。

二、表见代理

通常情况下，行为人没有代理权、超越代理权或者代理权终止后以被代理人名义订立的合同，未经被代理人追认，对被代理人不发生效力，由行为人自行承担责任，这是无权代理。

表见代理，是指行为人没有代理权、超越代理权或者代理权终止后签订了合同，如果相对人有理由相信其有代理权，那么相对人就可以向被代理人主张该合同的效力，要求被代理人承担合同中所规定的义务，受合同的约束。

表见代理制度是为保护合同相对人的利益，并维护交易的安全，依诚实信用原则使怠于履行其注意义务的被代理人直接承受行为人没有代理权、超越代理权或者代理权终止后仍为代理行为而签订的合同的责任。

构成表见代理合同要满足以下条件：

（1）行为人并没有获得被代理人的授权就与第三人签订了合同。

（2）合同的相对人有理由相信行为人有代理权。

（3）合同的相对人在主观上必须是善意的、无过失的。所谓善意，是指相对人不知道或者不应当知道行为人实际上无权代理；所谓无过失，是指相对人的这种不知道不是因为其大意造成的。如果相对人明知或者理应知道行为人是没有代理权、超越代理权或者代理权已终止，而仍与行为人签订合同，那么就不构成表见代理，也就不能受到保护。

课堂讨论

甲公司业务经理乙长期在丙餐厅签单招待客户，餐费由甲公司按月结算。后乙因故辞职，月底丙餐厅前去结账时，甲公司认为，乙当月的几次用餐都是招待私人朋友，因而拒付乙所签单的餐费。

问题：丙餐厅的该笔餐费应由甲公司还是乙支付？

三、无效合同

无效合同，就是不具有法律约束力和不发生履行效力的合同。无效合同一般具有以下特征：

（1）无效合同具有违法性。一般来说，无效合同都具有违法性，大都违反了本国法律的强制性规定或损害了国家利益、社会公共利益，如合同当事人非法买卖毒品、枪支等。无效合同的违法性表明此类合同不符合国家的意志和立法的目的，所以，对此类合同国家应当实行干预，使其不发生效力，而不管当事人是否主张合同的效力。

（2）无效合同是自始无效的。所谓自始无效，就是合同从订立时起，就没有法律约束力，以后也不会转化为有效合同。由于无效合同从本质上违反了法律的规定，因此，国家不承认此类合同的效力。对于已经履行的，应当通过返还财产、赔偿损失等方式使当事人的财产恢复到合同订立前的状态。

合同无效的，不影响合同中独立存在的有关解决争议方法的条款的效力。

四、可撤销合同

可撤销合同，就是因意思表示不真实，通过有撤销权的当事人行使撤销权，使已经生效的意思表示归于无效的合同。可撤销合同具有以下特点：

（1）可撤销合同在未被撤销前，是有效的合同。

（2）可撤销合同一般是意思表示不真实的合同。无论是大陆法系还是英美法系，大多规定对意思表示不真实的合同，撤销权人可以请求撤销合同。《民法典》规定：因重大误解订立的合同，在订立合同时利用对方处于危困状态、缺乏判断能力等情形成立显失公平的合同，一方以欺诈、胁迫的手段或者乘人之危，使对方在违背真实意思的情况下订立的合同，都是可撤销合同。

（3）可撤销合同的撤销要由撤销权人通过行使撤销权来实现。

合同被撤销的，不影响合同中独立存在的有关解决争议方法的条款的效力。

课堂讨论

由于连降大雨，河水猛涨，钟某所在村庄被淹没，钟某爬到一棵大树上，这时村民许某划船过来，钟某就请求许某将其运到300米外的安全地带，许某表示可以把钟某运到山丘附近，但必须给3 000元，钟某无奈之下表示同意给付3 000元。许某将钟某运到安全地带后，钟某由于身上没有钱，便给许某写了一张3 000元的欠条。后因许某索要而发生纠纷，许某诉至法院。

问题：钟某是否需要支付3 000元给许某？

任务四　合同的履行

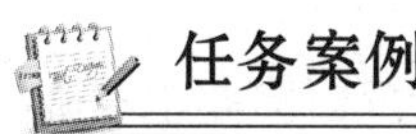

甲、乙在1月20日签订了合同，由甲卖给乙一台价款为620万元的机器，交货日期为1月23日，付款时间为2月25日。1月23日，甲交货后，乙认为机器质量很好，又于1月25日签订合同，再购买一台机器，发货日期为3月25日，付款时间为4月30日。然而直到3月25日，乙尚未付清第一台机器货款，故甲拒绝交付第二台机器。

问题：

甲这样做是否合法？如果合法，是行使的何种抗辩权？

依法成立并生效的合同，对合同相关当事人具有约束力，当事人应当按照约定全面履行自己的义务。合同的当事人应当依照诚信原则行使债权、履行债务。合同生效后，当事人应当严格履行合同，不得擅自变更或者解除合同。同时，当事人除应当按照合同约定履行自己的义务外，还要履行合同未做约定但依照诚信原则应当履行的协助、告知、保密、防止损失扩大等义务，这是合同的附随义务。

合同生效后，当事人就质量、价款或者报酬、履行地点等内容没有约定或者约定不明确的，可以协议补充；不能达成补充协议的，按照合同有关条款或者交易习惯确定。

合同履行抗辩权是指在双务合同的履行中，双方都应当履行自己的义务，一方不履行或者有可能不履行时，另一方可以据此拒绝对方的履行要求。我国《民法典》规定了三种履行抗辩权，分别是同时履行抗辩权、后履行抗辩权、不安抗辩权。

一、同时履行抗辩权

同时履行抗辩权，是指在双务合同中应当同时履行的，一方当事人有证据证明另一方当事人在同时履行的时间不能履行或者不能适当履行，到履行期时其享有不履行或者部分履行的权利。

同时履行抗辩权的发生，需具备以下条件：

（1）基于同一双务合同。

（2）该合同由双方当事人同时履行。同时履行是指双方当事人在同一时间相互对待给付，双务合同的当事人之间可以直接约定双方同时履行合同，或者不能确立谁先履行合同，双方当事人可以同时履行，实践中，同时履行的情形并不多见。

（3）一方当事人有证据证明同时履行的对方当事人不能履行合同或者不能适当履行合同。

二、后履行抗辩权

后履行抗辩权，是指在双务合同中应当先履行的一方当事人未履行或者不适当履行，到履行期限的对方当事人享有不履行、部分履行的权利。

后履行抗辩权的发生，需具备以下条件：

（1）基于同一双务合同。双方当事人因同一合同互负债务，在履行上存在关联性，形成对价关系。单务合同无对价关系，不发生后履行抗辩权。如果当事人互负的债务不是基于同一双务合同，亦不发生后履行抗辩权。

（2）该合同由一方当事人先为履行。在双务合同中，双方当事人的履行，多是有先后顺序的。这种履行顺序的确立，或依法律规定，或按当事人约定，或按交易习惯。很多法律都对双务合同的履行顺序做了规定。当事人在双务合同中也可以约定履行顺序，谁先履行，谁后履行。在法律未有规定、合同未有约定的情况下，双务合同的履行顺序可依交易习惯确定。

课堂讨论

甲、乙订立一份价款为10万元的图书买卖合同，约定甲先支付书款，乙两个月后交付图书，甲由于资金周转困难而只交付5万元，答应余款会尽快支付，但乙不同意。两个月后，甲要求乙交付图书。

问题：乙是否应交付图书？

三、不安抗辩权

不安抗辩权，又称先履行抗辩权，是指双务合同成立后，应当先履行的当事人有证据证明对方不能履行义务，或者有不能履行合同义务的可能时，在对方没有履行或者提供担保之前，有权中止履行合同义务。在双务合同中，应当先履行的当事人没有后履行抗辩权，故法律设立不安抗辩权，使其在对方无力履行的情况下享有拒绝履行合同义务的权利。

不安抗辩权的发生，需具备以下条件：

（1）基于同一双务合同。当事人之间具有对价关系，单务合同不发生不安抗辩权。

（2）先履行当事人有确切证据证明对方有诸如经营状况严重恶化及转移财产、抽逃资金以逃避债务、丧失商业信誉等有丧失或者可能丧失履行债务能力的情形。

任务五　合同的变更和转让

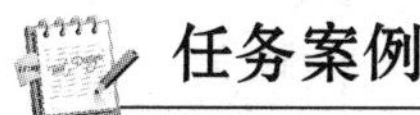

任务案例

A 公司在南沙工厂附近承租两栋村民楼房作为员工宿舍，租赁期限为 2020 年 1 月 4 日至 2024 年 1 月 3 日。2021 年 6 月，A 公司决定以发放住房补贴的形式代替为员工提供宿舍，故 A 公司以此为由发通知给出租方，决定提前终止租赁合同。

问题：

你认为 A 公司私自决定提前终止租赁合同妥当吗？如果你是 A 公司的管理人员，你会怎么做？

一、合同的变更

合同的变更是指合同成立后，当事人在原合同的基础上对合同的内容进行修改或者补充。合同是双方当事人通过要约、承诺的方式，经协商一致达成的。合同成立后，当事人应当按照合同的约定履行合同。任何一方未经对方同意，都不得改变合同的内容。但是，当事人在订立合同时，不可能对涉及合同的所有问题都做出明确的规定；合同签订后，在合同履行前或者履行过程中也会出现一些新的情况，需要对双方的权利义务关系重新进行调整和规定。因此，需要当事人对合同内容重新修改或者补充。由于合同是当事人协商一致的产物，所以，当事人在变更合同内容时，也应当本着协商的原则进行。当事人可以依据要约、承诺等有关合同成立的规定，确定是否就变更事项达成协议。如果双方当事人就变更事项达成了一致意见，变更后的内容就取代了原合同的内容，当事人就应当按照变更后的内容履行合同。一方当事人未经对方当事人同意任意改变合同的内容，变更后的内容不仅对另一方没有约束力，而且这种擅自改变合同的做法也是一种违约行为，相关当事人应当承担违约责任。

课堂讨论

华达贸易商行（需方）于 9 月从某服装厂（供方）订购了一批童装，总价值 18 万元。华达贸易商行预付了货款的 20%即 3.6 万元，约定年底交货。11 月，需方打电话给服装厂的厂长，要求变更童装的部分花色，当时厂长不在，接电话的人员草草记下电话中所说内容后，就忘了此事。等到 12 月底供方将童装交给需方时，需方才发现，童装的花色并未变更，仍和合同约定的一样，需方询问供方厂长时，供方说并不知道需方要求变更花色，需方说在 11 月打过电话给供方，接电话的人见闯了祸就矢口否认接过此电话，需方即以供方未依合同约定提供约定童装已构成违约为由，要求供方退回已付款项并承担违约责任。

问题：供方是否构成违约？

二、合同的转让

（一）合同权利的转让

合同权利的转让是指不改变合同权利的内容，由债权人将权利转让给第三人。债权人既可以将合同权利全部转让，也可以将合同权利部分转让。合同权利全部转让的，原合同关系消灭，产生一个新的合同关系，受让人取代原债权人的地位，成为新的债权人。合同权利部分转让的，受让人作为第三人加入原合同关系中，与原债权人共同享有债权。

从鼓励交易、促进市场经济发展的目的看，法律应当允许债权人转让债权的行为。只要不违反法律的规定和社会公德，债权人可以转让其权利。但是，为了维护社会公共利益和交易秩序，平衡合同双方当事人的权益，法律又应当对权利转让的范围进行一定的限制。为此，一些国家和地区的民法典对不得转让的权利做出了规定，总的原则是当事人另有约定或者依据债权性质不得转让的合同权利不得转让。比如，《日本民法典》第四百六十六条规定：债权得让与之，但其性质不容许让与者，不在此限。在吸取有关国家和地区的立法经验及总结我国实践经验的基础上，我国《民法典》第五百四十五条规定：有以下情形之一的，债权人不得转让其权利：

（1）根据债权性质不得转让。根据债权性质不得转让的权利，主要是指合同是基于特定当事人的身份关系订立的，合同权利转让给第三人，会使合同的内容发生变化，动摇合同订立的基础，违反当事人订立合同的目的，使当事人的合法利益得不到应有的保护。当事人基于信任关系订立的委托合同、雇佣合同及赠与合同等，都属于合同权利不得转让的合同。比如，赠与合同的赠与人明确表示将赠与的钱用于某贫困地区希望小学的建设，受赠人如果将受赠的权利转移给他人，用来建造别的项目，显然违反了赠与人订立合同的目的，损害了赠与人的合法权益。因此，对于根据合同性质不得转让的权利，债权人不得转让。

（2）按照当事人约定不得转让。当事人在订立合同时可以对权利的转让做出特别的约定，禁止债权人将权利转让给第三人。这种约定只要是当事人真实意思的表示，同时不违反法律禁止性规定，对当事人就有法律约束力。债权人应当遵守该约定，不得将权利转让给他人，否则其行为构成违约。

（3）依照法律规定不得转让。我国一些法律中对某些权利的转让做出了禁止性规定，如我国文物购销一直实行国家统一管理、收购和经营的政策，禁止私自倒卖文物的行为。为了保护国家的历史文化遗产，严格控制文物的出境，禁止公民个人私自将文物卖给外国人。我国《文物保护法》第二十五条规定，非国有不可移动文物不得转让、抵押给外国人。私人收藏的文物，其所有权受国家的法律保护，其所有权的转移必须严格遵守国家法律的规定，转移的渠道要受法律的限制。因此，公民违反《文物保护法》的有关规定，将文物买卖合同中的权利转让给外国人的，其转让所有权的行为是无效的。

债权人转让权利的，应当通知债务人。未经通知，该转让对债务人不发生效力。债务人接到债权转让通知后，债务人对让与人的抗辩，可以向受让人主张。

课堂讨论

某年 12 月，某水泥厂向当地农行借款 1 050 万元，期限 1 年，年利率为 11%，水泥厂没有偿还贷款。后农行与某资产管理公司签订《剥离收购不良资产协议书》，将该债权转移给资产管理公司，资产管理公司又将债权及其附属权利转让给何某，资产管理公司与何某共同在某法制报刊上刊登债权转移通知。现何某以债权人身份向法院起诉，主张水泥厂偿付借款本息。

问题：你认为何某是否有权提起本案诉讼？

（二）合同义务转移

合同义务转移是指债务人经债权人同意，将合同的义务全部或者部分转让给第三人。正如债权人可以全部或者部分转让权利一样，债务人也可以将合同的义务转移给第三人，转移合同义务也是法律赋予债务人的一项权利。但是，债权人和债务人的合同关系是建立在相互了解的基础上，在订立合同时，债权人一般要对债务人的资信情况和偿还能力进行了解，而对于取代债务人或者加入债务人中的第三人的资信情况及履行债务的能力，债权人不可能完全清楚。所以，如果债务人不经债权人的同意就将债务转让给第三人，那么，对于债权人来说显然是不公平的，不利于保障债权人合法利益的实现。

合同义务转移分为两种情况：一是合同义务的全部转移，在这种情况下，新的债务人完全取代了旧的债务人，新的债务人负责全面地履行合同义务；二是合同义务的部分转移，即新的债务人加入原债务中，和原债务人一起向债权人履行义务。不论债务人转移的是全部义务还是部分义务，都需要征得债权人同意。未经债权人同意，债务人转移合同义务的行为对债权人不发生效力。债务人转移合同义务必须经过债权人的同意，这也是合同义务转移制度与合同权利转让制度最主要的区别。

（三）合同权利和义务一并转让

合同权利和义务一并转让又称为概括转让，是指合同一方当事人将其权利和义务一并转移给第三人，由第三人全部承继合同的权利和义务。权利和义务一并转让是合同一方当事人对合同权利和义务的全面处分，其转让的内容实际上包括权利的转让和义务的转移两部分。权利和义务一并转让导致原合同关系的消灭，第三人取代了转让方的地位，产生一种新的合同关系。

合同权利和义务一并转让既包括权利的转让，又包括义务的转移，所以，合同转让方当事人在进行转让前应当征求另一方当事人的意见，使对方能根据受让方的具体情况来判断这种转让行为是否对自己的权利造成损害。只有经另一方当事人同意，才能将合同的权利和义务一并转让。如果未经对方同意，一方当事人擅自一并转让权利和义务，其转让行为无效。

任务六 合同的权利义务终止

任务案例

甲从乙公司承租商场铺面一间，用于个体经营，合同约定：租期5年，每月租金于当月 5 日前支付，逾期 5 天未付租金的，乙公司可以解除合同。合同正常履行至第二年，因乙公司拟对商场重新规划，故向甲提出提前终止合同，但甲不同意。甲于次月 4 日到乙公司设在商场的办事点交付租金时，该办事点已经没人办公，导致无法交付租金。由于交不上租金，甲很着急，担心因逾期交付租金而导致合同被解除。

问题：

你能给甲出个主意吗?

合同是有期限的民事法律关系，不可能永恒存在，有着从设立到终止的过程。合同的权利义务终止，是指依法生效的合同，因具备法定情形和当事人约定的情形，合同债权、债务归于消灭，债权人不再享有合同权利，债务人也不必再履行合同义务。合同权利义务终止一般有如下情形。

一、债务已经按照约定履行

合同是当事人为达到其利益要求而达成的合意，合同目的的实现，有赖于债务的履行。债务按照合同约定得到履行，一方面可使合同债权得到满足，另一方面也使得合同债务归于消灭，产生合同的权利义务终止的后果。

二、合同解除

合同解除，是指合同有效成立后，当具备法律规定或当事人约定的合同解除条件时，因当事人一方或双方的意思表示而使合同关系归于消灭的行为。

三、债务相互抵销

债务相互抵销，是指当事人互负到期债务，又互享债权，以自己的债权充抵对方的债权，使自己的债务与对方的债务在等额内消灭。

抵销有法定抵销和合意抵销两种情况。法定抵销是法律赋予当事人可以主张债权债务互相抵销的情形，一般要求当事人互负到期债务，如果该债务的标的物的种类、品质相同，则任何一方可以将自己的债务与对方的债务抵销。合意抵销是当事人通过协议的形式，约定双方的债权债务互相抵销的情形。

四、债务人依法将标的物提存

提存，是指由于债权人的原因，债务人无法向其交付合同标的物时，债务人将该标的物交给提存机关而消灭合同履行义务的制度。

五、债权人免除债务

债权人免除债务，是指债权人放弃自己的债权。债权人可以免除部分债务，也可以免除全部债务。免除部分债务的，合同部分终止；免除全部债务的，合同全部终止。

六、债权和债务同归于一人

债权和债务同归于一人，是指由于某种事实的发生，使一项合同中原本由一方当事人享有的债权、由另一方当事人负担的债务，统归于一方当事人，使得该当事人既是合同的债权人，又是合同的债务人。比如，甲公司与乙公司签订了房屋租赁合同，在乙公司尚未支付租金时，甲、乙两家公司合并成立了一家新的公司，甲公司的债权和乙公司的债务都归属于新公司，甲公司和乙公司之间的合同自然终止。

七、其他情形

除了前述合同的权利义务终止的情形外，出现了其他情形的，合同的权利义务也可以终止。比如，代理人死亡、丧失民事行为能力，作为被代理人或者代理人的法人身份终止，委托代理终止。

课堂讨论

甲公司向乙公司订购一批年货，双方在合同中约定：为保证甲公司赶上春节前后的旺季以及农历12月1日开始的展销会，乙公司应当在农历11月20日前交货。合同订立后，甲公司预付10万元。但交货期满，乙公司因赶制其他订单而尚未制作该批年货，甲公司很不满，多次催促乙公司务必在展销会开始前交货。至农历11月25日，乙公司方开始制作，至农历12月1日展销会开始时乙公司仍未交货，甲公司无法参展，遂通知乙公司解除合同并退还预付款。乙公司表示3日内可以交货，但甲公司表示拒绝。至农历12月3日，乙公司将货送到，甲公司拒绝受领，乙公司则拒不退回预付款。甲公司遂诉至法院，请求确认合同已解除、收回预付款并赔偿其全部损失。乙公司则表示该批年货是按照甲公司的要求定做，无法向其他单位出售，而且甲公司仍然能赶上销售旺季及刚刚开始的展销会，故甲公司不能解除合同。

问题：该合同是否已经解除？

任务七　违约责任

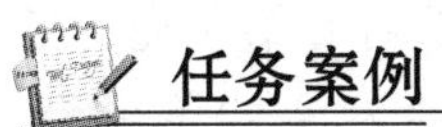

任务案例

杨某与某纺织厂签订了一份合同，合同约定：到棉花收割时，杨某将自己地里产出的棉花卖给纺织厂，估计近10吨，价款按照市场价格确定，如一方违约，需支付违约金5 000元。然而，就在棉花即将成熟的时候，忽然遭遇持续暴雨天气，致使棉花无法采摘，全部腐烂。杨某遂通知纺织厂自己无法履行合同，纺织厂则要求杨某支付违约金，杨某辩称并不是自己的过错，拒绝支付违约金。双方遂发生纠纷。

问题：

你认为杨某是否必须支付违约金？请说明理由。

违约责任，是指合同当事人违反合同约定所应承担的民事责任。违约责任的承担，以当事人违约为前提，当事人违约以合同生效为前提。违约责任是民事责任，并非刑事责任，当事人不能因对方违约而对其采取限制人身自由等强制措施，而只能向其主张承担民事责任，如继续履行合同、采取补救措施、停止违约行为、赔偿损失等，此外，还有支付违约金及定金责任等。

一、实际履行

实际履行是指在一方当事人不按合同约定履行债务时，另一方当事人有权要求其依据合同的约定继续履行债务的补救方式。依法成立并生效的合同对合同各方均具有约束力，合同各方都应依合同约定全面履行合同约定义务，如一方不履行约定义务，另一方可以要求其实际履行。当事人履行合同约定义务一般分为金钱债务和非金钱债务。

金钱债务一般是指价款或报酬的支付，一方当事人未支付价款或者报酬的，对方可以要求其支付价款或者报酬。

一方当事人不履行非金钱债务或者履行非金钱债务不符合约定的，对方可以要求履行，但有下列情形之一的除外：(1) 法律上或者事实上不能履行；(2) 债务的标的不适于强制履行或者履行费用过高；(3) 债权人在合理期限内未要求履行。

二、补救措施

当事人在签订合同时，通常都会对标的物的质量要求做出明确的约定。当事人在履行合同时，应依约定质量标准提供标的物。当事人提供标的物质量不符合约定的，应当按照当事人的约定承担违约责任。对违约责任没有约定或者约定不明确，可以协商确定；经协商仍不能确定的，受损害方根据标的的性质以及损失的大小，可以合理要求对方采取相应的补救措施，包括修理、更换、重做、退货、减少价款或者报酬等。

三、赔偿损失

合同生效后，一方当事人不履行合同义务或者履行合同义务不符合约定，给对方造成损失的，应当赔偿对方因此造成的损失。损失赔偿额应相当于因违约所造成的损失，包括合同履行后可以获得的利益，即可期待利益。实践中，不同合同关系、不同违约行为，导致对方损失有大有小，有时造成的损失非常巨大，对于巨大的损失，要求对方给予充分的赔偿有时是不公平的，故此，法律需要规定一个限额。《民法典》第五百八十四条规定，要求对方赔偿损失的金额不得超过违反合同一方订立合同时预见到或者应当预见到的因违反合同可能造成的损失。必须强调的是，这里所说的“预见”的时间是在订立合同时，而非违约时或其他时间。

四、定金

前述赔偿损失，是法定的违约方责任内容，无须合同当事人在合同中约定。但对于因对方违约造成损失的赔偿数额，主张赔偿一方必须负举证责任，但实践中，举证往往较为困难，甚至无法举证，给纠纷的解决带来障碍。为了避免举证困难，当事人可以约定定金条款。《民法典》第五百八十六条规定，当事人可以约定一方向对方给付定金作为债权的担保。定金合同自实际交付定金时成立。债务人履行债务后，定金应当抵作价款或者收回。给付定金的一方不履行约定的债务的，无权要求返还定金；收受定金的一方不履行约定的债务的，应当双倍返还定金。

五、违约金

与上述约定定金条款相类似，为了避免举证麻烦，当事人也可以约定一方违约时应当根据违约情况向对方支付具体数额的违约金，或者可以约定因违约产生的损失赔偿额的计算方法，这就是约定违约金。当事人在签订合同时，约定违约金的数额时，不能毫无根据地确定一个任意数额，必须客观估算违约行为造成的损失大小，根据填平原则，以填平违约行为造成的损失为准，适当上下浮动，以体现《民法典》规定的公平原则。如果违约金约定得过高或者过低，当事人都可以申请纠纷解决机构进行干预，对违约金进行调整。《民法典》第五百八十五条规定，约定的违约金低于造成的损失的，当事人可以请求人民法院或者仲裁机构予以增加；约定的违约金过分高于造成的损失的，当事人可以请求人民法院或者仲裁机构予以适当减少。

必须强调的是，定金和违约金都是对违约行为造成的损失的约定赔偿金额，一方当事人发生违约时，对方不能同时适用定金条款和违约金条款，只能任选其一。《民法典》第五百八十八条规定：当事人既约定违约金，又约定定金的，一方违约时，对方可以选择适用违约金或者定金条款。

课堂讨论

某年5月6日，甲公司与乙公司签订了一份购销合同，双方约定由乙公司向甲公司提供电路板2 000件，每件300元，总计货款60万元；甲公司须在合同订立后的3日内向乙公司支付10万元定金，并在合同签订后的2个月内将全部货款汇入乙公司账户；乙公司须在收到货款后一周内交付全部货物；不能按期履行合同的一方将承担总货款5%的违约金。

合同签订后，甲公司依约交付定金及货款，但乙公司到期未能交货，并表示无法履行合同，愿意退还货款、定金及支付违约金3万元。

问题：如果你是甲公司的代表，你是否同意乙公司的上述方案?

六、因不可抗力不能履行合同义务

当事人在履行合同过程中，造成不能履行合同的原因多种多样，有主观的，也有客观的，甚至有不可抗力原因造成的。原因不同，承担违约责任的方式和责任的大小也不同。如果是因不可抗力原因导致不能履行合同的，通常应该免责。

不可抗力，是指不能预见、不能避免并不能克服的客观情况。我国《民法典》第五百九十条规定：因不可抗力不能履行合同的，根据不可抗力的影响，部分或者全部免除责任，但法律另有规定的除外。同时，该条还做了例外的规定：当事人迟延履行后发生不可抗力的，不能免除责任。故此，并非所有因不可抗力造成不履行合同的行为都是免责的，对于这一点，我们要注意区分。

七、减损规则

一方当事人违反合同约定，造成另一方损失的，另一方不能无动于衷，任凭损失扩大，而应当采取积极措施，减少损失，这是非违约方应尽的一项减损义务。

一方当事人已经尽了最大努力，仍然不能履行或者不能完全履行合同的，应当及时向对方说明情况，尽量避免或者减少可能造成的损失。对方在接到通知后，如果能够采取有效措施防止损失的发生或者扩大而不采取措施的，不能履行或者不能完全履行合同的一方对因此发生或者扩大的损失不承担民事责任。

一方当事人因另一方违反合同受到损失的，即使没有接到违反合同一方的通知，也应当及时采取措施防止损失扩大；没有及时采取措施致使损失扩大的，无权就扩大的损失请求赔偿。当事人因防止损失扩大支出的合理费用，由违约方承担。

项目小结

合同法是市场经济的基本法律之一，是调整和规范平等主体之间订立、履行合同过程中的一系列行为和关系的法律规范的总和。合同法与人们的生产、生活息息相关，是人们进行市场活动所不可缺少的法律手段。合同法在规范市场主体及其经济行为、维护市场秩序、促进经济发展等方面起着重要作用。

通过本项目的学习，我们应较为系统地掌握合同法的基本概念、基本知识、基本理论，增强合同法律意识，便于在以后的工作、生活中处理好与合同相关的事务。

综合实务训练

一、名词解释

1. 合同
2. 代理
3. 格式条款
4. 表见代理
5. 违约责任
6. 定金

二、问答题

1. 合同法有哪些基本原则？
2. 合同法对订立合同的主体有哪些要求？
3. 哪些情形会导致合同的权利义务终止？
4. 简述合同中约定违约金的好处。

三、案例分析题

1. 李某父亲老李名下有房产一套，位于长寿路 39 号，现老李打算将房屋出租，并全权委托其儿子李某代为放租。张某看中了这套房子，经与李某协商一致，张某拟承租该房子，每月租金 4 000 元，每月 5 日前支付当月租金，租期为 4 年。

问题：

请依据上述案情，根据本项目学到的知识，代为起草一份房屋租赁合同。

2. 投保人苗某向保险公司投保驾驶意外险：保险费 100 元，保险金额 10 万元，保险期为 1 年，如苗某驾驶车辆过程中遭受意外伤害，保险公司依约给付保险金。几个月后，苗某驾驶农用车途中，因农用车后车厢自行升起，苗某停车查看，在检修过程中被车厢降落砸中头部致死。在理赔过程中，保险公司拒绝给付保险金，理由是该意外事故不是在驾驶车辆过程中发生的，不属于合同约定的保险事故。

问题：

结合案情，你认为保险公司是否必须支付保险金?

3. 某房地产公司与某贸易公司订立一份买卖合同，约定该贸易公司供给房地产公司 2 000 吨钢材，每吨 2 800 元，分五次供货，每次供货 400 吨，第一次供货时间为 4 月 1 日，以后每月 1 日为供货时间，货到 10 日内付款。如逾期交货或者付款，每日按违约部分的万分之五计付违约金。前四次供货双方都依约履行，在第五次供货时，市场上钢材价格上涨为每吨 3 000 元，贸易公司提出涨价遭到拒绝，直到 12 月 10 日才供应最后一批钢材，房地产公司于 12 月 18 日付给贸易公司最后一批钢材款 1 045 580 元，并同时通知对方，其余 74 420 元用于充抵贸易公司逾期交货违约金。贸易公司不同意，在要求房地产公司足额支付货款未果的情况下，向法院起诉，请求判令房地产公司足额支付货款。

问题：

请分析案情，你认为贸易公司的请求会得到支持吗?

项目四

国际货物买卖法

知识目标

1. 掌握通过发价与接受订立国际货物买卖合同；
2. 了解买卖双方的义务；
3. 掌握违反合同时的救济方法；
4. 掌握货物所有权与风险转移。

能力目标

1. 能够草拟并签订国际货物买卖合同；
2. 能够正确处理国际货物买卖合同的履行及违约等问题；
3. 能够正确运用货物所有权及风险转移的理论。

项目分析

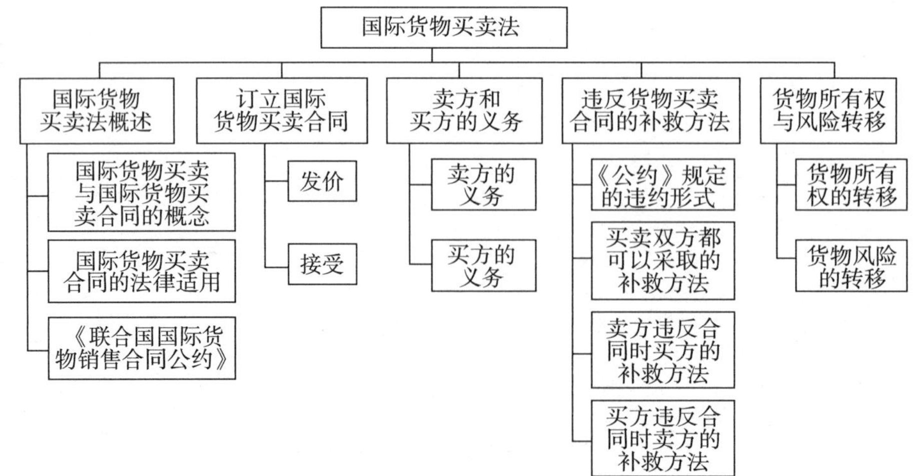

任务一　国际货物买卖法概述

任务案例

2020 年 5 月 12 日，中国 A 公司与瑞典 B 公司签订了出口一批蜡烛的合同。合同约定与本合同有关的争议适用瑞典法律。主要成交条件是：目的地哥德堡，成本费加保险费加运费（以下简称“CIF”）每箱 50 美元。6 月 18 日，该批蜡烛共 7 500 箱经中国商检部门检验合格后装上了某远洋公司的轮船，鉴于蜡烛如长时间放在 40℃ 左右的地方会变形，因此托运人提示承运人在运输中应注意适当通风。承运人收货后签发了清洁提单。依合同约定的贸易条件，中国 A 公司向中国人民保险公司投保了一切险。在运输途中，该轮船发生碰撞，导致一个货舱进水，使装于该货舱的 700 箱蜡烛及其他货物湿损。为修理该船以便继续航行，该轮船开进附近的避难港，发生了避难港费用和必要的船舶修理费用。到达目的港后，收货人发现余下的6 800 箱蜡烛已变形，不能正常使用，收货人只能按市价的 30%出售。经查，蜡烛变形是运输途中未适当通风导致温度过高所致。合同当事人之间因此发生争议并诉至我国某中级人民法院。

问题：

本案有关货物买卖合同的争议应适用哪国法律或适用哪个公约？

一、国际货物买卖与国际货物买卖合同的概念

国际货物买卖是指不同国家的企业、其他经济组织或个人之间货物的购入和售出。国际货物买卖合同又称国际货物销售合同，是指营业地位于不同国家的当事人之间所订立的有关货物买卖而产生的权利和义务关系的协议。例如，中国 A 公司卖一批货物给德国 B 公司，就是一个国际货物买卖行为，双方签订的买卖合同就是国际货物买卖合同。而为了准备该批出口货物，中国 A 公司与国内其他公司签订的买卖合同不是国际货物买卖合同，根据这些行为所进行的买卖行为也不是国际货物买卖。

想一想

国际货物买卖合同的特征是什么？

二、国际货物买卖合同的法律适用

在国际货物买卖中，应适用哪一国的法律来确定买卖双方的权利和义务，是非常重要的问题。按照国际私法规则，解决这一问题有两种方法：第一种方法是双方依据当事人意思自治原则，在订立买卖合同时，就订明该合同所应适用的法律。当事人在选择合同所适用的法律时，既可以选择当事人的国内法，也可以选择第三国法律；既可以是与合同有关的，也可以是与合同没有联系的。当事人也可以选择适用国际公

约，如《联合国国际货物销售合同公约》。当事人还可以选择适用国际贸易惯例，如《国际贸易术语解释通则》。第二种方法是在合同没有约定法律适用条款的情况下，双方一旦发生争议，有管辖权法院或仲裁机构就会依照国际私法冲突规则来确定该买卖合同所应适用的法律。对于国际货物买卖合同争议的管辖权，国际上一般采用“协议管辖”原则。根据该原则，买卖双方当事人有权选择一个国家的法院或仲裁机构审理双方之间的争议。如果合同没有协议管辖的约定，则大都采用“地域管辖”的原则，即采用与地域有关的标志来确定哪个国家的法院对争议有管辖权。为了统一有关国际货物买卖合同的法律选择规则，1985 年 10 月在海牙国际私法外交会议上通过了《国际货物买卖合同适用法律公约》。

我国当事人在缔结合同时，一般情况下适用《联合国国际货物销售合同公约》是有一定便利的。如果不适用该公约，就要适用某一国国内法，而掌握其他国家国内法的困难很大，相反掌握该公约的规则相对要容易、便利得多。故以下将对《联合国国际货物销售合同公约》作介绍。

三、《联合国国际货物销售合同公约》

（一）《联合国国际货物销售合同公约》简介

《联合国国际货物销售合同公约》可以说是近半个世纪以来国际统一法运动的产物。由于各国在货物买卖法方面存在着不少分歧，在国际经济交往中不可避免地会引起法律冲突，这对国际贸易的发展是不利的。

联合国国际贸易法委员会于 1969 年成立了一个专门工作组，工作组经过了大约十年的准备，于 1978 年完成了起草国际货物买卖公约的任务，即《联合国国际货物销售合同公约》(The United Nations Convention on Contracts for the International Sale of Goods，以下简称《公约》)。《公约》共分为四个部分：(1) 适用范围；(2) 合同的成立；(3) 货物买卖；(4) 最后条款。全文共 101 条。《公约》于 1980 年 3 月在维也纳召开的外交会议上获得通过，并于 1988 年 1 月 1 日起生效。截至 2021 年 3 月，核准和参加《公约》的国家已达到 94 个。我国于 1986 年 12 月向联合国秘书长递交了关于《公约》的核准书，1988 年成为《公约》的缔约国。

（二）《公约》的适用范围

1.《公约》适用的主体范围

首先，《公约》仅适用于国际性的货物买卖合同。

《公约》第一条规定：“(1) 本公约适用于营业地在不同国家的当事人之间所订立的货物销售合同：(a) 如果这些国家是缔约国；或 (b) 如果国际私法规则导致适用某一缔约国的法律。(2) 当事人营业地在不同国家的事实，如果从合同或从订立合同前任何时候或订立合同时，当事人之间的任何交易或当事人透露的情报均看不出，应不予考虑。(3) 在确定本公约的适用时，当事人的国籍和当事人或合同的民事或商业性质，应不予考虑。”

根据《公约》第一条第一款 (a) 项的规定，如果合同双方当事人的营业地是处于不同的国家，而且这些国家都是《公约》的缔约国，《公约》就适用于他们之间订立的货物买卖合同，即《公约》适用于营业地处于不同的缔约国的当事人之间订立的买卖合同。该款中的（b）项又规定，只要双方当事人的营业地是处于不同的国家，即使他们的营业地所在国不是《公约》的缔约国，但如果按照国际私法的规则导致适用某一缔约国的法律，则《公约》亦将适用于这些当事人之间订立的国际货物买卖合同。这项规定的目的是扩大《公约》的适用范围，使《公约》不仅适用于营业地处在缔约国的当事人之间订立的买卖合同，还可以适用于营业地处于非缔约国的当事人之间所订立的买卖合同，只要依据国际私法的规则导致该合同适用某一缔约国的法律（例如依照合同的订立地或履行地法而导致适用某一缔约国的法律）即可。例如，甲、乙两国都不是《公约》的缔约国，丙国是《公约》的缔约国，甲国的A和乙国的B在丙国签订合同，双方就合同的履行发生争议，A在甲国法院起诉B，如果甲国的国际私法规则规定合同依合同订立地法，那么本案就适用丙国法，而按《公约》的规定，此时不应适用丙国的国内法，而应适用《公约》。对于这一点，我国在核准《公约》时也提出了保留，即我国认为《公约》的适用范围仅限于双方的营业地分处于不同缔约国的当事人之间所订立的货物买卖合同。当然，如果当事人的营业地虽然非处于缔约国，但当事人明示选择《公约》，我国法院或仲裁庭也会承认其所作选择的效力适用《公约》。

我国是《公约》的缔约国，我国外贸企业同营业地位于其他缔约国的当事人之间所订立的货物买卖合同都将适用《公约》，除非当事人在合同中排除了《公约》的适用。

2.《公约》适用的客体范围

《公约》采用了排除法，对不适用《公约》的买卖进行了规定。根据《公约》第二条的规定，其不适用于以下的销售：

（1）购供私人、家人或家庭使用的货物的销售，除非卖方在订立合同前任何时候或订立合同时不知道而且没有理由知道这些货物是购供任何这种使用。

（2）经由拍卖的销售。

（3）根据法律执行令状或其他令状的销售。

（4）公债、股票、投资证券、流通票据或货币的销售。

（5）船舶、船只、气垫船或飞机的销售。

（6）电力的销售。

此外，《公约》第三条还规定，由买方供应所购货物所需的大部分材料的合同，以及供货一方大部分义务是提供劳务或服务的合同，也不适用于《公约》。

课堂讨论

中国A公司向美国B公司订购一艘集装箱运输船。合同约定中国A公司先付25%的货款，付款后美国B公司6个月内交货，货到2个月内中国A公司支付其余货款。中国A公司付款后，美国B公司未能在6个月内交货，中国A公司向法院提起诉讼，要求美国B公司赔偿损失。

问题：该合同能否援引《公约》?

任务二　订立国际货物买卖合同

任务案例

英国A公司在1月25日向中国B公司发出一封发价信函，以每台1 000美元出售5台显微镜，发价函约定B公司有10天时间用来承诺。B公司于2月5日才收到信，并在2月8日发出接受的电子邮件。A公司拒绝出售这批显微镜，理由是发价函中所说的10天期限已到，发价因有效期已过而无效，超出发价有效期的接受不产生法律效力。而B公司却认为合同已有效成立，对方应承担履行合同的责任，否则应赔偿损失。

问题：

英国A公司与中国B公司之间的合同是否成立？为什么？

《公约》第二部分规定了“合同的订立”。在这一部分中，《公约》对合同订立的两个基本法律问题——发价与接受作了相当详尽的规定。下面将对《公约》有关合同订立的各项规定详细加以介绍。

一、发价

（一）发价的含义

《公约》第十四条第一款规定：“向一个或一个以上特定的人提出的订立合同的建议，如果十分确定并且表明发价人在得到接受时承受约束的意旨，即构成发价。”按照这项规定，发价应符合以下要求：

1. 发价应向一个或一个以上特定的人发出

发价是由发价人向被发价人发出的。这里所谓特定的人是指被发价人须为特定人，即在发价中应指明被发价人的姓名或公司名称等。同时，《公约》第十四条第二款规定：“非向一个或一个以上特定的人提出的建议，仅应视为邀请做出发价，除非提出建议的人明确地表示相反的意向。”

2. 发价的内容必须十分确定

《公约》认为，一项关于订立合同的建议，如果包含了以下三项内容，即符合“足够确定”的要求：(1) 应当载明货物的名称；(2) 应明示或默示地规定货物的数量或规定如何确定数量的方法；(3) 应明示或默示地规定货物的规格或规定如何确定价格的方法。至于在发价中没有规定的其他事项，在买卖合同成立后可按有关的贸易惯例或按《公约》相关部分的规定来处理。

3. 发价必须表明订立合同的意愿

在发价中，发价人必须表明这样一种意思：如果他的发价被接受，则合同成立，当事人就受合同约束。这就要求发价人在发价中不能提出任何保留意见。如果在一个发价中出现“必须以我方最后确认为准”、“仅供参考”或“有权先售”等，只能是发价邀请而不是发价。

课堂讨论

6月3日加拿大A公司向中国B公司预售一批原材料，电文称：“5万吨一级木材，每吨单价2 000美元CIF大连，装运期9/10月，即期信用证支付，须以货物尚未售出为准。”6月9日加拿大A公司接到中国B公司回电：“你方6月3日电接受。”此时，因国际市场木材涨价，原发价的价格明显对加拿大A公司不利，加拿大A公司未与中国B公司签订合同而改与日本C公司签订了木材买卖合同，按国际市场价售出木材。

问题：加拿大A公司是否违约？为什么？

（二）发价生效的时间

《公约》第十五条第一款规定：“发价于送达被发价人时生效。”

（三）发价的撤回与撤销

《公约》对发价的撤回与撤销作了如下规定。

1. 发价的撤回

发价的撤回是指发价人在发出发价之后，在其尚未到达被发价人之前，即在发价尚未生效之前，将该项发价取消，使其失去作用和不发生效力。《公约》第十五条第二款规定：“一项发价，即使是不可撤销的，得予撤回，如果撤回通知于发价送达被发价人之前或同时送达被发价人。”这项规定包含以下三层意思：第一，发价生效前允许撤回发价是因为发价尚未生效；第二，发价人如欲撤回其发价，必须将撤回通知在该发价送达被发价人之前或同时送达被发价人，这样才能阻止发价生效；第三，《公约》的上述规定适用于一切，包括注明不可撤销的发价，在其没有到达被发价人之前，均可撤回。

课堂讨论

中国A公司在6月8日上午向美国B公司邮寄发出一份发价，在发价通知中注有“不可撤销”字样，美国B公司在6月15日前答复才有效。但中国A公司又于6月8日下午发出撤回通知，该撤回通知于6月9日上午到达美国B公司，而美国B公司于6月10日才收到中国A公司邮寄来的发价，并立即回电发出接受的通知。事后双方对合同是否成立发生纠纷。

问题：中国A公司的发价是否被成功撤回？

2. 发价的撤销

发价的撤销是指发价人在其发价已经送达被发价人之后，即在发价已经生效之后，将该项发价取消，从而使发价的效力归于消灭。

《公约》第十六条第一款规定：“在未订立合同之前，发价得予撤销，如果撤销通知于被发价人发出接受通知之前送达被发价人。”这项规定包含以下三层意思：第一，它所针对的是发价已经送达被发价人即发价已生效但合同尚未成立之前的这一段时间。第二，这里所说的“未订立合同之前”，是指被发价人作出接受以前，即发价人只要在被发价人作出接受以前及时将撤销发价的通知送达被发价人，便可将其发价撤销。一旦被发价人发出了接受通知，发价人撤销发价的权利即告终止，而不是等到接受通知生效时才告终止。第三，这项规定的适用范围是有一定局限性的，并非对任何发价都能撤销。如果某项发价已经注明它是不可撤销的，则一旦该发价送达被发价人后，发价人就不得将其撤销或加以变更。按照《公约》第十六条第二款的规定，在下列两种情况下，发价一旦生效，即不得撤销：第一，发价写明接受发价的期限或以其他方式表示发价是不可撤销的；第二，被发价人有理由信赖该项发价是不可撤销的，而且被发价人已本着对该项发价的信赖行事。

课堂讨论

甲 3 月 1 日向乙发出一项发价，规定在 3 月 15 日前接受有效。3 月 10 日甲通知乙撤销其 3 月 1 日的发价。3 月 14 日乙通知甲接受发价。

问题：甲撤销发价的行为有效吗?

二、接受

（一）接受的含义

《公约》第十八条规定：“被发价人声明或做出其他行为表示同意一项发价，即是接受。”

接受的实质是对发价表示同意。根据《公约》的规定，接受可以用两种方式表示：一种是采取向发价人发出声明的方式，另一种是通过某种行为来表示。但是，被发价人在收到发价后，仅保持缄默，不采取任何行动对发价作出反应，这就不能认为是对发价的接受。

（二）接受生效的时间

接受一旦生效，合同即告成立，接受生效的时间就是合同成立的时间。《公约》对接受生效的时间，采取到达生效的原则，但也有一些例外规定。关于接受生效的规定如下：

1. 被发价人以作出接受通知表示接受时，该接受于通知到达发价人时生效

《公约》第十八条第二款规定：“接受发价于表示同意的通知送达发价人时生效。如果表示同意的通知在发价人所规定的时间内，如未规定时间，在一段合理的时间内，未曾送达发价人，接受就成为无效，但须适当地考虑到交易的情况，包括发价人所使用的通信方法的迅速程度。对口头发价必须立即接受，但情况有别者不在此限。”

2. 被发价人以作出某种行为表示接受时，该接受于作出该项行为时即告生效

《公约》第十八条第三款规定：“如果根据该项发价或依当事人之间确立的习惯做法和惯例，被发价人可以做出某种行为，例如与发运货物或支付价款有关的行为，来表示同意，而无须向发价人发出通知，则接受于该项行为做出时生效，但该项行为必须在上一款所规定的期间内做出。”如果被发价人在收到发价后，仅仅表示缄默，对发价不作出任何反应，一般不能认为是对发价的同意或接受。但是，如果根据交易双方的约定或按照双方已经确认的习惯做法或惯例，被发价人保持缄默也可以构成接受。

课堂讨论

买卖双方是老客户关系，多年来卖方都是按买方的订单准备发货，不再另外通知买方表示已接受其订单。如果有一次，卖方在收到买方的订单后既不通知买方表示拒绝其订单，又不发货。

问题：卖方此次是否违约?

课堂讨论

7月5日，美国A公司向中国B公司发价，出售一批西药，限对方于7月底前回复有效。8月10日，中国B公司向美国A公司发函称："你7月5日电悉，报价太高无法接受，请考虑降低价格，再行商议。"8月12日，美国A公司发函电回复中国B公司同意降价10%。半个月后西药的市场价格明显趋涨，美国A公司向中国B公司发来函电，要求重新提高价格，被中国B公司拒绝，于是美国A公司以高价将西药卖给他人。

问题：美国A公司是否违约？为什么?

（三）接受期间的计算

《公约》第二十条对接受期间的计算有详细的规定：

（1）发价人在电报或信件内规定的接受期间，从电报交发时刻或信上载明的发信日期起算，如信上未载明发信日期，则从信封上所载日期起算。发价人以电话、电传或其他快速通信方法规定的接受期间，从发价送达被发价人时起算。

（2）在计算接受期间时，接受期间内的正式假日或非营业日应计算在内。但是，如果接受通知在接受期间的最后一天未能送到发价人地址，因为那天在发价人营业地是正式假日或非营业日，则接受期间应顺延至下一个营业日。

（四）对发价中的条件作了变更的接受的效力

接受是同意发价所提出的订约条件的一种意思表示。被发价人必须同意发价中所提出的各项条件，不能随意加以变更。如果接受与发价内容不一致，那就不是接受而是反发价。《公约》第十九条第一款规定："对发价表示接受但载有添加、限制或其他更改的答复，即为拒绝该项发价，并构成还价。"但是，为了避免由于接受的内容与发价稍有出入而影响到合同的有效成立，《公约》吸收了《美国统一商法典》的有关规定，采取了一项比较灵活的处理办法。《公约》第十九条第二款规定："但是，对发价表示接受但载有添加或不同条件的答复，如所载的添加或不同条件在实质上并不变更该项发价的条件，除发价人在不过分迟延的期间内以口头或书面通知反对其间的差异外，仍构成接受。如果发价人不做出这种反对，合同的条件就以该项发价的条件以及接受通知内所载的更改为准。"

对于哪些变更是属于"实质性"的变更的问题，《公约》第十九条第三款用列举的方式作了回答。它规定凡在接受中对下列事项作了添加或变更者，均认为在实质上变更了发价的条件："有关货物价格、付款、货物质量和数量、交货地点和时间、一方当事人对另一方当事人的赔偿责任范围或解决争端等的添加或不同条件，均视为在实质上变更发价的条件。"如果被发价人在接受发价时，对发价中所涉及的上述任何一项条件作了添加或变更，那就不能认为是真正的接受，而是反要约，即使发价人没有提出异议，合同亦不能成立。

课堂讨论

德国A公司给中国B公司发函："供应50台拖拉机，100匹马力，每台CIF青岛4 000美元，合同订立后3个月装船，不可撤销即期信用证付款，请电复。"中国B公司复电："接受你的发价，在订立合同后立即装船。"

问题：合同是否成立？

（五）逾期的接受

逾期的接受又称为迟到的接受，是指接受通知到达发价人的时间已经超过了发价所规定的有效期，或者在发价未规定有效期时，已超过了合理的时间。按照各国的法律，逾期的接受不能认为是有效的接受，而只是一项新的发价。《公约》亦认为逾期的接受原则上是无效的。

但是，按照《公约》第二十一条第一款的规定，如果发价人毫不迟延地用口头或书面将此种意见通知被发价人，逾期接受仍有接受的效力。

《公约》第二十一条第二款还规定："如果载有逾期接受的信件或其他书面文件表明，它是在传递正常、能及时送达发价人的情况下寄发的，则该项逾期接受具有接受的效力，除非发价人毫不迟延地用口头或书面通知被发价人：他认为他的发价已经失效。"

课堂讨论

中国A公司向日本B公司发出一份出售大蒜的发价，限日本B公司8月10日前复电有效。日本B公司于8月11日上午电报通知中国A公司接受该发价。中国A公司在8月10日下午获悉大蒜市场价格已经上涨。

问题：在以下各种情形下，合同是否成立？

（1）中国A公司收到日本B公司接受通知后，立即通知日本B公司原发价已经失效；

（2）中国A公司收到日本B公司接受通知后，不作回复；

（3）中国A公司收到日本B公司接受通知后，立即通知日本B公司接受其逾期承诺。

（六）接受的撤回

撤回接受是接受人阻止其接受发生法律效力的一种意思表示。接受人在发出接受之后，如果发现不妥，则可以在该接受生效之前将其撤回，但一旦接受生效，合同即告成立，接受人就不得撤销其接受。《公约》第二十二条规定："接受得予撤回，如果撤回通知于接受原应生效之前或同时送达发价人。"

任务三　卖方和买方的义务

任务案例

日本A公司与中国B公司签订了一项A公司向B公司出售机床的合同。中国B公司在签订合同时，明确告知日本A公司，机床将转出口至土耳其使用。但该批机床并未转出口至土耳其，而是转出口到意大利。一位意大利生产商发现该批机床的制造工艺侵犯了其两项专利，因此向当地法院起诉，要求法院禁止该批机床在意大利境内使用和销售，并要求损害赔偿。经调查，该批机床的制造工艺确实侵犯了该生产商在意大利注册的两项专利，其中一项还在中国注册。中国B公司要求日本A公司承担违约责任，日本A公司以其在订立合同时并不知道该批机床将转出口至意大利为由，拒绝承担违约责任。双方发生争议。

问题：

本案应如何处理？为什么？

一、卖方的义务

根据《公约》的规定，卖方的主要义务有以下三项：(1) 交付货物；(2) 移交一切有关货物的单据；(3) 把货物的所有权转移于买方。

《公约》第三十一条至第三十三条对卖方履行交货义务的时间与地点作了规定。

(一) 交付货物

1. 交货的地点

如果买卖合同对交货地点已有规定，卖方应按合同规定的地点交货。如果合同对交货地点没有作出规定，根据《公约》第三十一条的规定，卖方应按下述三种不同情况履行其交货义务：

(1) 如果销售合同涉及货物的运输，卖方应把货物移交给第一承运人，以运交给买方。

(2) 在不属于上述规定的情况下，如果合同指的是特定货物或从特定存货中提取的或尚待制造或生产的未经特定化的货物，而双方当事人在订立合同时已知道这些货物是在某一特定地点，或将在某一特定地点制造或生产，卖方应在该地点把货物交给买方处置。

(3) 在其他情况下，卖方应在他于订立合同时的营业地把货物交给买方处置。

如果双方当事人已经使用某种贸易术语明确规定了交货的地点，则卖方的义务就不是交到第一承运人或在特定货物的所在地交货，而是应当把货物交到指定地点。

2. 交货的时间

《公约》第三十三条对如何确定卖方交货的时间作了如下规定：

卖方必须按以下规定的日期交付货物：

(1) 如果合同规定有日期，或从合同可以确定日期，应在该日期交货。

(2) 如果合同规定有一段时间，或从合同可以确定一段时间，除非情况表明应由买方选定一个日期外，应在该段时间内任何时候交货。

(3) 在其他情况下，应在订立合同后一段合理时间内交货。

至于何谓“合理时间”，应根据交易的具体情况来确定。

(二) 移交单据

《公约》第三十四条规定：“如果卖方有义务移交与货物有关的单据，他必须按照合同所规定的时间、地点和方式移交这些单据。如果卖方在那个时间以前已移交这些单据，他可以在那个时间到达前纠正单据中任何不符合合同规定的情形，但是，此一权利的行使不得使买方遭受不合理的不便或承担不合理的开支。但是，买方保留本公约所规定的要求损害赔偿的任何权利。”

这类与货物有关的单据，主要是指提单、保险单和商业发票，有时还可能包括领事发票、原产地证书、重量证书或品质检验证书。

（三）卖方对货物的品质担保义务

关于卖方对货物的品质担保义务，各国法律和《公约》都有具体的规定。一般来说，如果买卖合同对货物的品质规格已有具体规定，卖方应按合同规定的品质、规格交货；如果合同对货物的品质规格没有作出具体规定，则卖方应按合同应适用的法律的有关规定办理。

《公约》第三十五条第一款规定：“卖方交付的货物必须与合同所规定的数量、质量和规格相符，并须按照合同所规定的方式装箱或包装。”《公约》第三十五条第二款规定：除双方当事人另有协议外，卖方所交的货物应当符合下列要求，否则即认为其货物与合同不符。

（1）货物适用于同一规格货物通常使用的目的。

（2）货物适用于订立合同时曾明示或默示地通知卖方的任何特定目的，除非情况表明买方并不依赖卖方的技能和判断力，或者这种依赖对他是不合理的。

（3）货物的质量与卖方向买方提供的货物样品或样式相同。

（4）货物按照同类货物通用的方式装箱或包装，如果没有此种通用方式，则按照足以保全和保护货物的方式装箱或包装。

以上四项义务是在双方当事人没有其他约定的情况下，由《公约》加之于卖方身上的义务。它们反映了买方在正常交易中对所购买的货物抱有的合理期望。因此，只要双方当事人在合同中没有作出与此相反的规定，《公约》的上述规定就适用于他们之间的合同。

课堂讨论

买方向卖方定制购买货物，并向卖方提供了制造该货物的主要技术参数和图纸，结果卖方生产的货物不能够适应买方的需要。

问题：卖方是否应承担责任?

课堂讨论

中国A公司向日本B公司出口一批棉花，合同及单证上均写的是二级品，但是发货时发现二级棉花库存缺货，于是中国A公司改以一级品交货，并在发票上加注：“一级棉花仍按二级计价”。

问题：这种以好顶次的做法是否妥当?

（四）检验货物的时间和地点

为了鉴定卖方所交的货物是否与合同相符，各国法律一般都承认买方有权对货物进行检验，如果经检验发现货物与合同不符，买方有权向卖方要求赔偿损失，甚至可以要求退换。《公约》对检验货物的时间和地点作了明确的规定。

1. 检验货物的时间

《公约》第三十八条第一款规定："买方必须在按情况实际可行的最短时间内检验货物或由他人检验货物。"

2. 检验货物的地点

《公约》第三十八条第二款对检验的地点作出了规定："如果合同涉及货物的运输，检验可推迟到货物到达目的地后进行。"这一规定反映了国际贸易的通常做法。

《公约》第三十八条第三款还进一步规定："如果货物在运输途中改运或买方须再发运货物，没有合理机会加以检验，而卖方在订立合同时已经知道或理应知道这种改运或再发运的可能性，检验可推迟到货物到达新目的地后进行。"这项规定的目的旨在当货物需要转运时，允许把检验的地点延展到新的目的地。

3. 通知货物不符合同的时间

《公约》第三十九条作了以下两项规定：

（1）买方对货物不符合同，必须在发现或理应发现不符情形后一段合理时间内通知卖方，说明不符合同情形的性质，否则就丧失声称货物不符合同的权利。

（2）在任何情况下，如果买方不在实际收到货物之日起两年内将货物不符合同情形通知卖方，他就丧失声称货物不符合同的权利，除非这一时限与合同规定的保证期限不符。

（五）卖方对货物的权利担保义务

权利担保是指卖方应保证对其所出售的货物享有合法的权利，没有侵犯任何第三人的权利，并且任何第三人都不会就该项货物向买方主张任何权利。在货物买卖中，卖方最重要的义务就是保证他确实享有所出售货物的所有权，或者卖方受货主的委托，作为代理人或受托人享有处分货物的权利。

具体来说，卖方的权利担保义务主要包括以下三个方面的内容：

（1）卖方保证对其出售的货物享有合法的权利。

（2）卖方保证在其出售的货物上不存在任何未曾向买方透露的担保物权，如抵押权、留置权等。

（3）卖方应保证他所出售的货物没有侵犯他人的权利，包括商标权、专利权等。

按照各国的法律，上述权利担保义务是卖方的一项法定义务，即使在买卖合同中对此没有作出规定，卖方依法仍应承担此项义务。

对卖方的权利担保义务，《公约》主要有以下两项规定：

（1）《公约》第四十一条规定："卖方所交付的货物，必须是第三方不能提出任何权利或要求的货物，除非买方同意在这种权利或请求的条件下，收取货物。"这项规定实质上就是要求卖方保证对所售货物享有合法权益，如有第三方对买方提出请求或起诉，无论第三方是胜诉还是败诉，都应认定卖方违反了权利担保义务，卖方应对买方承担责任。这往往涉及货物的所有权或担保物权方面的问题。

（2）《公约》第四十二条规定，卖方所交付的货物，必须是第三方不能根据工业产权或其他知识产权主张任何权利或要求的货物。但这是有一定的条件限制的，这些限制性的条件是：

1）卖方只有当其在订立合同时已经知道或不可能不知道第三方对其货物会提出工业产权方面的权利或请求时，才对买方承担责任。

2）《公约》规定了确定卖方知识产权担保义务所依据的法律的标准。知识产权保护具有严格的地域性。在某国取得的专有权，只有在该国境内受到保护。也就是说，卖方负有知识产权担保义务并不意味着它所出售的货物不得侵犯全世界任何一个知识产权所有人的专利权、商标权或版权。卖方并不是对第三方依据任何一国的法律所提出的工业产权或知识产权的权利或请求都要向买方承担责任，而只是在下列情况下才须向买方负责：第一，依货物销往国的法律。如果买卖双方在订立合同时已知买方打算把该项货物转售到某一个国家，则卖方对于第三方依据该国法律（如专利法、商标法、版权法等）所提出的有关工业产权或知识产权的权利请求，应对买方承担责任。第二，依买方营业地所在国的法律。在任何其他情况下，卖方对第三方根据买方营业地所在国法律所提出的有关侵犯工业产权或知识产权的请求，应对买方承担责任。

3）《公约》规定了免除卖方知识产权担保义务的情况。

a. 如果买方在订立合同时，已经知道或不可能不知道第三方对货物会提出有关侵犯工业产权或知识产权的权利或请求，则卖方对由此而引起的后果不承担责任。

b. 如果第三方所提出的有关侵犯工业产权或知识产权的权利或请求，是由于卖方按照买方提供的技术图纸、图案或其他规格为其制造产品而引起的，则应由买方对此负责，卖方不承担责任。

此外，《公约》第四十三条还规定，卖方在已经知道或理应知道第三方对货物的权利或请求后，应在合理时间内通知买方，否则，买方就会丧失援引《公约》第四十一条和第四十二条所规定的权利。除非买方对未及时通知卖方能提出合理的理由。

课堂讨论

法国A公司与中国B公司签订一份货物买卖合同购买一批产品，该合同产品上拥有的技术已在中国取得专利权。交易完成后，法国A公司又将该批产品转卖给了西班牙C公司，但该产品上拥有的技术已被他人在西班牙申请并获得专利权。因此，西班牙专利权人对法国A公司、中国B公司及西班牙C公司提起共同侵权之诉。

问题：中国B公司是否要承担法律责任？

二、买方的义务

买方的主要义务有两项：一是支付货款；二是收取货物。现将《公约》有关买方义务的规定介绍如下。

（一）支付货款

按照《公约》的规定，买方支付货物的义务涉及许多方面的问题，如履行必要的付款手续、合理确定货物的价格、确定付款的时间和地点等。对这些问题，《公约》的规定比许多国家的国内法都更为详细和具体。

1. 履行必要的付款手续

《公约》第五十四条规定：买方支付货款的义务包括按照合同或任何法律、规章所要求的步骤及手续，以便使货款得以支付。

2. 确定货物的价格

《公约》第五十五条规定：如果合同已有效地订立，但没有明示或暗示地规定价格或规定如何确定价格，在没有任何相反表示的情况下，双方当事人应视为已默示地引用订立合同时此种货物在有关贸易的类似情况下销售的通常价格。

3. 支付货款的地点

如果买卖合同对付款地点没有作出具体的规定，买方应按《公约》第五十七条的规定，在下列地点向卖方支付货款：

（1）在卖方的营业地付款。如果卖方有一个以上的营业地点，则买方应在与该合同及合同的履行关系最为密切的那个营业地点向卖方支付货款。

（2）如果是凭移交货物或单据支付货款，则买方应在移交货物或单据的地点支付货款。

4. 支付货款的时间

《公约》第五十八条规定了买方支付货款的时间与条件。它包括以下三项内容：

（1）如果买方没有义务在任何其他特定时间内支付货款，他必须于卖方按照合同和本公约规定将货物或控制货物处置权的单据交给买方处置时支付货款。卖方可以买方支付货款作为移交货物或单据的条件。

（2）如果合同涉及货物的运输，卖方可以在买方支付货款后再把货物或控制货物处置权的单据移交给买方作为发运货物的条件。

（3）买方在未有机会检验货物前，无义务支付货款，除非这种机会与双方当事人议定的交货或支付程序相抵触。

（二）收取货物

买方的另一项基本义务是收取货物。根据《公约》第六十条的规定，买方收取货物的义务主要包括以下两项内容：

（1）采取一切理应采取的行动，以期卖方能交付货物。即买方应采取必要的合作措施，如及时指定交货地点或按合同规定安排有关运输事宜，以便使卖方能履行其义务。

（2）接收货物。买方有义务在卖方交货时接收货物。如买方不及时接收货物，有时可能会对卖方的利益产生直接影响。因为买方不及时提货，卖方可能要向承运人支付滞期费及其他费用，对此买方亦应承担责任。

任务四　违反货物买卖合同的补救方法

任务案例

中国南方某省进出口公司与美国乔季亚贸易公司签订了一份 CIF 进口合同，合同约定：100 吨大米，CIF 上海 212 美元/吨，总价 21 200 美元，但事后卖方只交货 5 吨，中国公司拒收货物，导致双方发生争执。

问题：

本案中买方可以采用什么救济方法？为什么？

一、《公约》规定的违约形式

《公约》将违约分为根本违反合同和非根本违反合同。

（一）根本违反合同

《公约》在具体规定卖方和买方的救济方法之前，首先对“根本违反合同”作了定义，因为是否构成根本违反合同，与当事人可能采取何种救济方法有直接的关系。如果某种违约行为已经构成根本违反合同，受损害的一方就有权宣告撤销合同，并有权要求赔偿损失或采取其他救济方法。

《公约》对根本违反合同所采取的衡量标准，是看违反合同的后果是否使对方蒙受重大的损害，即违约后果的严重程度。至于损害是否重大，应根据每个合同的具体情况来确定。《公约》第二十五条规定：“一方当事人违反合同的结果，如使另一方当事人蒙受损害，以至于实际上剥夺了他根据合同规定有权期待得到的东西，即为根本违反合同，除非违反合同一方并不预知而且一个同等资格、通情达理的人处于相同情况下也没有理由预知会发生这种结果。”由此判断当事人的行为是否根本违反合同应具备三个条件：（1）必须存在违反合同的事实。（2）违反合同的行为给对方造成了严重损害，这种损害在实质性上剥夺了受害方根据合同规定有权期待得到的东西，即对方当事人合同的根本利益。（3）违反合同的一方在订立合同时应当或可以预见到会产生这种严重后果。因此，违约方只有能证明他的违约没有造成实质性损害，或者虽然造成了实质性损害，但是他没有预见到会发生这种严重后果，而且一个第三人在同样情形下也无法预见到会发生这种严重后果，他才能否定其行为构成根本违反合同。

《公约》第二十六条规定：“宣告合同无效的声明，必须向另一方当事人发出通知，方始有效。”

另外，《公约》第八十一条规定了宣告合同无效的后果：“（1）宣告合同无效解除了双方在合同中的义务，但应负责的任何损害赔偿仍应负责。宣告合同无效不影响合同关于解决争端的任何规定，也不影响合同中关于双方在宣告合同无效后权利和义务的任何其他规定。(2) 已全部或局部履行合同的一方，可以要求另一方归还他按照合同供应的货物或支付的价款，如果双方都须归还，他们必须同时这样做。”

课堂讨论

例一：买方进口一批肉鸡，合同规定应于8月底前装运。卖方实际装运的时间为9月7日，比合同约定时间迟延一周。已知8月和9月肉鸡的市场价格没有什么变化。

例二：买方进口一批供圣诞节出售的火鸡，合同规定的交货时间是12月21日，而卖方实际交货的时间为12月27日，比合同约定的时间迟延一周。由于圣诞节已过，火鸡难以销售。

问题：以上两种情况下，卖方都违约了，都延迟了一周交货，但是否都构成根本违反合同?

(二) 非根本违反合同

非根本违反合同是指一方当事人的违约结果并未实际剥夺另一方当事人根据合同有权期待得到的合理利益。如果不构成根本违反合同，则受损害的一方原则上不能撤销合同，而只能要求赔偿损害或采取其他救济方法。

二、买卖双方都可以采取的补救方法

(一) 损害赔偿

根据《公约》的规定，当一方违反合同时，对方都有权利要求赔偿损失，而且要求损害赔偿的权利并不因其已采取其他补救方法而丧失。《公约》第七十四条至第七十七条对损害赔偿作了具体的规定。

1. 损害赔偿的原则及责任范围

《公约》第七十四条规定：“一方当事人违反合同应负的损害赔偿额，应与另一方当事人因他违反合同而遭受的包括利润在内的损失额相等。这种损害赔偿不得超过违反合同一方在订立合同时，依照他当时已知道或理应知道的事实和情况，对违反合同预料到或理应预料到的可能损失。”

2. 在撤销合同的情况下，计算损害赔偿额的具体办法

《公约》第七十五条和第七十六条对此作了规定。主要有以下两种情形：

(1) 如果买方已宣告撤销合同，而在宣告撤销合同后的一段合理时间内，买方已以合理方式购买了替代货物，则买方可以取得合同价格和替代货物的交易价格之间的差额，以及因卖方违约而造成的其他损害，这种做法叫作“实际补进”。

(2) 如果买方在撤销合同之后，没有实际补进原来合同项下的货物，而此项货物又有时价的话，则买方可以取得原合同的规定价格和宣告撤销合同时的时价之间的差额，以及因卖方违约造成的任何其他损害赔偿。但是，如果买方是在接收货物之后才宣告撤销合同，则应按接收货物时的时价与合同规定的价格之间的差额计算，而不是按宣告撤销合同时的时价计算。这里所说的时价，是指合同原定交货地点的现行价格。如果该地点没有时

价，则指另一合理替代地点的现行价格。但在这种情况下，应适当考虑货物运输费用的差额。

3. 减轻损失的义务

当一方当事人违反合同时，没有违反合同的他方有义务采取必要的措施，以减轻因违约而引起的损失。《公约》第七十七条规定："声称另一方违反合同的一方，必须按情况采取合理措施，减轻由于另一方违反合同而引起的损失，包括利润方面的损失。如果他不采取这种措施，违反合同一方可以要求从损害赔偿中扣除原可以减轻的损失数额。"这项规定适用于买方或卖方的各种违约索赔情况。

（二）预期违约

所谓预期违约，是指在合同规定的履行期到来以前，已有事实根据预示合同的一方当事人将不会履行其合同义务。

当一方当事人预期违约时，对方当事人可以采用的补救方法有以下几种。

1. 中止履行合同

根据《公约》第七十一条第一款的规定，如果订立合同后，另一方当事人由于下列原因显然将不履行其大部分重要义务，对方当事人可以中止履行义务：（1）一方履行义务的能力或他的信用有严重缺陷；（2）他在准备履行合同或履行合同中的行为显示他将不履行其主要义务。另外，援用中止履行合同时必须采取通知程序。根据《公约》第七十一条第三款的规定，宣告中止履行义务的一方当事人，必须立即通知另一方当事人；如果另一当事人对履行义务提供了充分的保证，则他必须继续履行义务。

2. 撤销合同

对预期明显看出一方根本违反合同的，另一方当事人可以宣告撤销合同。《公约》第七十二条规定："如果在履行合同日期之前，明显看出一方当事人将根本违反合同，另一方当事人可以宣告合同无效。"但是除对方当事人已声明他将不履行其义务外，"如果时间许可，打算宣告合同无效的一方当事人必须向另一方当事人发出合理的通知，使他可以对履行义务提供充分保证"。

（三）对分批交货合同发生违约的补救方法

分批交货合同是指一个合同项下的货物分成若干批交货。例如，一项购买 15 000 码印花衬衫布的合同，可以分为 5 批交货，每批交 3 000 码，即属于分批交货合同。在这种情况下，如果一方当事人对其中一批货物没有履行合同的义务，并构成根本违反合同，对方能否宣告撤销整个合同？《公约》第七十三条专门就此作了规定。根据这一条的规定，主要有以下三种情况：

（1）在分批交货合同中，如果一方当事人不履行对其中任何一批货物的义务，便已对该批货物构成根本违反合同，则对方可以宣告合同对该批货物无效，即宣告撤销合同对这一批交货的效力，但不能撤销整个合同。

（2）如果一方当事人不履行对其中任何一批货物的义务，使另一方当事人有充分理由断定今后各批货物亦将会发生根本违反合同，则该另一方当事人可以在一段合理时间内宣告合同今后无效，即撤销合同对今后各批货物的效力，但对在此以前已经履行义务的各批货物不能予以撤销。

(3) 当买方宣告合同对某一批交货无效时，如果合同项下的各批货物是互相依存、不可分割的，不能将任何其中的一批货物单独用于双方当事人在订立合同时所设想的目的(如大型设备分批装运交货)，买方可以同时宣告合同对已经交付或今后将交付的各批货物均为无效，即可以宣告撤销整个合同。

课堂讨论

中国A公司向法国B公司订购了一套大型机器设备。合同规定该设备分四批到货，当第一批设备到货后，发现有严重质量问题，于是A公司宣告撤销合同。

问题：中国A公司有权撤销整个合同吗?

三、卖方违反合同时买方的补救方法

卖方违反合同主要有以下几种情况：不交货、延迟交货、交付的货物与合同规定不符。根据《公约》第三部分第二章第三节的规定，如果卖方不履行其在合同和《公约》中的任何义务，买方可以采取下列补救方法。

(一) 要求卖方实际履行合同

《公约》第四十六条规定，如果卖方不履行合同的义务，买方可以要求卖方履行合同或《公约》中规定的义务。因此，买方在卖方不交货时，可以要求卖方交货。但是这一补救方法受到《公约》第二十八条规定的限制。当买方依照《公约》的规定向法院提起实际履行之诉时，是否作出强制卖方交货的判决，须取决于法院所在国家的法律对其他类似买卖合同如何处理。

(二) 要求卖方交付替代货物

《公约》第四十六条第二款规定，如果卖方所交付的货物与合同规定不符，而且这种不符合同的情形已构成根本违反合同，则买方有权要求卖方另外再交一批符合合同要求的货物，以替代原来那批不符合合同的货物。

(三) 要求卖方对货物不符合合同之处进行修补

《公约》第四十六条第三款规定，如果卖方所交的货物与合同规定不符，买方可以要求卖方通过修理对不符合合同之处做出补救。

(四) 给予履行宽限期

《公约》第四十七条第一款规定，如果卖方不按合同规定的时间履行其义务，买方可以规定一段合理的额外时间，让卖方履行其义务。

(五) 撤销合同

根据《公约》第四十九条的规定，当卖方违反合同时，买方在下述情况下可以宣告撤销合同：

(1) 卖方不履行其在合同中或《公约》中规定的任何义务，已构成根本违反合同。

(2) 如果发生不交货的情况，卖方在买方规定的合理的额外时间内仍不交货，或卖方声明他将不在买方规定的合理的额外时间内交货。

《公约》第八十一条至第八十四条规定了撤销合同的后果，当买方或卖方撤销合同后，就解除了双方在合同中规定的义务，卖方不需要交货，买方不需要支付货款，如果卖方已经交货，他可以要求归还货物。特别值得注意的是，按照《公约》的规定，撤销合同并不终止违约一方对其违约所引起的一切损害赔偿责任，也不终止合同中关于解决争议的任何规定。

（六）要求减价

按照《公约》第五十条的规定，如果卖方所交的货物与合同不符，不论买方是否已经支付货款，买方都可以减低价格。减价按实际交付的货物在交货时的价值与符合合同的货物在当时的价值两者之间的比例计算。但是，如果卖方已按《公约》规定对其任何不履行义务做出补救，或者买方拒绝接受卖方对此做出的补救，买方就不得减低价格。

课堂讨论

卖方日本A公司与买方泰国B公司签订买卖某货品的合同，总价值20万美元，11月20日前交货。卖方日本A公司实际交付的是劣等货品，价值仅10万美元。买方泰国B公司认为卖方日本A公司违反合同要求减价。

问题：买方要求减价是否有效？为什么？

（七）部分货物不符时买方的补救手段

根据《公约》第五十一条的规定，当卖方只交付一部分货物，或者卖方所交付的货物中只有一部分与合同的要求相符合时，买方只能对漏交的货物或对与合同要求不符的那一部分货物，采取第四十六条至第五十条所规定的补救方法，包括退货、减价及要求损害赔偿等。但一般不能宣告撤销整个合同或拒收全部货物，除非卖方不交货，或者不按合同规定交货已构成根本违反合同，买方才可以宣告撤销整个合同。

（八）买方拒绝提前交货或超量交货的权利

《公约》第五十二条规定，如果卖方在合同规定的日期以前交货，买方可以收取货物也可以拒绝收取货物。但如果卖方在提前交货遭拒绝后，等到合同规定的交货期临到的时候再次向买方提交货物，买方仍须收取这批货物。《公约》还规定，如卖方所交货物的数量大于合同规定的数量，买方可以收取全部货物，也可以拒绝收取多交部分的货物，而只收取合同规定数量的货物，但不能拒收全部货物。如买方收取多交部分的货物，他就必须按合同规定的价格付款。

（九）请求损害赔偿

《公约》认为，损害赔偿是一种主要的补救方法。根据《公约》第四十五条的规定，如果卖方不履行其在合同或《公约》中的任何义务，买方可以按照《公约》第七十四条至第七十七条的规定，要求损害赔偿。而且买方请求损害赔偿的权利，不因其已采取其他补救方法而受到影响。

四、买方违反合同时卖方的补救方法

买方违反合同主要有以下几种情形：不付款、延迟付款、不收取货物、延迟收取货物。

根据《公约》第三部分第三章第三节的有关规定，在买方出现上述违约情况时，卖方可以采取的各种补救方法如下。

（一）要求买方实际履行合同

当买方不支付货款、不收取货物或不履行其他义务时，根据《公约》第六十二条的规定，卖方可以要求买方支付货款、收取货物或履行他的其他义务，除非卖方已采取与此一要求相抵触的某种补救办法。但是，根据《公约》第二十八条的规定，当一方当事人要求对方实际履行其合同义务时，法院并没有义务判令对方实际履行其义务，除非法院依照法院所在地国的法律对不属于《公约》范围的类似合同亦将作出实际履行的判决。这条规定是一个折中的解决方法，协调了两大法律体系之间关于实际履行这种救济方法的矛盾和差异。

（二）给予履行宽限期

当买方没有在合同规定的时间内履行其支付货款、收取货物或履行其他义务时，根据《公约》第六十三条的规定，卖方可以规定一段合理时限的额外时间让买方履行其义务。但是在这种情况下，除非卖方已收到买方的通知，表明将不在卖方所规定的额外时间内履行其义务，否则，卖方不得在这段时间内对买方采取任何补救方法。但卖方并不因此而丧失其对买方延迟履行合同可能享有的要求损害赔偿的权利。

（三）撤销合同

根据《公约》第六十四条第一款的规定，卖方在下列情况下，可以宣告撤销合同：

（1）如果买方不履行其在合同或《公约》中的义务，已经构成根本违反合同，即卖方因买方的违约行为遭到重大损失，以致实质上剥夺了卖方根据合同有权得到的东西，在这种情况下，卖方可以宣告撤销合同。

（2）如果卖方已经给买方规定了一段合理的额外时间，让买方履行其义务，但买方不在这段时间内履行其义务，或买方声明他将不在所规定的时间内履行其义务，则卖方亦可宣告撤销合同。

但是，根据《公约》第六十四条第二款的规定，如果买方已经支付货款，卖方在原则上就丧失了宣告解除合同的权利，除非他按照下面规定的办法去做：

（1）对于买方延迟履行义务，卖方在知道买方履行义务前已宣告撤销合同。

（2）对于买方延迟履行义务以外的任何违反合同的事情，卖方必须在知道或理应知道这种违约事情后的一段合理的时间内宣告撤销合同，否则，卖方亦将失去宣告撤销合同的权利。

（四）自行确定货物的具体规格

根据《公约》第六十五条的规定，如果买方在合同规定的时间内或在收到卖方要求后的一段合理时间内没有提出具体规格要求，则卖方在不损害其可能享有的权利（如请求损害赔偿的权利）的情况下，可以依照他所知道的买方的要求，自行确定货物的具体规格。

（五）请求损害赔偿

根据《公约》第六十一条的规定，如果买方不履行其在合同或《公约》中的任何义务，卖方可以按照《公约》第七十四条至第七十七条的规定，要求损害赔偿。而且卖方请求损害赔偿的权利，不因其已采取其他补救方法而受到影响。

（六）要求支付利息

根据《公约》第七十八条的规定，如果买方没有支付货款或任何其他拖欠金额，卖方有权对这些款额收取利息，但这并不妨碍卖方根据《公约》第七十四条的规定可以取得的损害赔偿。

任务五　货物所有权与风险转移

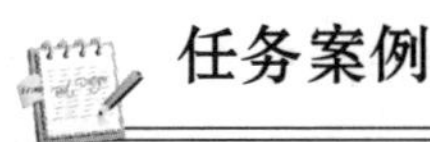

任务案例

美国A公司和中国B公司签订了一份CFR（成本加运费，在装运船上交货，卖方承担运费，但不承担货物在装运港越过船舷后的风险）合同，A公司卖给B公司3 000吨小麦。A公司将5 000吨散装小麦（其中包括卖给B公司的3 000吨小麦）交付船运。受载船舶在途中遇险，使该批货物损失了3 000吨，其余的2 000吨安全运抵目的港，买方要求卖方按合同交货，卖方宣称卖给B公司的3 000吨小麦已全部灭失，而且按CFR术语，货物风险已在装运港越过船舷时转移给了B公司，卖方对此项损失不负任何责任。

问题：

货物损失的风险应由谁来承担？为什么？

一、货物所有权的转移

货物买卖合同是买方支付货款、卖方转移所有权的合同。所有权是指所有人对其财产享有的占有、使用、收益和处分的权利。货物所有权转移是指在一定时间、一定条件下，货物的所有权从卖方转移给买方。在国际贸易中，货物所有权从何时起由卖方转移于买方，是关系到买卖双方切身利益的一个重大问题。例如，对卖方来说，一旦货物的所有权转移于买方之后，若尚未收到货款，或者买方失去偿付能力，卖方就将遭受重大损失。各国法律、《公约》和国际贸易惯例对所有权的转移都作了具体规定。

（一）我国《民法典》的有关规定

《民法典》第五百九十八条规定：出卖人应当履行向买受人交付标的物或者交付提取标的物的单证，并转移标的物所有权的义务。这表明，在交付标的物的同时，卖方负有转移标的物所有权的义务，将标的物的所有权转移给买方。标的物所有权转移的原则是：动产买卖，除了法律另有规定或者当事人另有约定之外，所有权依交付而转移。

（二）《英国货物买卖法》的有关规定

《英国货物买卖法》对所有权问题，主要是区别特定物的买卖与非特定物的买卖这两种不同的情况加以规定。

在特定物或已特定化的货物买卖中，货物的所有权应当在双方当事人意图转移的时候转移于买方，即所有权的转移完全取决于双方当事人的意思表示。非特定化的货物通常是指仅凭说明进行交易的货物，凡买卖未经特定化的货物，在将货物特定化之前，所有权不发生转移。

（三）《美国统一商法典》的有关规定

根据《美国统一商法典》的规定，在把货物确定在合同项下以前，货物的所有权不转移于买方，这是美国关于所有权转移的一项基本原则。并规定除双方当事人另有特别约定外，货物的所有权应于卖方完成其履行交货义务时转移于买方，而不论卖方是否通过保留货物所有权的凭证（如提单）来保留其对货物的权利。因为按照该法典的规定，卖方保留货物所有权的凭证（如提单），一般只起到担保权益的作用，即以此作为买方支付货款的担保，但这并不影响货物所有权依照法典的规定转移于买方。

（四）《德国民法典》的有关规定

根据《德国民法典》，所有权的转移属于物权法的范畴，而买卖合同则属于债法的范畴，买卖合同本身并不起到转移所有权的效力。依照《德国民法典》，所有权的转移必须符合下列要求：如为动产须以交付标的物为必要条件。在卖方有义务交付物权凭证的场合，卖方可以通过交付物权凭证（如提单）而把货物所有权转移于买方。如属于不动产，其所有权的转移须以向主管机关登记为条件。

（五）《公约》和国际贸易惯例的有关规定

《公约》第四条明确规定，《公约》不涉及买卖合同对所售货物所有权可能产生的影响。因此，《公约》除原则性地规定卖方有义务把货物所有权转移于买方，并保证他所交付的货物必须是第三方不能提出任何权利或请求权的货物之外，对所有权转移于买方的时间、地点和条件，以及买卖合同对第三方货物所有权所产生的影响等问题，都没有作出任何规定。这主要是因为各国关于所有权转移问题的法律分歧较大，不容易实现统一。所以，在拟订《公约》的过程中，各国代表都同意把风险转移问题同所有权转移问题分开来处理，《公约》着重规定货物的风险从卖方转移于买方的时间与条件，而对所有权转移的问题则没有作任何具体规定。

在国际贸易惯例中，只有《华沙-牛津规则》对所有权转移于买方的时间作了明确规定。依该规则，在 CIF 合同中，货物所有权转移于买方的时间，应是卖方把装运单据交给买方的时刻。虽然《华沙-牛津规则》是针对 CIF 合同的特点制定的，但一般认为这项原则也适用于卖方有提供提单义务的其他合同，包括 CFR 合同和 FOB（船上交货价）合同。

二、货物风险的转移

（一）货物风险转移的基本法律规定

在国际货物买卖中，风险是指在合同订立后货物在储存、运输、装卸等过程中发生的意外损坏和灭失。其中包含暴风雨、雷电、流冰、海啸、地震、洪水、船舶搁浅、触礁、沉没、碰撞、失火、爆炸、盗窃、战争、腐烂变质等自然灾害及意外事故等原因所造成的损失。所谓风险转移，就是指货物的风险何时由卖方转移到买方。这是直接关系到双方当事人的权利与义务的重大问题。因此，各国法律、《公约》及国际贸易惯例对风险转移的问题都作出了规定。

1. 风险转移的前提条件

各国法律、《公约》及国际贸易惯例都要求风险转移必须满足一个条件，即在非特定物的买卖中，要以货物特定化或将货物划拨于合同项下，作为风险转移给买方的前提。

所谓特定物，是指具有单独特征、不能以其他物代替的物，因此，又称为不可代替物。如一辆旧汽车、一幅古画、卖方按买方指定的特殊规格生产制造的货物等。凡是在买卖合同成立时，双方已同意以某一特定物为买卖标的物的，即为特定物买卖。

所谓非特定物，亦称种类物，是特定物的对称，是指可以依品种、规格等共同特征确定的物。如市场统一标号的水泥、钢材、汽油等。货物只要属同一类，不论是这一批还是那一批，都能满足当事人设定货物买卖关系的要求。因此，种类物可以用同类物来代替，故又称为可代替物。凡是在买卖合同成立时，买卖的标的物仅是以种类、规格来限定但尚未确定在合同项下的，即为非特定物的买卖。

如果将非特定物的一部分从同类物中划拨出来，作为履行某一合同的标的，则被划拨出来的非特定物就具有了特定化的性质。这就是所谓的“将货物特定化”或“将货物确定在合同项下”。通常把确定在合同项下的非特定物称为特定化了的种类物。在法律性质上，视同于特定物。在国际货物买卖中，卖方可以通过以下任何一种方法将货物特定化：（1）将货物刷上唛头或其他标记，如标明买方的名称和地址；（2）将货物单独堆放、另行排放；（3）在提单“收货人”一栏内具体填写买方的名称，或在“被通知人”一栏内写明货物运到目的地时应通知的买方；（4）向买方发出一份具体指明货物情况的发货通知。

2. 风险转移的后果

各国法律、《公约》及国际贸易惯例的一般原则是，风险在哪方，就由哪方承担货物的损失。《公约》第六十六条规定：“货物在风险转移给买方承担后遗失或损坏，买方支付货款的义务并不因此解除，除非这种灭失或损坏是由于卖方的行为或不行为所造成的。”在国际贸易中，如果货物的风险已由卖方转移给买方，则货物由于意外事件所遭受的损失就应由买方承担，买方仍有义务按合同规定付款；如果货物的风险尚未转移给买方，则货物遭受的损失就仍由卖方承担，卖方不能以此为理由要求免除其交货义务，除非卖方能证明这是因不可抗力事件造成的。但是，如果由于卖方或买方的过失，致使交货延迟，则对于因此过失而引起的风险，应由有过失的一方承担。

在国际货物买卖中，风险转移的关键问题就是风险转移的时间，即风险从何时起由卖方转移于买方。各国法律和《公约》对此作出了明确规定。以下将对我国《民法典》及《公约》关于风险转移的规则作一介绍。

（二）我国《民法典》的有关规定

我国《民法典》对于买卖合同中货物风险的转移作了较为详细的规定，从第六百零四条至第六百一十一条共计八条。其主要内容如下：

（1）买卖双方当事人可以在合同中约定货物风险转移的时间。

（2）货物买卖的风险一般是在货物交付时转移。

如双方当事人没有约定，则原则上货物风险的转移时间以货物的交付为标志，即在标的物交付之前，由卖方承担货物毁损、灭失的风险；在标的物交付之后，则由买方承担货物毁损、灭失的风险。《民法典》第六百零四条规定：标的物毁损、灭失的风险，在标的物交付之前由出卖人承担，交付之后由买受人承担，但是法律另有规定或者当事人另有约定的除外。

（3）货物在运输途中出售时风险何时转移。

当买卖的标的物是处在运输途中的货物时，即所谓“路货”时，除非双方当事人另有约定，货物的风险从合同成立时起由买方承担。《民法典》第六百零六条规定：出卖人出卖交由承运人运输的在途标的物，除当事人另有约定外，毁损、灭失的风险自合同成立时起由买受人承担。

（4）买卖合同涉及运输时风险何时转移。

如果双方当事人约定了具体的交付地，则货物的风险在该交付地卖方将货物交付给买方时从卖方转移到买方。如果双方没有约定交付地点，且货物需要运输的，则货物的风险从卖方将货物交付给第一承运人时转移到买方。《民法典》第六百零七条规定：出卖人按照约定将标的物运送至买受人指定地点并交付给承运人后，标的物毁损、灭失的风险由买受人承担。当事人没有约定交付地点或者约定不明确，依据本法第六百零三条第二款第一项的规定标的物需要运输的，出卖人将标的物交付给第一承运人后，标的物毁损、灭失的风险由买受人承担。

（5）卖方违约时对风险转移的影响。

当卖方交付的货物质量不符合质量要求而导致买方拒收货物或解除合同时，则货物的风险由卖方承担。《民法典》第六百零九条规定：出卖人按照约定未交付有关标的物的单证和资料的，不影响标的物毁损、灭失风险的转移。《民法典》第六百一十条规定：因标的物不符合质量要求，致使不能实现合同目的的，买受人可以拒绝接受标的物或者解除合同。买受人拒绝接受标的物或者解除合同的，标的物毁损、灭失的风险由出卖人承担。

即使货物风险转移到买方，但是如果卖方在履行交货义务过程中有违约行为，买方仍然有权向卖方追究其违约责任。《民法典》第六百一十一条规定：标的物毁损、灭失的风险由买受人承担的，不影响因出卖人履行义务不符合约定，买受人请求其承担违约责任的权利。

（6）买方违约时对风险转移的影响。

如果由于买方的原因，导致卖方未能按照合同规定的交货期交付货物，货物的风险自约定的交货期届满时起由买方承担。例如，在 FOB 合同中，如果买方未能按期派船，导致卖方未能在合同规定的交货期履行交付的义务，则货物的风险应从交货期到期时，而不是从货物实际装船时转移给买方。《民法典》第六百零五条规定：因买受人的原因致使标的物未按照约定的期限交付的，买受人应当自违反约定时起承担标的物毁损、灭失的风险。

如果卖方已经按期交付货物，而买方违约没有及时履行收取货物的义务，则货物的风险自买方应当收取货物之日起转移给买方。《民法典》第六百零八条规定：出卖人按照约定或者依据本法第六百零三条第二款第二项的规定将标的物置于交付地点，买受人违反约定没有收取的，标的物毁损、灭失的风险自违反约定时起由买受人承担。

在我国对外贸易业务中，一般都是采用某种贸易术语来确定买卖双方分担风险的界限。例如，在采用 FOB、CFR 和 CIF 条件成交时，货物的风险都是在装运港装船越过船舷时起由卖方转移于买方，即货物越过船舷以前的风险由卖方承担，越过船舷以后的风险则由买方承担。我国这种做法同国际贸易惯例的解释以及绝大多数国家的做法基本上是一致的。

（三）《公约》有关风险转移的规定

关于货物的风险从何时起由买方承担的问题，《公约》原则上以交货时间来确定风险转移时间。但在国际货物买卖中，交货情形多种多样，故《公约》针对不同的交货情形，对风险转移的时间又作了进一步的规定。

1.《公约》允许双方当事人在合同中约定有关风险转移的规则

根据《公约》的规定，双方当事人可以在合同中使用某种国际贸易术语（如 FOB、CIF 等）或以其他办法来规定货物损失的风险从卖方转移于买方的时间及条件。如果当事人在合同中对此作了具体规定，其效力将高于《公约》的规定。所以下面所介绍的《公约》中关于风险转移的各项规则，仅在买卖合同对此没有作出具体规定时才适用，如双方当事人在合同中已就此作出规定，则应按合同的规定办理。

2. 当买卖合同涉及运输时风险何时转移

《公约》第六十七条第一款规定："如果销售合同涉及货物的运输，但卖方没有义务在某一特定地点交付货物，自货物按照销售合同交付给第一承运人以转交给买方时起，风险就转移到买方承担。如果卖方有义务在某一特定地点把货物交付给承运人，在货物于该地点交付给承运人以前，风险不转移到买方承担。卖方受权保留控制货物处置权的单据，并不影响风险的转移。"第二款规定："但是，在货物以货物上加标记，或以装运单据，或向买方发出通知或其他方式清楚地注明有关合同以前，风险不转移到买方承担。"

这一条款还包含以下两个问题：第一，风险在上述时间转移必须具备一个前提条件，即卖方必须已将货物特定化。第二，《公约》采取风险转移与所有权相分离的原则，即卖方有权保留控制货物所有权的处置权的单据（如提单），并不影响风险的转移。《公约》认为，卖方保留控制货物所有权的处置权单据，只是作为买方履行付款义务的一种担保权益，不应影响风险的转移。

3. 当货物在运输途中出售时风险何时转移

当卖方先把货物装上开往某个目的地的船舶，然后再寻找适当的买主订立买卖合同时，这种交易就是在运输途中进行的货物买卖，在外贸业务中称为"海上路货"。《公约》第六十八条规定："对于在运输途中销售的货物，从订立合同时起，风险就转移到买方承担。但是，如果情况表明有此需要，从货物交付给签发载有运输合同单据的承运人时起，风险就由买方承担。尽管如此，如果卖方在订立合同时已知道或理应知道货物已经遗失或损坏，而他又不将这一事实告知买方，则这种遗失或损坏应由卖方负责。"

这项规定实际上是把风险转移的时间提前到订立合同之前，即提前到将货物交付给承运人时转移。“情况表明有此需要”，是指风险提前转移的需要，主要原因在于，在途货物的买卖是凭单据的交易，双方只能凭单据判断货物的状况，不知道意外事故是否已经发生，即使意外事故已经发生，也很难确定发生的时间，难以用订立合同的时间作为划分风险责任的时间。在买方承担风险后，买方可以根据运输合同的规定，向有责任的承运人请求损害赔偿。

课堂讨论

美国A公司与中国B公司于3月24日签订进口服装合同，5月2日货物发运。5月4日美国A公司与巴西C公司签订合同，将该批货物转卖给巴西C公司，此时货物仍在运输途中。

问题：货物风险何时由美国A公司转移到巴西C公司？

4. 当买卖合同不涉及运输时风险何时转移

有些买卖合同并不涉及货物的运输问题，即由买方自行安排运输，在这种情况下，对于风险从何时起由卖方转移给买方，《公约》第六十九条作了规定：“（1）在不属于第六十七条和第六十八条规定的情况下，从买方接收货物时起，或如果买方不在适当时间内这样做，则从货物交给他处置但他不收取货物从而违反合同时起，风险转移到买方承担。（2）但是，如果买方有义务在卖方营业地以外的某一地点接收货物，当交货时间已到而买方知道货物已在该地点交给他处置时，风险方始转移。（3）如果合同指的是当时未加识别的货物，则这些货物在未清楚注明有关合同以前，不得视为已交给买方处置。”《公约》第六十九条第三款再次强调，风险在上述时间转移，必须以将非特定物进行特定化为前提。

5. 根本违反合同对风险转移的影响

《公约》第七十条规定：“如果卖方已根本违反合同，第六十七条、第六十八条和第六十九条的规定，不损害买方因此种违反合同而可以采取的各种补救办法。”卖方根本违约既不必然阻碍风险转移，也不必然致使风险转移。卖方根本违约不妨碍买方因卖方根本违约而可以采取的各种补救方法：买方可以采取宣告合同无效这一补救方法，亦可以放弃该补救方法。如果买方采取了宣告合同无效这一补救方法，那么，就应当自然阻止风险由卖方转移至买方。反之，如果买方并未采取宣告合同无效这一补救方法，那么，就不能阻止风险由卖方转移至买方。

课堂讨论

中国A公司与巴西B公司签订了出口当年产生姜50吨的CIF合同。供货前中国A公司向巴西B公司提供了前一年的货样，巴西B公司表示满意。但当年生姜收获时，因收成不好，生姜的规格普遍偏小，同货样规格的收购价比前一年上涨25%左右，导致中国A公司生姜货源紧张，收购成本上升。为了自身的利益，中国A公司没有完全按照合同规定发货，将部分不符合规格的货物混杂其中交货，导致巴西B公司拒收并向中国A公司索赔。

问题：假设这批生姜在运输途中遭遇海难损失60%，试分析本案中货物的风险转移情况。

项目小结

国际货物买卖是指不同国家的企业、其他经济组织或个人之间货物的购入和售出。国际货物买卖合同又称国际货物销售合同，是指营业地位于不同国家的当事人之间所订立的有关货物买卖而产生的权利和义务关系的协议。在长期的国际贸易过程中，为减少和避免冲突，国际社会订立了一些有关国际货物买卖的公约。

国际货物买卖合同的成立同其他合同一样，也是双方当事人意思表示一致的结果，经过一方发价、另一方表示接受两个阶段达成。

一般认为，卖方的主要义务为交付货物，移交一切与货物有关的单据并转移货物所有权；买方的主要义务为支付货款和收取货物。

违约补救措施是一方违约使另一方遭受损失的时候，遭受损失的一方为维护自己的利益，依法而采取的措施。

货物的所有权和风险转移关系到买卖双方的利益，各国法律对其都有规定。《公约》对货物所有权的转移未作具体规定，但对货物风险的转移作了详细的规定，原则上以交货时间来确定风险转移的时间。

综合实务训练

一、名词解释

1. 发价
2. 接受
3. 根本违反合同
4. 预期违约
5. 货物的风险

二、问答题

1. 一项有效发价的构成条件是什么？
2. 根据《公约》的相关规定，解释什么是“实质性变更”。
3. 根据《公约》的相关规定，卖方的义务有哪些？
4. 根据《公约》的相关规定，当卖方违约时，买方在什么情况下可以主张撤销合同？

三、案例分析题

1. 泰国某公司与日本某公司签订一份合同，向日本公司出售泰国大米 10 000 吨。合同规定：自 2 月份开始，每月装船 1 000 吨，分十批交货。卖方从 2 月份开始交货，但交付第五批大米时，日方发现大米有霉变，不适合食用，因而买方以此为理由，主张其后各批交货均应撤销。

问题：

（1）大米有霉变，不适合食用，是否构成根本违约？

（2）买方能否撤销整个合同？

（3）买方可以采取什么补救方法？为什么？

2. 广东华侨农场与日本三井株式会社签订合同，向三井株式会社出售新鲜荔枝10吨，总价15万美元。合同约定三井株式会社必须在5月25日至31日之间送冷藏集装箱到产地装运货物。华侨农场虽然多次催促对方派车，但直至6月7日仍未见到对方派车接受货物。于是华侨农场不得已将这批荔枝低价卖给另一买主，并向法院起诉该日本公司，要求其支付并赔偿相关损失。

问题：

(1) 买方的义务有哪些?

(2) 卖方可否要求买方赔偿降价带来的损失？为什么？

项 目 五

电子商务法

知识目标

1. 了解电子商务的概念和特征；
2. 了解电子商务法的概念和特征；
3. 了解与电子商务相关的国际公约和国内法律、法规；
4. 了解电子商务法律制度中关于商务主体、电子合同、电子签名、电子认证、电子支付等的概念和特征。

能力目标

1. 能够正确认识电子商务与传统商务之间的区别与联系；
2. 能够正确运用商务主体、电子合同、电子签名、电子认证、电子支付等法律知识分析电子商务运作过程中的法律问题。

项目分析

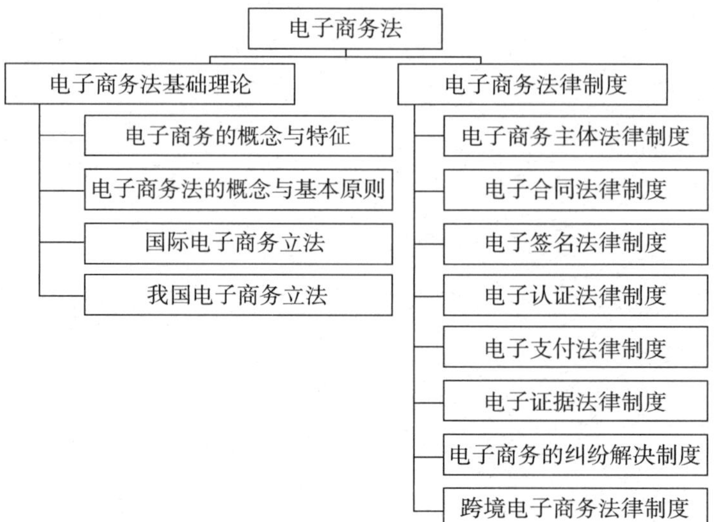

任务一　电子商务法基础理论

任务案例

渣打银行联手全球汇兑巨头通济隆和 VISA 国际组织在中国首推一种外形和功能都类似于借记卡的电子旅行支票，可以在商家消费，也可以在 ATM 机上取现，但该电子旅行支票仅限于在境外使用。该产品比现在通行的纸质旅行支票更方便、功能更强大。根据相关市场调查，对该电子旅行支票有需求的客户群数量相当庞大。

问题：

请结合此案例和对本项目知识的掌握分析电子支票有哪些优点。

一、电子商务的概念与特征

（一）电子商务的概念与分类

电子商务，也称电子交易、网上交易、网上贸易、电子贸易或电子商业。广义上的电子商务是指一切以电子手段所进行的与商业有关的活动。狭义的电子商务则是指以因特网为运行平台的商事交易活动。

《中华人民共和国电子商务法》第二条规定："本法所称电子商务，是指通过互联网等信息网络销售商品或者提供服务的经营活动。"可见我国法律规定的电子商务是狭义上的电子商务。

根据不同的标准可以对电子商务进行分类：根据电子商务交易主体的不同可以分为企业与企业之间的电子商务、企业与消费者之间的电子商务、消费者与消费者之间的电子商务等类型；根据活动内容的不同可以分为贸易型电子商务和服务型电子商务；根据信息网络范围不同可以分为本地电子商务、远程国内电子商务、全球电子商务。

（二）电子商务的特征

电子商务本质上仍然是一种商务活动，其与传统商务的不同之处就在于利用了现代通信技术，因而具有如下特点。

1. 电子商务的虚拟性

网络空间是虚拟空间，在网络环境里，主体到客体再到交易过程，都是通过一连串的数字或符号来表示的，人们需要借助这些数字或符号来进行各种商业活动。需要注意的是，虚拟仅仅指不同于现实物理世界的网上世界，物理世界依然是一种真实存在。

2. 电子商务范围的跨时间性和跨国界性

电子商务依靠形成的网络空间突破了传统商业的空间限制，让商务行为不再受时间和地域的限制，只要具备一定的条件，只要有网络，任何人都可以与任何国家或地区的主体进行交易。

3. 电子商务交易活动的技术性

区别于传统的商务模式，电子商务是建立在计算机网络技术基础上的，所以交易中的每个环节都带有技术特征，从商务交易活动之初的商品服务展示，到洽谈的整个过程，还有协议签订的每个步骤，都有明显的技术特征，从而出现了电子合同、电子签名、电子认证等一系列技术要求。

4. 电子商务的高安全需求性

电子商务在享受互联网技术的诸如便捷、高效等各种技术优势的同时，也相应地有病毒等技术弊端。相比于传统商务，电子商务面临着更为复杂的交易系统，交易中的风险高于传统交易，因此高安全需求也是电子商务的重要特征。

想一想

电子商务的特征决定了电子商务法的哪些特点？

二、电子商务法的概念与基本原则

（一）电子商务法的概念

电子商务法是指调整电子商务活动中所产生的各种社会关系的法律规范的总和，是随着电子通信技术在商事领域的广泛综合应用所新兴的一个商事法律领域。狭义的电子商务法是指调整以数据电文为交易手段的、因交易形式所引起的商事关系的法律规范体系，比如关于电子签名、电子认证服务管理、电子商务合同的订立等相关法律制度。广义的电子商务法是指电子商务交易行为本身及其引出的其他问题的规范，比如电子商务经营主体准入、个人信息保护、交易平台责任、电子商务物流服务、电子商务争议解决等相关法律制度。

（二）电子商务法的特征

电子商务法本质上属于商法，除了具有传统商法共有的特征之外，还具有自己独有的特征。

1. 电子商务法是规范电子商事行为的法律

电子商务法规范的是网络经济下的虚拟空间的市场，在网络空间中交易各方均以虚拟的形式出现，全新的交易模式需要符合其特征的法律规范来约束各个交易主体的行为，电子商务法就是迎合这一趋势而产生的。

2. 电子商务法是随着技术进步建立、发展和不断完善的法律

电子商务本身的发展具有复杂性、动态性和发展性，从各国的立法实践来看，到目前为止都没有标准的定义或者明确的法定范围。同时，伴随着一次次的技术突破，电子商务法仍然需要不断地发展和完善，以适应电子商务商业运作的需要。

3. 电子商务法是综合性的法律规范

电子商务法不仅要规范电子交易各方的行为，而且要规范诸如网络提供商、电子认证机构、电子支付机构、电子物流机构等各种电子商务服务机构的行为。此外，电子商务还

涉及合同、税收、知识产权、交易安全、消费者权益等多方面的法律问题，可见电子商务法是涉及多个领域的综合性法律。

4. 电子商务法是具有国际性的国内法

电子商务法属于一国的国内法，但由于电子商务带来的时空上的突破，让一国的电子商务法很容易影响到他国的电子商务活动，所以各国在制定各自的电子商务法时不仅要考虑本国的国情，还要考虑国际上通用的做法，因此国际性是电子商务法发展的要求。实践中，联合国国际贸易法委员会一直致力于国际贸易法的统一，在电子商务领域形成了一系列统一的法律范本，供各国参照执行。

（三）电子商务法的基本原则

电子商务法的基本原则是对整个电子商务法律规范起引领和统率作用、对电子商务行为具有一般指导意义的和普遍约束力的法则或标准，反映了电子商务关系的本质和电子商务活动规则的原则，主要包括以下原则。

1. 安全原则

电子商务活动发生在虚拟化的网络环境中，安全交易成为交易主体最为关心的因素，这使得安全原则成为电子商务法最为重要的原则，也是电子商务得以生存和发展的必要条件。

2. 自治原则

允许交易各方自由表达和实现自己的意愿是交易的本质属性，电子商务在此原则上与传统商业具有相似之处。因此，电子商务法对交易的干预就是最低限度的，应避免过度干预和阻碍电子商务的发展。

3. 功能等同原则

所谓功能等同原则，是指通过分析书面形式、签名等的目的和作用，赋予电子形式和电子签名一定的法律效力，以达到网络技术支撑的在线交易目的和作用。它是在传统民商法的书面形式、签名和原件等概念运用于电子商务时具有相同法律效力的原则。

4. 标准开放原则

现今的电子商务的调整发展有利于适应拥有开放和统一技术标准的互联网，同时，随着科技的不断发展，新的技术和新的技术标准必然也会服务于电子商务，因此，电子商务法确立标准开放的原则是必要的。

三、国际电子商务立法

鉴于电子商务的全球性和跨国性，任何国家不可能制定不与国际电子商务法规接轨的国内法，所以联合国国际贸易法委员会、欧盟等国际组织率先开始国际电子商务法的制定，以期其立法能为各国所借鉴和参考。

（一）联合国国际贸易法委员会立法

联合国国际贸易法委员会是联合国的下属专门机构，主要负责国际贸易法的协调和统一。近年来，国际贸易法委员会一直致力于电子商务法的形成和发展，并制定了一系列的法律指南和统一规则，其中具有代表性的有以下几种。

1.《电子商务示范法》

《电子商务示范法》于1996年由联合国国际贸易法委员会通过，该法是将电子商务领域中人们不断重复遵循的行业惯例或习惯加以整理编撰而形成的一套国际接受的准则，推荐给各国立法机关，为各国电子商务立法奠定了基本的法律框架和参考的范本，具有重要的示范意义。该法的重要贡献之一就是创设了“功能等同法”，它将数据电文的效用与纸面形成的功能进行类比，从电子商务交易形式中找出具有相应效果的手段，以确定其效力，从根本上实现了传统民商法价值在网络环境下的嫁接。需要注意的是，《电子商务示范法》仅仅对各种类型的信息通信与记录的现代技术的使用提供基本的程序与原则，并不能覆盖电子商务应用的各个方面。

2.《电子签名示范法》

2001年联合国国际贸易法委员会颁布《电子签名示范法》，它是关于电子签名的专门立法文件，意在弥补《电子商务示范法》中有关电子签名规定过于简单的不足。该法对电子签名的法律制度作出了系统的规定，包括对电子签名的定义、适用范围、符合电子签名的要求、签名人和证明服务提供者的行为、依赖方的行为、对外国证书和电子签名的认证等重要问题都作了详细的规定。《电子签名示范法》具有与《电子商务示范法》相同的示范性和协调性，在消除传统法律制度的障碍以及促进全球电子商务立法的统一和协调方面发挥了重要的作用。

3.《国际合同使用电子通信公约》

2005年联合国国际贸易法委员会通过了《国际合同使用电子通信公约》，该公约是在《联合国国际货物销售合同公约》不能满足电子商务发展需要的情况下产生的，除了基本内容与《联合国国际货物销售合同公约》保持一致以外，弥补了《联合国国际货物销售合同公约》在电子订约问题上的不足。

（二）欧盟立法

欧盟一直致力于在欧洲范围内制定统一的电子商务法律框架。比如1997年通过了《关于远程合同中消费者保护的指令》，旨在使通过远程手段购买货物和服务的消费者的地位等同于在实体商店购买商品和服务的消费者。1999年通过了《电子签名统一框架指令》，旨在建立适合电子签名和认证服务的法律构架，推动电子签名的应用并使其法律效力得到承认。2000年通过了《关于内部市场中与电子商务有关的若干法律问题的指令》，旨在为国内市场跨境网上服务清除障碍，为企业和消费者提供法律确定性。此外还于2002年通过《电子商务增值税指令》、2007年通过《支付服务指令》、2009年通过《关于电子货币机构业务开办、经营和审慎监管的指令》等。

想一想

国际电子商务立法的过程和特征会对我国的电子商务立法产生什么样的影响？

四、我国电子商务立法

只有完善的法律予以保障，电子商务才能更快更好地发展。我国目前与电子商务有关的立法，除了《电子商务法》《电子签名法》，还有《民法典》《消费者权益保护法》等法律中涉及电子商务的条款。此外，相关领域各部委出台了许多规章、规定来规范电子商务。近年来我国与电子商务相关的法律与规定，如表 5－1 所示。

表 5－1 近年来我国与电子商务相关的法律与规定

法律与规定	发布部门	发布日期
《互联网保险业务监管办法》	银保监会	2020 年 12 月
《最高人民法院关于审理涉及计算机网络域名民事纠纷案件适用法律若干问题的解释》	最高人民法院	2020 年 12 月
《中华人民共和国民法典》	全国人民代表大会	2020 年 5 月
《网络预约出租汽车经营服务管理暂行办法》	交通运输部、工业和信息化部等	2019 年 12 月
《中华人民共和国电子签名法》	全国人大常委会	2019 年 4 月
《快递暂行条例》	国务院	2019 年 3 月
《中华人民共和国电子商务法》	全国人大常委会	2018 年 8 月
《网络发票管理办法》	国家税务总局	2018 年 6 月
《互联网药品信息服务管理办法》	国家食品药品监督管理总局	2017 年 11 月
《互联网新闻信息服务管理规定》	国家互联网信息办公室	2017 年 5 月
《电子商务“十三五”发展规划》	商务部、中央网信办、发展改革委	2016 年 12 月
《第三方电子商务交易平台服务规范》	商务部	2016 年 8 月
《关于跨境电子商务零售进口税收政策的通知》	财政部、海关总署、国家税务总局	2016 年 3 月
《中华人民共和国电信条例》	国务院	2016 年 2 月
《非银行支付机构网络支付业务管理办法》	中国人民银行	2015 年 12 月
《关于促进互联网金融健康发展的指导意见》	中国人民银行等十部委	2015 年 7 月
《电子认证服务管理办法》	工业和信息化部	2015 年 4 月
《互联网危险物品信息发布管理规定》	公安部、国家互联网信息办公室、工业和信息化部、环境保护部、国家工商行政管理总局、国家安全生产监督管理总局	2015 年 2 月
《侵害消费者权益行为处罚办法》	国家工商行政管理总局	2015 年 1 月
《网络零售第三方平台交易规则制定程序规定（试行）》	商务部	2014 年 12 月
《关于促进手机软件召车等出租汽车电召服务有序发展的通知》	交通运输部	2014 年 7 月
《关于跨境贸易电子商务进出境货物、物品有关监管事宜的公告》	海关总署	2014 年 7 月

续表

法律与规定	发布部门	发布日期
《互联网食品药品经营监督管理办法（征求意见稿）》	国家食品药品监管总局	2014 年 5 月
《寄递服务用户个人信息安全管理规定》	国家邮政局	2014 年 3 月
《网络交易管理办法》	国家工商行政管理总局	2014 年 1 月
《无法投递又无法退回邮件管理办法》	国家邮政局	2014 年 1 月
《快递市场管理办法》	交通运输部	2013 年 1 月
《信息网络传播权保护条例》	国务院	2013 年 1 月
《全国人大常委会关于加强网络信息保护的决定》	全国人大常委会	2012 年 12 月
《关于加强网络团购经营活动管理的意见》	国家工商行政管理总局	2012 年 3 月
《关于利用电子商务平台开展对外贸易的若干意见》	商务部	2012 年 3 月
《关于促进快递服务与网络零售协同发展的指导意见》	国家邮政局、商务部	2012 年 2 月
《互联网信息服务管理办法》	国务院	2011 年 11 月
《关于规范网络购物促销行为的通知》	商务部	2011 年 1 月
《非金融机构支付服务管理办法实施细则》	中国人民银行	2010 年 12 月
《非金融机构支付服务管理办法》	中国人民银行	2010 年 6 月
《关于促进网络购物健康发展的指导意见》	商务部	2010 年 6 月
《关于加快流通领域电子商务发展的意见》	商务部	2009 年 11 月
《关于严厉打击涉及公共安全的违禁品网上非法交易的通知》	中国银行业监督管理委员会	2007 年 8 月
《信息产业部关于做好互联网网站实名管理工作的通告》	信息产业部	2007 年 7 月
《关于网上交易的指导意见（暂行）》	商务部	2007 年 3 月
《2006—2020 年国家信息化发展战略》	中共中央办公厅、国务院办公厅	2006 年 5 月
《互联网电子邮件服务管理办法》	信息产业部	2006 年 2 月
《电子银行业务管理办法》	中国银行业监督管理委员会	2006 年 1 月
《电子支付指引（第一号）》	中国人民银行	2005 年 10 月
《关于加快电子商务发展的若干意见》	国务院办公厅	2005 年 1 月
《全国人大常委会关于维护互联网安全的决定》	全国人大常委会	2000 年 12 月
《最高人民法院关于审理涉及计算机网络著作权纠纷案件适用法律若干问题的解释》	最高人民法院	2000 年 12 月

任务二 电子商务法律制度

任务案例

中国A工具制造有限公司与美国B电子商务有限公司签订了一份电子商务服务合同，约定：B公司为A公司安装其拥有自主版权的国际贸易电子商务系统软件1套，在安装后1年之内最少为A公司提供5个有效国际商务渠道。B公司对A公司利用其软件与商情获得的成交业务，按不同情形收取费用，最高不超过50万元。如果在1年之内，B公司未能完成提供有效国际商务渠道的义务，则无条件退还A公司首期付款5万元并支付违约金。合同签订后，B公司在A公司处安装了软件平台，并代A公司操作该系统。后来，A公司以B公司违约，未能提供有效国际商务渠道为由将B公司起诉至法院，要求解除合同，返还已付款项并支付违约金。B公司在举证期限内提供了海外客户对A公司产品询盘的4份电子邮件（打印文件），以此证明B公司为A公司建立的交易平台已取得业务进展，至于最终没有能够成交，是由于A公司提供给外商的样品不符合要求。

问题：

本案中法院如何认定电子证据的效力？

一、电子商务主体法律制度

（一）电子商务主体概述

电子商务主体是指参与电子商务法律关系，享有权利并承担义务的个人或者组织。根据电子商务主体的法律属性，可以将电子商务主体分为在线自然人用户和电子商务企业。根据是否直接参与电子商务交易，可以将电子商务主体分为电子商务的交易主体和电子商务的辅助主体，前者是指直接参与电子商务交易的当事人，比如电子商务经营者、产品或者服务的购买者等，后者是指不直接参与电子商务交易活动，但是为交易的进行提供服务的主体，比如电子商务平台经营者、网络商、电子平台商等。

（二）电子商务主体的特征

由于网络的虚拟性、技术性和跨国性，与传统商务主体相比，电子商务主体具有一定的特殊性。

1. 主体的虚拟性

网络环境中，主体是匿名的，其身份主要通过数字或网页等电子化形式表现。电子商务主体的具体性、交易真实性都不能直观地表现出来。

2. 主体属性的不确定性

由于网络的虚拟性，主体的身份、具体位置等信息都不明确，使得电子商务主体进入市场的难度要小许多，也更容易利用网络技术逃避法律的监管。

3. 主体数量、种类多于传统交易

传统交易通常只需要各方当事人即可进行，但网络交易需要以网络为平台和交易手段，通常也需要电子认证、电子支付等中介，所以网络交易相比于传统交易更为复杂，主体要求也更为复杂和多样。

4. 主体具有跨地域性

网络的开放性、无国界性使电子商务具有跨地域性甚至跨国界性，这为电子合同的订立、效力、履行和违约责任的追究带来了管辖冲突、适用法律冲突等问题。

（三）电子商务主体的认定

从促进电子商务发展的角度而言，只有确立安全、可靠、值得依赖的交易尤其是主体认定的机制，才能消除当事人对电子商务安全性的疑虑，电子身份认定制度应运而生。电子身份认定是指将用户在电子商务中使用的身份与其现实生活中的真实身份建立确定的关联。

一般认为，电子商务主体身份的认定需要遵循以下三个原则。

1. 主体真实原则

主体真实原则，是指参与电子商务法律关系的各方主体必须真实存在，法律不承认也不保护虚拟主体。无论是在线自然人用户还是电子商务企业，都要求其具有与现实生活完全对应的真实身份。

2. 主体资格法定原则

主体资格法定原则，是指参与电子商务交易的各方主体必须是依法取得主体资格，即电子商务商事主体的资格必须严格依法取得并维持，法律没有明确规定或者是不符合法律规定条件的，不能取得电子商务交易主体资格。《电子商务法》第十条规定：“电子商务经营者应当依法办理市场主体登记。但是，个人销售自产农副产品、家庭手工业产品，个人利用自己的技能从事依法无须取得许可的便民劳务活动和零星小额交易活动，以及依照法律、行政法规不需要进行登记的除外。”

3. 主体公示原则

主体公示原则，是指电子商务企业必须在网上明确公示其真实身份，从而保障电子商务交易的安全。该原则体现了电子商务活动受国家干预的特点，其意义在于规范电子商务经营主体资格，以保障电子商务交易的安全和便捷。《电子商务法》第十五条规定：“电子商务经营者应当在其首页显著位置，持续公示营业执照信息、与其经营业务有关的行政许可信息、属于依照本法第十条规定的不需要办理市场主体登记情形等信息，或者上述信息的链接标识。”

想一想

电子商务主体与传统商务主体存在哪些相同与不同？

二、电子合同法律制度

（一）电子合同的概念与分类

电子合同是指平等主体的自然人、法人、非法人组织之间以数据电文为载体，并利用电子通信手段设立、变更、终止民事权利义务关系的协议。合同是当事人之间达成的对他们具有法律约束力的协议。传统的合同形式主要有两种，口头形式和书面形式。随着计算机技术和互联网的快速发展，越来越多的合同都通过数据电文的方式来展现，形成了电子合同。

根据不同的标准，可以将电子合同进行不同的分类。根据标的不同，可以分为网络服务合同、软件授权合同以及需要物流配送的合同。根据性质不同，可以分为电子买卖合同、电子团购合同、电子代购合同、快递服务合同等。根据电子合同订立的方式不同，可以分为通过点击订立的合同、电子数据交换订立的合同、电子邮件订立的合同。

（二）电子合同的特征

电子合同作为一种特殊的书面合同，具有以下特征。

1. 电子合同的当事人具有虚拟性

电子合同的订立各方都是在网络上各自以数字的形式运行，以网络中的域名作为交易对象或媒介进行民事活动。

2. 电子合同的订立过程具有特殊性

电子合同是通过网络的数据交换订立的，这不同于传统合同订立过程中的信息交流，因此电子合同订立过程中要约与承诺的生效、撤回、撤销以及合同成立的时间、地点等都不同于传统的书面合同。

3. 电子合同存在形式的特殊性

因为电子合同是以数据电文的形式存在的，所以不存在原件与复印件之分，但由于数据电文更容易被发出，因此在确定证据的有效性时会考虑生成、存储、传递电子合同的可靠性。

4. 电子合同生效时间、地点的特殊性

传统合同中的书面合同必须经过签字或者盖章才能成立，但电子合同本身是数据电文，不能按传统的方式进行签字或盖章，因此在满足法定条件时，就认为合同已经成立或者生效。传统合同的生效地点一般为合同成立的地点，但电子合同是在虚拟空间完成的，很难确定合同成立的地点，通常以收件人的主营业地为合同成立的地点。比如《电子商务法》第五十一条第一款规定："合同标的为交付商品并采用快递物流方式交付的，收货人签收时间为交付时间。合同标的为提供服务的，生成的电子凭证或者实物凭证中载明的时间为交付时间；前述凭证没有载明时间或者载明时间与实际提供服务时间不一致的，实际提供服务的时间为交付时间。"

5. 电子合同的交易安全问题突出

交易安全问题存在于多方面，比如电子合同的信息是通过磁性介质保存的，容易被无痕迹地修改，其保存和复制也十分方便；再如，电子合同的双方当事人从未谋面，所以交易身份很难确认。同时，电子合同依赖于网络，网络设施、信息传递、第三方恶意破坏等都会引发数据丢失或程序混乱等问题。因此，电子合同从签订到履行都会面临与传统合同不同的交易安全问题。

（三）电子合同的生效

合同成立是合同生效的前提，但是成立后的合同并不必然产生当事人所追求的法律效果，只有符合法律规定的生效要件的合同才会产生法律拘束力。根据相关法律规定，合同生效需要具备如下要件。

1. 合同当事人具有相应的民事行为能力

民事行为能力是民事主体以自己的行为设定民事权利义务的资格，订立合同作为民事法律行为，需要当事人具备相应的民事行为能力，不具有相应民事行为能力的当事人所订立的合同不能生效。因为电子合同签订过程中，当事人没有实际见面，无法直观判断对方是否具有相应的民事行为能力，所以《电子商务法》第四十八条规定：“电子商务当事人使用自动信息系统订立或者履行合同的行为对使用该系统的当事人具有法律效力。在电子商务中推定当事人具有相应的民事行为能力。但是，有相反证据足以推翻的除外。”

2. 意思表示真实

所谓意思表示真实，是指行为人表示于外部的意思与其内在意志是一致的，是合同有效的必要要件。在电子合同中，电子意思的表示是否真实，同样也是判断电子合同是否有效的一个必要条件。

3. 不违反法律或者社会公共利益

所谓不违反法律或者社会公共利益，是指合同的目的和内容不违反法律、法规的强制性或者禁止性规定，不损害社会公共利益和国家利益。否则，该电子合同不能有效。

三、电子签名法律制度

（一）电子签名的概念

签名是指一个人用手亲笔在一份文件上写下名字或留下印记、印章或者其他特殊符号，以确定签名人的身份，并确定签名人对文件内容予以认可。传统手写签名的主要功能：一是表明文件的来源，即识别签名人；二是表明签名人对文件内容的确认；三是能够构成签名人对文件内容正确性和完整性负责的根据。

传统签名必须依附于某种有形的介质，而在电子交易过程中，文件是通过数据电文的发送、交换、传输、储存形成的，没有有形的介质，这就需要通过一种技术手段来识别交易当事人、保证交易安全，以达到与传统的手写签名相同的功能，也就是所谓的电子签名。《中华人民共和国电子签名法》（以下简称《电子签名法》）第二条第一款规定：“本法所称电子签名，是指数据电文中以电子形式所含、所附用于识别签名人身份并表明签名人认可其中内容的数据。”

目前电子签名的主要形式有：电子化签名，即将手写签名与数字化技术相结合，使用者在特别设计的感应板上用专用笔手写输入其亲笔签名，电脑感应后再经过密码化处理的签名方法。生理特征签名，即把签名与用户的个人生理特征（如指纹、视网膜纹等）相联系的签名方法。数字签名，是通过使用非对称加密系统对信息运作产生的签名方式，它是随着加密技术的发展而产生的。电子签名的具体方式还在不断发展，所有实现了传统签名功能的电子签名方式都属于电子签名。《电子签名法》第五条规定：“符合下列条件的数据电文，视为满足法律、法规规定的原件形式要求：（一）能够有效地表现所载内容并可供随时调取查用；（二）能够可靠地保证自最终形成时起，内容保持完整、未被更改。但是，在数据电文上增加背书以及数据交换、储存和显示过程中发生的形式变化不影响数据电文的完整性。”

（二）电子签名的特征

电子签名是传统签名在信息化时代的发展，具有以下特征：

（1）电子签名是以电子形式出现的数据。

（2）电子签名附着于电子数据，既可以是数据电文的组成部分，也可以是数据电文的附属，与电子数据具有某种逻辑关系，能够使数据电文与电子签名相联系。

（3）电子签名必须能够识别签名人身份并表明签名人认可与电子签名相联系的数据电文的内容。

（三）电子签名的法律效力

电子签名虽然以电子形式出现，与传统的手写签名不同，但是只要符合法律规定，电子签名与传统的手写签名具有同等的法律效力。因此，有关国际组织、国家和地区的电子商务法或电子签名法一般都对电子签名的法律效力作出了规定，要求不得因其采用电子形式而加以歧视。例如联合国《电子商务示范法》就规定，不得仅仅以某项信息采用数据电文形式为理由而否定其法律效力、有效性或可执行性。《电子签名法》第十四条规定：“可靠的电子签名与手写签名或者盖章具有同等的法律效力。”

四、电子认证法律制度

（一）电子认证的概念

电子认证是指特定的机构对电子签名及其签署者的真实性进行验证，以确定某个人的身份或者特定信息的完整性的过程。对于信息而言，认证是指确定其来源及该信息在传统过程中未被修改或者替换。

（二）电子认证机构

电子认证机构是指以验证数字签名为目的，颁发与加密密钥相关确认证书的任何单位或者个人。作为签发认证证书的自然人或组织，认证机构必须保持中立并具有可靠性、独立性、专业性、非营利性等特征。电子认证机构通常可以分为政府主导型机构、行业自律型机构、政府监管与市场培育相结合型机构等类型。《电子签名法》采取的是政府主导型的模式，其中第十七条规定：“提供电子认证服务，应当具备下列条件：（一）取得企业法人资格；（二）具有与提供电子认证服务相适应的专业技术人员和管理人员；（三）具有与提供电子认证服务相适应的资金和经营场所；（四）具有符合国家安全标准的技术和设备；（五）具有国家密码管理机构同意使用密码的证明文件；（六）法律、行政法规规定的其他条件。”

（三）电子认证的特征

电子认证具有如下特征：

（1）电子认证是一种信用服务，是为电子签名相关各方提供真实性、可靠性验证的公众服务。

（2）电子认证提供的是一种信息，包括交易相对人的身份、公共密匙、信用状况等情报。而电子认证机构并不向当事人出售任何有形的商品，也不提供资金或劳动力资源。

（3）电子认证具有非营利性。电子认证机构只有具有非营利性，才能使其处于一个独立的第三人的超然位置，更容易获得交易双方的公平信任。

想一想

电子认证制度对电子商务带来哪些积极的作用？

五、电子支付法律制度

（一）电子支付的概念

中国人民银行制定的《电子支付指引》第二条规定：电子支付是指单位、个人直接或授权他人通过电子终端发出支付指令，实现货币支付与资金转移的行为。

需要注意以下两点：（1）电子支付的电子终端具有广泛性，包括计算机、手机、平板电脑、电话、自动柜员机等工具；（2）电子支付的资金的来源并不局限于商业银行，还包括第三方支付平台等非金融机构，比如支付宝、微信等。

（二）电子支付的分类

根据不同的标准，可以将电子支付进行分类。

（1）按电子支付指令发起方式可以将电子支付分为网上支付、电话支付、移动支付、销售点终端交易、自动柜员机交易和其他电子支付。

（2）依据支付金额的大小及客户对象范围可以将电子支付分为小额电子支付和大额电子支付，前者主要针对消费性电子支付，后者主要针对商业性电子支付。

（3）依据支付系统的封闭性，可以将电子支付分为专用网络支付和开放网络支付，前者通常包括 POS 机支付、ATM 机支付，而后者通常为互联网支付。

（三）电子支付的特征

与传统的支付方式相比，电子支付具有以下几个特征：

（1）电子支付是通过数字流来完成信息传输的，其各种支付方式都是采用数字化的方式进行款项支付的，这不同于传统的现金流转、票据转让、银行汇兑等物理实体流转来完成款项支付。

（2）与传统支付相对封闭的运作系统不同，电子支付的环境是基于互联网这一具有开放性的系统平台运作的。

（3）电子支付对支付过程中的软件、硬件要求都非常高，通常要通过能够联网的终端和相关的软件来完成，而传统的支付方式更多的是需要传统媒介和组织来完成。

（4）电子支付借助于互联网和电子设备，大大降低了支付的时间成本和经济成本，突破了传统支付对地域的要求，使支付更加方便、快捷、高效。

六、电子证据法律制度

（一）电子证据的概念与分类

电子证据是由现代网络技术引发的一种新的证据形式。《电子签名法》第二条对数据电文的概念进行了规定："本法所称数据电文，是指以电子、光学、磁或者类似手段生成、发送、接收或者储存的信息。"据此可以将电子证据定义为借助现代信息技术而形成的一切证据。

根据不同的标准，可以将电子证据进行不同的分类。根据电子证据存储的系统不同，可以将电子证据分为存储在计算机系统中的电子证据和存储在类似计算机系统中的电子证据。根据电子证据的表现形式，可以将电子证据分为文本证据、图形证据、数据库证据、程序文件证据和多媒体证据等。根据电子证据形成的过程中所处的环境，可以将电子证据分为数据电文证据、附属信息证据、系统环境证据。

（二）电子证据的特征

电子证据具有如下特征。

1. 高科技性

电子证据的存在需要借助于计算机、电子存储、通信技术、网络技术等高科技的技术来实现生成、传送、存储，这完全不同于传统的实物证据，具有非常高的科技要求。

2. 隐蔽性

电子证据通常需要存储于磁盘、光盘等介质上，如果需要直接使用，则需要通过专门的设备将其转化成便于人识别的信息。

3. 复合性

电子证据的形式可以是文字，也可以是图像或声音，形式多样，而且往往是多种形式的组合，具有复合性。

4. 易破坏性

相比于传统证据，电子证据更容易受到生成、传输、存储等设备故障的影响，发生数据丢失或者失真，影响其使用。

此外，电子证据还具有收集迅速、易于保存、占用空间小、传送和运输方便、可以反复重现等特点。为了保障交易安全，结合电子证据的特征，《电子商务法》第三十一条规定："电子商务平台经营者应当记录、保存平台上发布的商品和服务信息、交易信息，并确保信息的完整性、保密性、可用性。商品和服务信息、交易信息保存时间自交易完成之日起不少于三年；法律、行政法规另有规定的，依照其规定。"

（三）电子证据的审查

根据联合国《电子商务示范法》的规定，电子证据应具备完整性、可靠性、可读性，要从生成、存储、传送、保护等几个途径进行审查。

（1）审查电子证据来源的可靠性，包括审查电子证据的形成、生成电子证据的软件或系统，审查电子证据是来自单机还是网络。

（2）审查收集电子证据的途径，包括审查司法机关在收集和提取电子证据的过程中是否遵守了法律的相关规定，还要审查电子证据收集过程是以秘密还是公开方式进行的，如果是以秘密方式收集和提取的证据是否经过法定程序等。

（3）审查电子证据的内容，包括对当事人提供的电子文件进行全面审查，看有无剪裁、拼凑、伪造、篡改等。

（4）审查电子证据的载体，电子证据是技术性很强的证据，其真实性与技术设备的质量和性能有非常大的关系。只有高灵敏、高性能的技术设备才能获得高度真实和证明力强的电子证据。

此外，还要审查电子证据的客观性、关联性和合法性，查明电子证据之间、电子证据与传统证据之间是否存在矛盾或者吻合。

想一想

电子证据与传统证据之间有何相同与不同之处？

七、电子商务纠纷解决制度

（一）电子商务纠纷的概念

电子商务纠纷是指当事人通过互联网进行在线交易过程中产生的纠纷。电子商务纠纷本质上是一种民事纠纷，因此关于民事纠纷的法律规定基本都适用。但由于电子商务纠纷是一种网络纠纷，交易主体互不相识，交易中的信息传递、合同订立、合同履行等诸多行为是在网上进行的，因此电子商务纠纷具有其特殊性。

（二）电子商务纠纷的特征

电子商务纠纷主要有如下特征。

1. 纠纷空间的跨界化

网络的全球化让电子商务纠纷具有空间上的跨区域性，常常会出现在相隔较远甚至是跨国的主体之间，可能涉及世界任何国家和地区，这使得电子商务纠纷的解决不可避免地涉及管辖权的确定、实体法的选择、管辖争议的效力和纠纷结果的执行等法律问题，而发生在不同区域的交易会遇到不同的法律规范和司法等问题。因此，解决电子商务纠纷时必须协调好各国司法管辖权和法律适用问题。

2. 纠纷数额的小额化

从电子商务的类型来看，B2C（Business to Customer，商对客）、C2C（Customer to Customer，个人对个人）两种类型的交易数量是电子商务中最大的，这两类电子商务所产生的纠纷数量也是电子商务中最多的，且通常都是小额纠纷。伴随着电子商务的高速发展，纠纷数额小额化的趋势将会越来越突出。

3. 纠纷证据的虚拟化

在电子商务的交易过程中，交易信息大多是通过虚拟的网络传输完成的，因此在交易过程中交易主体的虚拟化和证据的电子化都将会带来身份查证困难以及取证、认定困难等问题。

（三）电子商务纠纷解决的方式

电子商务纠纷属于民事纠纷，其解决方式除了协商、调解、仲裁、诉讼等传统的线下解决方式之外，还产生了基于电子商务独特性的在线解决方式。《电子商务法》第六十条规定："电子商务争议可以通过协商和解，请求消费者组织、行业协会或者其他依法成立的调解组织调解，向有关部门投诉，提请仲裁，或者提起诉讼等方式解决。"《电子商务法》第六十三条规定："电子商务平台经营者可以建立争议在线解决机制，制定并公示争议解决规则，根据自愿原则，公平、公正地解决当事人的争议。"

（1）在线和解，是指争议当事人通过网络平台，在没有第三方介入的情况下协商谈判解决其争议的和解方式。一般认为在线和解所达成的协议具有合同效力。

（2）在线调解，是指在第三人的协助下，当事人之间、当事人与第三人之间利用网络信息技术所打造的网络纠纷解决方式。在线调解的启动一般由一方当事人向第三人提出调解申请，第三人在征得被申请人同意后对所争议纠纷进行调解。在线调解所达成的协议通常具有合同效力。

（3）在线仲裁，是指利用网络信息技术工具，将仲裁机构、仲裁员和当事人三者之间的信息交流通过互联网来实现，在网上进行案件的在线庭审以及会员之间的在线辩论等其他程序性事项，最后作出在线仲裁裁决的一种仲裁形式。

（4）在线申诉，是指政府机关、消费者保护团体等非营利性机构制定某种电子商务公平交易准则或者是消费者隐私保护政策，对于同意采用及遵守其所制定的公平交易准则及消费者隐私保护政策的在线商店或者公司，可以在其交易网页放置认可遵守公平交易的标志，以获得消费者信任。如果消费者与认证商家发生纠纷，消费者可以向该机构提出在线申诉以解决电子商务纠纷。

八、跨境电子商务法律制度

（一）跨境电子商务的概念

跨境电子商务是指分属不同关境的交易主体，通过电子商务平台达成交易、进行支付结算，并通过跨境物流送达商品、完成交易的一种国际商业活动。

作为进出口大国，我国非常重视并积极促进跨境电子商务的发展。《电子商务法》第七十一条规定："国家促进跨境电子商务发展，建立健全适应跨境电子商务特点的海关、税收、进出境检验检疫、支付结算等管理制度，提高跨境电子商务各环节便利化水平，支持跨境电子商务平台经营者等为跨境电子商务提供仓储物流、报关、报检等服务。国家支持小型微型企业从事跨境电子商务。"

跨境电子商务具有前述电子商务的所有特征，这里不再赘述。

（二）跨境电子商务中的法律问题

在跨境电子商务中，主要存在以下法律问题。

1. 电子合约的签署以及履行过程中的法律问题

消费者与跨境电商之间的采购合同，几乎都是通过电子合约来完成的。电子合同具有快捷、高效的特点，同时也存在一定的风险。比如，由于网络电子传输的即时性，无论是要约还是承诺，一经发出就等于到达，不存在撤回或撤销的机会，因此只要发出电子合同订立邀请，合同一般即告成立，所以订立合同需要非常慎重。又如，电子合同的争议解决条款经常需要跨境，其维护权益的难度更大，成本更高。

2. 物流配送中的法律问题

跨境电子商务中物流配送的跨度大，又可能因为不同国家对物品的管制范围存在很大的区别，所以可能涉及复杂的法律问题。同时，物流配送过程长，外在影响因素多，出现配送法律纠纷的可能性更大。

3. 海关、检验检疫、税务和收付汇等法律问题

跨境电子商务在交易方式、货物运输、支付结算等方面与传统贸易方式差异较大，加上不同的国家管理体制、法规存在很大的差异，与此相关的法律问题集中体现在海关、检验检疫、税务和收付汇等方面。

作为跨境电子商务大国，我国对上述法律问题的解决提出了明确的要求。《电子商务法》第七十二条规定："国家进出口管理部门应当推进跨境电子商务海关申报、纳税、检验检疫等环节的综合服务和监管体系建设，优化监管流程，推动实现信息共享、监管互认、执法互助，提高跨境电子商务服务和监管效率。跨境电子商务经营者可以凭电子单证向国家进出口管理部门办理有关手续。"第七十三条规定："国家推动建立与不同国家、地区之间跨境电子商务的交流合作，参与电子商务国际规则的制定，促进电子签名、电子身份等国际互认。国家推动建立与不同国家、地区之间的跨境电子商务争议解决机制。"这体现了我国对跨境电子商务的积极态度和支持力度，也必将为全球跨境电子商务的发展提供非常好的推动作用和起到良好的示范效应。

项目小结

电子商务法是指调整电子商务活动中所产生的各种社会关系的法律规范的总和，是随着电子通信技术在商事领域的广泛综合应用所兴起的一个商事法律领域。

电子商务法律制度包括参与电子商务法律关系并享有权利及承担义务的电子商务主体法律制度；以数据电文为载体并利用电子通信手段设立、变更、终止民事权利义务关系的电子合同法律制度；通过数据电文的发送、交换、传输、储存来形成的电子签名法律制度；特定机构对电子签名及其签署者的真实性进行验证，以确定某个人的身份或者特定信息的完整性的电子认证法律制度；通过电子终端发出支付指令、实现货币支付与资金转移的电子支付法律制度；以电子、光学、磁或者类似手段生成、发送、接收或者储存的电子证据法律制度；通过互联网进行的在线交易过程中产生的电子商务纠纷的解决制度；伴随互联网不断迅速发展的跨境电子商务中的法律制度等。

综合实务训练

一、名词解释

1. 电子商务法

2. 电子支付

3. 电子认证

4. 电子签名

二、问答题

1. 简述电子商务的特征。

2. 简述电子商务法的特征。

3. 简述电子商务合同与传统合同的区别与联系。

三、案例分析题

1. 中国公民A有一天浏览国外B网站，发现一辆二手轿车起拍价只有10美元，A认为可能是网站在做促销活动，便参与了竞拍。几轮下来A竞拍成功，成交价是116美元。B网站给A发来了电子合同。A根据B网站提供的电话，与卖家二手车汽车经销C公司联系。C公司也收到了B网站发来的电子合同，但是C公司坚决不同意发货，声称116美元买辆车是不可能的。

问题：

这份网上竞拍的电子合同是否有效？本案反映出电子商务的哪些特点？

2. 中国公民X在外国Y网站上订购了3部手机并通过网上银行支付了款项。付款后，Y网站给X发来电子邮件提示："您的款项已支付，我们会在3天内发货。"但是3天后，X却收到Y网站发来的电子邮件："该款手机无货，请求接受全额退款。"X明确拒绝对方的要求，认为货款已交，Y网站理应发货。

问题：

X购买成功的证据有哪些？其效力如何？

项目六

知识产权法

知识目标

1. 了解知识产权的概念和特征；
2. 掌握商标权、专利权、著作权的保护对象及范围；
3. 掌握商标权、专利权、著作权的取得方式；
4. 了解知识产权的国际保护。

能力目标

1. 能够正确判断商标权、专利权、著作权的保护对象；
2. 能够正确选择知识产权的保护方式；
3. 能够正确运用知识产权法律知识选择知识产权保护策略。

项目分析

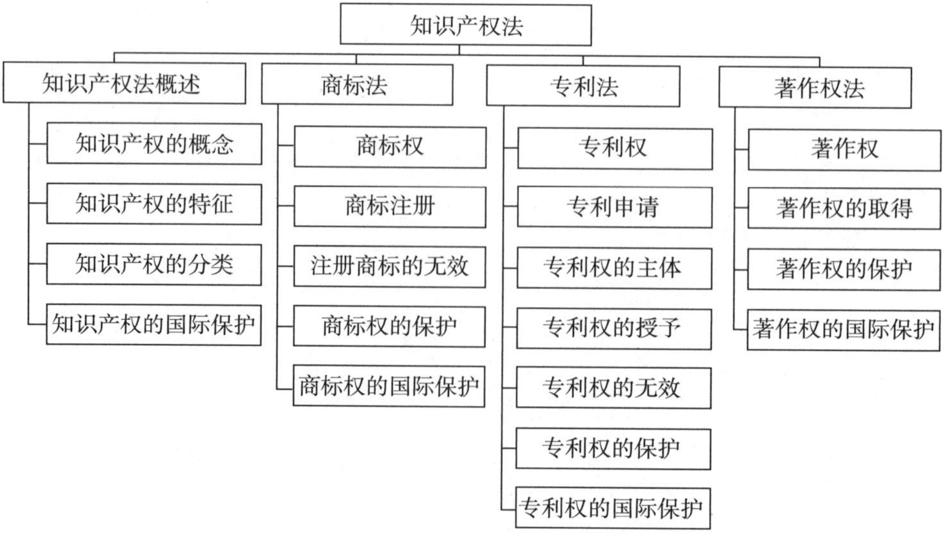

任务一　知识产权法概述

任务案例

中国铁建在阿尔及利亚东西高速公路施工中，因采用“中空六菱块”作为景观挡土墙，侵犯了一项法国工程师的专利，由此支付200万元赔偿金。“如果我们在进入阿尔及利亚市场前，对工程所用的产品、技术、规范和标准中所涉及的专利进行分析，完全可以规避侵权风险。”中国铁建股份有限公司科技设计部创新建设处处长张育红在2016年中国知识产权保护高层论坛上公开说。

问题：

本事件体现了知识产权的哪些特征?

一、知识产权的概念

“知识产权”作为法律用语，通常被认为来自英文“Intellectual Property”，其作为国际上的普遍用语，应当得益于1967年7月14日在斯德哥尔摩签订的《成立世界知识产权组织公约》。中国于1980年6月3日加入该公约，目前绝大多数国家是该公约的成员。在国内，“知识产权”作为正式的法律用语，最早出现于1986年4月12日第六届全国人民代表大会第四次会议通过的《中华人民共和国民法通则》（以下简称《民法通则》）中。根据《民法通则》的规定，知识产权属于民事权利，是基于创造成果和工商业标记依法产生的权利的统称。《民法典》第一百二十三条对知识产权的定义作出了明确规定。

二、知识产权的特征

知识产权从本质上说是一种无形财产权，知识产权的客体是智力成果或是知识产品，是一种无形财产或者一种没有形体的精神财富，是创造性的智力劳动所创造的劳动成果。它与房屋、汽车等有形财产一样，都受到国家法律的保护，都具有价值和使用价值。有些重大专利、驰名商标或作品的价值远远高于房屋、汽车等有形财产。

知识产权的特征可以概括为无形性、专有性、地域性和时间性。

（一）无形性

知识产权保护的对象是知识，知识反映的是一定的思想，虽然必须依赖于一定的载体作为存在条件，但不具有实体性，它在空间上可以无限地再现或复制。人类可以不受地域、国别以及特定物质材料的限制，在同一时间，利用不同的载体，不受数量限制地复制相同的结构与形式，且互不影响。比如同一本书，可以印刷在纸上，也可以写在竹简上，更可以以电子书的形式存在，但无论其实体载体是什么，其所记载的内容——知识思想是相同的，载有知识的载体的转让并不会带来知识产权的转让。

（二）专有性

知识产权的专有性涵盖以下两个层面：第一，独占性，即知识产权为权利人所独占，权利人垄断这种专有权利并受到严格保护，没有法律规定或未经权利人许可，任何人不得使用权利人的知识产品，比如未经商标权所有人许可不能在商品上使用他人的注册商标；第二，排他性，即对同一项知识产品，不允许有两个或两个以上同一属性的知识产权并存，比如就同一发明创造只能申请一项专利。

（三）地域性

知识产权作为一种专有权在空间上的效力并不是无限的，而要受到地域的限制，即具有严格的领土性，其效力只限于本国境内。比如已经在我国注册的商标，如果想在外国受到保护就必须在外国申请。

（四）时间性

知识产权仅在法律规定的期限内受到保护，一旦超过法律规定的有效期限，这一权利就自行消灭，相关知识产品即成为整个社会的共同财富，为全人类所共同使用。比如发明专利所记载的技术在专利有效期满后就可为任何人所使用。

想一想

知识产权与传统所有权的区别有哪些？

三、知识产权的分类

以知识产权的功能作为标准，可以将知识产权分为两大类：著作权和工业产权。著作权是广义的，包括著作权和邻接权，其保护对象所实现的功能是精神上的，也称非实用功能。工业产权是指著作权以外的知识产权，主要是专利权和商标权，其保护对象的功能是物质上的，也称实用功能。我国知识产权的分类，如图 6-1 所示。

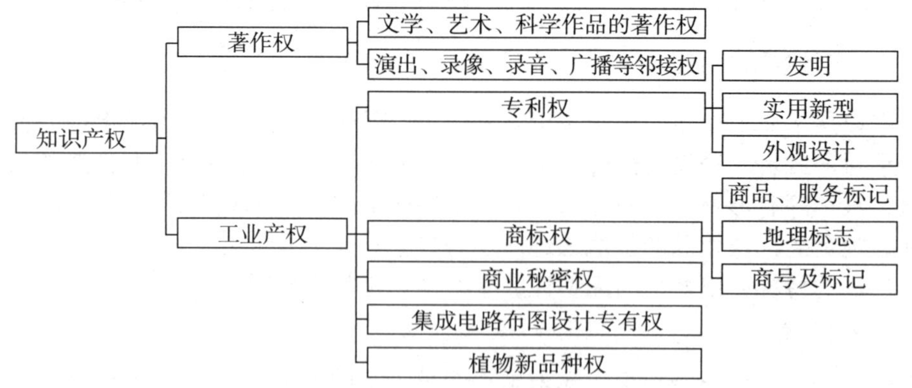

图 6-1　我国知识产权的分类

四、知识产权的国际保护

（一）知识产权的国际保护的概念

知识产权的国际保护，指国际上为了解决按照一个国家的国内法取得的专利、商标和版权等知识产权，只在该国领域内受到保护，而在其他国家内不能发生法律上的效力的问题，而签订双边或多边条约，实现对知识产权的国际保护，以促进技术、知识的国际交流。不同的国家、政府、地区和国际组织间缔结的以保护知识产权为目的，对多边或双边具有约束力的法律文件构成了保护知识产权国际条约。

（二）中国已经加入的关于知识产权保护的主要国际条约

目前已通过的世界性的知识产权国际公约，大部分由世界知识产权组织管理。我国已经加入的有关知识产权保护的国际公约有《建立世界知识产权组织公约》（1980 年加入）、《保护工业产权巴黎公约》（1985 年加入）、《集成电路知识产权条约》（1989 年加入）、《商标国际注册马德里协定》（1989 年加入）、《保护文学和艺术作品伯尔尼公约》（1992 年加入）、《世界版权公约》（1992 年加入）、《保护录音制品制作者防止未经许可复制其录音制品公约》（1993 年加入）、《专利合作条约》（1994 年加入）、《商标注册用商品和服务分类协定》（1994 年加入）、《国际承认用于专利程序的微生物保存条约》（1995 年加入）、《商标国际注册马德里协定有关议定书》（1995 年加入）、《工业品外观设计国际分类协定》（1996 年加入）、《专利国际分类协定》（1997 年加入）、《保护植物新品种国际公约》（1999 年加入）、《与贸易有关的知识产权协议》（2001 年加入）等。

课堂讨论

2012 年 2 月 23 日，迈克尔·乔丹在一个视频中称向中国一家法院提起诉讼，指控乔丹体育股份有限公司侵犯其姓名权，由此引发了一系列与商标权相关的民事案件和行政案件。乔丹体育股份有限公司由成立于 1984 年的福建省晋江县陈埭溪边日用品二厂发展而来。乔丹体育股份有限公司主要使用的“乔丹”商标在 2003 年前注册完成。截至 2011 年 6 月 30 日，乔丹体育股份有限公司已建立了覆盖中国 31 个省、自治区和直辖市的市场营销网络。

问题：乔丹体育股份有限公司是否构成侵权?

任务二 商标法

任务案例

2000 年，当时苹果公司并未推出 iPad 平板电脑，唯冠旗下的唯冠台北公司在多个国家与地区分别注册了 iPad 商标。2001 年，唯冠国际旗下深圳唯冠科技公司又在中国大陆注册了 iPad 商标的两种类别。

2009 年 12 月 23 日，唯冠国际 CEO 和主席杨荣山授权麦世宏签署了相关协议，将 10 个商标的全部权益转让给英国 IP 申请发展有限公司，其中包括中国大陆的商标转让协议。协议签署之后，英国 IP 申请发展有限公司向唯冠台北公司支付了 3.5 万英镑购买所有的 iPad 商标，然后英国 IP 申请发展有限公司以 10 万英镑的价格，将上述 10 个 iPad 商标所有权转让给了“苹果”。

2010年，苹果公司向深圳市中级人民法院请求确认其为“iPad”中国商标权的专用权人，并向深圳唯冠索赔相关费用。

问题：

本案中深圳唯冠是否侵犯了苹果公司的权益?

一、商标权

（一）商标的概念

商标俗称“牌子”，英文为Trademark或Trade Mark。顾名思义，商标就是商品的标志，是生产者、经营者为将自己的商品与他人的商品区别开的标志，包括文字、图形、字母、数字、三维标志、颜色组合和声音等，以及上述要素的组合，构成的一种识别性标志。

（二）商标的特征

商标作为一种特殊的标志，其特征表现为以下几点。

1. 商标必须依附于商品或服务而存在

商标是商品经济发展到一定程度的产物，生产者、经营者需要将其产品或服务区别于其他同类的商标或服务才将其标记上不同的标志，所以没有与特定商品或服务相结合的标志，可以是作品，并不能构成商标。比如“张裕”标记在葡萄酒上就构成商标，但如果没有标记于任何商品，那它仅仅是一个人名，而不构成商标。

2. 商标是区别商品或服务来源的标志

商标是用来表明其来源并区别于其他同类商品或服务的，所以商标必须具有显著性。通用标志、通用名称、通用功能等虽然也出现在商品或包装上，但它们不具有区别功能，不构成商标。比如“明亮”是灯具的功能，不宜作为灯具类的商标使用。

3. 商标是一种可以为人所感知的符号

作为一种区别符号，商标应具有显著性特征，但也必须是为人所能感知的符号，比如华为、中国移动等文字或者标志。如果不能被人所感知，则不能作为商标存在。比如商品二维码、条形码等就属于机器识别标志，不属于商标。

（三）商标的分类

根据不同的标准，可以将商标进行不同的分类。

1. 按照商标的结构组成或状态划分

按照商标的结构组成或状态，可以划分为形象商标和非形象商标。形象商标，也称作视觉商标，是指以通过视觉感知的商标，包括文字商标、图形商标、颜色组合商标、立体商标；非形象商标，是指以音响、气味等通过听觉、嗅觉才能感知的商标。《中华人民共和国商标法》（以下简称《商标法》）第八条规定：“任何能够将自然人、法人或者其他组织的商品与他人的商品区别开的标志，包括文字、图形、字母、数字、三维标志、颜色组合和声音等，以及上述要素的组合，均可以作为商标申请注册。”

2. 按照商标使用者划分

按照商标使用者，可以划分为商品商标、服务商标、集体商标、证明商标。商品商标是指使用于商品上的商标。服务商标是指服务的提供者为了表明自己的服务并区别于他人同类服务而使用的商标。集体商标是指以团体、协会或其他集体组织名义注册，以表明使用者在该组织中的成员资格的标志，比如地理标志等。证明商标是指由对某种商品或者服务具有监督能力的组织所控制，而由该组织以外的单位或者个人使用其商品或者服务，用于证明该商品或者服务的原产地、原料、制造方法、质量或者其他特定品质的标志，比如绿色食品标志、真皮标志等。

3. 按照商标的功能、用途、作用划分

按照商标的功能、用途、作用，可以划分为从属商标、联合商标、防御商标等。从属商标是指同一经营者在自己生产、经营的不同规格、型号、样式的同一种商品上除使用统一的主商标外，为区别各自的特征而使用的从属于主商标的专用于标志某一特定商品的商标，比如联想的电脑在使用“Lenovo”商标的同时使用“Thinkpad”商标。联合商标是指商标所有人在同一种商品或类似商品上注册的与主商标相近似的一系列商标，比如阿里巴巴就把阿里爸爸、阿里妈妈等类似商标都进行了注册。防御商标是指商标所有人在与注册商标所指定的商品和服务不同的其他类别的商品或服务上注册的同一商标，既有防止消费者误认其来源的作用，又可防止其商标被淡化。

除上面的分类外，还可根据是否注册，将商标分为注册商标和非注册商标；按商标是否被公众熟知，分为驰名商标、著名商标、知名商标等。

（四）商标权的内容

商标权是商标所有人依法对其使用的商标所享有的权利。它包括以下几个方面。

1. 专用权

商标专用权是指商标权人在编写使用的商品上专有使用核准的注册商标的权利。这是商标权最重要、最根本的内容，也是商标权人注册商标的主要目的。《商标法》第五十六条规定：“注册商标的专用权，以核准注册的商标和核定使用的商品为限。”

2. 禁止权

商标所有人在享有专用权的同时，还享有禁止他人使用其注册商标的权利，也就是禁止权。

3. 转让权

商标权作为一种具有使用价值的无形财产，是可以转让的。商标的转让是商标权人对自己财产的处分。但商标权作为一种无形财产，对其转让有一定的形式上的要求。根据《商标法》第四十二条的规定，转让注册商标的，转让人和受让人应当签订转让协议，并共同向商标局提出申请。转让注册商标经核准后，予以公告。受让人自公告之日起享有商标专用权。

4. 许可权

商标所有人不仅可以自己使用商标，也可以授权他人使用其商标从而获得收益，这就是许可权。与有形财产的许可使用不同的是，商标许可不转移商标权的所有权，也不转移商标的使用权，因此除非有特殊约定，否则商标权人仍然可以继续使用商标。同时，商标权人对被许可使用人有约束的权利和义务，享受许可收益的同时承担许可带来的风险。《商标法》第四十三条第一款规定："商标注册人可以通过签订商标使用许可合同，许可他人使用其注册商标。许可人应当监督被许可人使用其注册商标的商品质量。被许可人应当保证使用该注册商标的商品质量。"第三款规定："许可他人使用其注册商标的，许可人应当将其商标使用许可报商标局备案，由商标局公告。商标使用许可未经备案不得对抗善意第三人。"

5. 续展权

续展权是指商标权人在其注册商标有效期届满前，依法享有申请续展注册，从而延长其注册商标保护期的权利。《商标法》第四十条第一款规定："注册商标有效期满，需要继续使用的，商标注册人应当在期满前十二个月内按照规定办理续展手续；在此期间未能办理的，可以给予六个月的宽展期。每次续展注册的有效期为十年，自该商标上一届有效期满次日起计算。期满未办理续展手续的，注销其注册商标。"

想一想

印刷在宣传品上的商标与商标权之间有什么样的联系与区别？

二、商标注册

（一）商标注册的概念

商标注册是指商标申请人为了取得商标专用权，将其使用或准备使用的商标，依照法律规定的条件、原则和程序，向商标局提出注册申请，经商标局审核，予以注册的法律制度。关于商标是否必须注册，各国的规定不尽相同，大致可以分为自愿注册原则和强制注册原则。自愿注册原则是指商标使用人可以自行选择是否将其使用的商标申请注册。强制注册原则要求凡是使用的商标必须申请注册，否则不得使用。我国对大多数商品采用自愿注册原则，对人用药品和烟草制品实行强制注册原则。

（二）商标权取得的原则

1. 自愿注册原则

自愿注册原则是指商标所有人自行决定是否申请商标注册，欲取得商标权的所有人应当提出注册申请，不注册的商标也可以使用，但商标所有人不享有商标权。我国实行的就是自愿注册原则为主的商标权取得原则。

2. 强制注册原则

强制注册原则要求凡是使用的商标必须申请注册，否则不得使用。《商标法》第六条规定："法律、行政法规规定必须使用注册商标的商品，必须申请商标注册，未经核准注册的，不得在市场销售。"例如，我国对于药品、烟草等涉及人们健康的商品实行强制注册原则。因此我国是以自愿注册原则为主，以强制注册原则为辅。

3. 以使用在先为补充的申请在先原则

我国实行申请在先注册原则的要求。根据《商标法》第三十一条的规定，同一天申请的，初步审定并公告使用在先的商标，驳回其他人的申请，不予公告。但对于同一天提出申请即无法确定谁是先申请人的，则采用使用在先原则，所以《商标法》第三十一条还规定：两个或者两个以上的商标注册申请人，在同一种商品或者类似商品上，以相同或者近似的商标申请注册的，初步审定并公告申请在先的商标。

4. 优先权原则

优先权原则是《保护工业产权巴黎公约》所确立的重要原则。所谓优先权，是指任何一个《保护工业产权巴黎公约》成员国国民向任何一个成员国就工业产权保护第一次提出正式申请后的一定期间内（商标为 6 个月），再向其他成员国提出申请时，该成员国应当将该申请人的第一次申请日视为在该国提出申请的日期，即优先权日。《商标法》第二十五条规定："商标注册申请人自其商标在外国第一次提出商标注册申请之日起六个月内，又在中国就相同商品以同一商标提出商标注册申请的，依照该外国同中国签订的协议或者共同参加的国际条约，或者按照相互承认优先权的原则，可以享有优先权。"我国商标法还规定了本国优先权制度，《商标法》第二十六条规定："商标在中国政府主办的或者承认的国际展览会展出的商品上首次使用的，自该商品展出之日起六个月内，该商标的注册申请人可以享有优先权。"需要注意的是，本国优先权制度将享有优先权的基础建立在申请日之前的首次展览日上，而不是在申请日上。

三、注册商标的无效

（一）注册商标无效的概念

注册商标无效是指已经获得核准注册的商标，因违反商标法有关核准注册条件的规定，而被商标主管机关经过法定程序宣告其效力归于消灭的制度。《商标法》第五章"注册商标的无效宣告"中规定了商标无效宣告的程序以及对相关争议的裁定。

（二）导致商标无效的情形

导致商标无效的情形可以分为以下几种。

1. 商标不适格导致的商标无效

商标不适格是指作为商标使用的标识不符合商标法规定的注册条件。不适格的商标本不应作为商标注册，如果已经注册也必须被宣告无效。具体包括：

第一，禁止作为商标注册的标志。《商标法》第十条规定："下列标志不得作为商标使用：（一）同中华人民共和国的国家名称、国旗、国徽、国歌、军旗、军徽、军歌、勋章等相同或者近似的，以及同中央国家机关的名称、标志、所在地特定地点的名称或者标志性建筑物的名称、图形相同的；（二）同外国的国家名称、国旗、国徽、军旗等相同或者近似的，但经该国政府同意的除外；（三）同政府间国际组织的名称、旗帜、徽记等相同或者近似的，但经该组织同意或者不易误导公众的除外；（四）与表明实施控制、予以保证的官方标志、检验印记相同或者近似的，但经授权的除外；（五）同'红十字''红新月'的名称、标志相同或者近似的；（六）带有民族歧视性的；（七）带有欺骗性，容易使公众对商品的质量等特点或者产地产生误认的；（八）有害于社会主义道德风尚或者有其他不良影响的。县级以上行政区划的地名或者公众知晓的外国地名，不得作为商标。但是，地名具有其他含义或者作为集体商标、证明商标组成部分的除外；已经注册的使用地名的商标继续有效。”

第二，缺乏显著性的标志。《商标法》第十一条规定：“下列标志不得作为商标注册：（一）仅有本商品的通用名称、图形、型号的；（二）仅直接表示商品的质量、主要原料、功能、用途、重量、数量及其他特点的；（三）其他缺乏显著特征的。前款所列标志经过使用取得显著特征，并便于识别的，可以作为商标注册。”

第三，缺乏标志性的标志。《商标法》第十二条规定：“以三维标志申请注册商标的，仅由商品自身的性质产生的形状、为获得技术效果而需有的商品形状或者使商品具有实质性价值的形状，不得注册。”

2. 商标申请手段不合法导致的商标无效

商标申请手段不合法，违背了诚实信用原则，所以商标也应被宣告无效。《商标法》第四十四条规定：“已经注册的商标，违反本法第四条、第十条、第十一条、第十二条、第十九条第四款规定的，或者是以欺骗手段或者其他不正当手段取得注册的，由商标局宣告该注册商标无效；其他单位或者个人可以请求商标评审委员会宣告该注册商标无效。”

3. 损害他人在先权利导致的商标无效

申请商标注册不得损害他人现有的在先权利，是指商标持有人在申请商标注册时，不得使他人已经获得的并且仍然有效的权利遭受伤害。此处的“在先权利”具体包括：实用新型专利权、外观设计专利权、著作权、企业名称权、知名商品特有的名称权和装潢权、网络域名权、自然人的肖像权和姓名权等。《商标法》第四十五条规定：“已经注册的商标，违反本法第十三条第二款和第三款、第十五条、第十六条第一款、第三十条、第三十一条、第三十二条规定的，自商标注册之日起五年内，在先权利人或者利害关系人可以请求商标评审委员会宣告该注册商标无效。对恶意注册的，驰名商标所有人不受五年的时间限制。”

（三）注册商标无效宣告的程序

1. 注册商标无效宣告程序的启动

因商标不适格或者申请手段不合法导致的商标无效的程序可以是商标局依职权主动启动，也可是其他单位或者个人请求启动。损害他人在先权利导致的商标无效的程序通常由在先权利人或者利害关系人请求商标评审委员会启动。

2. 注册商标无效宣告的效力

《商标法》第四十七条规定：“依照本法第四十四条、第四十五条的规定宣告无效的注册商标，由商标局予以公告，该注册商标专用权视为自始即不存在。”

四、商标权的保护

（一）商标权的保护范围

《商标法》对注册商标专用权的保护作了规定，未注册商标不享有专用权。《商标法》第五十六条规定了注册商标的权利范围：“注册商标的专用权，以核准注册的商标和核定使用的商品为限。”

（二）商标权的期限

《商标法》第三十九条规定：“注册商标的有效期为十年，自核准注册之日起计算。”如前所述，注册商标有效期满，需要继续使用的，商标注册人可以行使续展权以续展商标的使用期限。

（三）侵犯商标权的表现形式

一切给他人的注册商标造成损害的行为都构成侵权，根据其侵权形式可以分为两类。

1. 直接侵害商标权的行为

《商标法》第五十七条规定：“有下列行为之一的，均属侵犯注册商标专用权：（一）未经商标注册人的许可，在同一种商品上使用与其注册商标相同的商标的；（二）未经商标注册人的许可，在同一种商品上使用与其注册商标近似的商标，或者在类似商品上使用与其注册商标相同或者近似的商标，容易导致混淆的；（三）销售侵犯注册商标专用权的商品的；（四）伪造、擅自制造他人注册商标标识或者销售伪造、擅自制造的注册商标标识的；（五）未经商标注册人同意，更换其注册商标并将该更换商标的商品又投入市场的；（六）故意为侵犯他人商标专用权行为提供便利条件，帮助他人实施侵犯商标专用权行为的；（七）给他人的注册商标专用权造成其他损害的。”

2. 间接侵害商标权的行为

《商标法》第五十八条规定：“将他人注册商标、未注册的驰名商标作为企业名称中的字号使用，误导公众，构成不正当竞争行为的，依照《中华人民共和国反不正当竞争法》处理。”

（四）商标专用权的限制

商标专用权不得限制公共利益和他人在先权利。《商标法》第五十九条规定：“注册商标中含有的本商品的通用名称、图形、型号，或者直接表示商品的质量、主要原料、功能、用途、重量、数量及其他特点，或者含有的地名，注册商标专用权人无权禁止他人正当使用。三维标志注册商标中含有的商品自身的性质产生的形状、为获得技术效果而需有的商品形状或者使商品具有实质性价值的形状，注册商标专用权人无权禁止他人正当使用。商标注册人申请商标注册前，他人已经在同一种商品或者类似商品上先于商标注册人使用与注册商标相同或者近似并有一定影响的商标的，注册商标专用权人无权禁止该使用人在原使用范围内继续使用该商标，但可以要求其附加适当区别标识。”

课堂讨论

2014 年 1 月，新疆克拉玛依市独山子区工商局执法人员发现辖区内某体育用品店销售的标有“JEEP”商标的各式上衣和裤子做工粗糙，业主无法提供正规进货票据。执法人员依法提取样品后送往相关单位鉴定。经“JEEP”品牌服装的授权企业广东利威制衣有限公司鉴定，当事人所售均为侵犯“JEEP”品牌商标专用权的服装。经查，当事人高某于 2013 年 12 月底，从乌鲁木齐小西门以 50 元至 135 元的价格购进各式“JEEP”裤子、上衣等系列服装77件，并以一倍以上的价格在自己店内进行销售。对高某的上述侵权行为，独山子区工商局依据《中华人民共和国商标法》第五十三条的规定对其作出罚款20 000元及没收侵权服装的行政处罚。

问题：工商局的做法是否合适？

五、商标权的国际保护

由于商标权具有严格的地域性，只在注册国领域内有效，商标所有人想在不同国家获得注册，就需要在不同国家分别提起申请。为此，国际上签订了一些条约，以利于在国外取得商标保护，其中包括《保护工业产权巴黎公约》《商标国际注册马德里协定》《商标注册条约》等。国际条约中较重要的是《商标国际注册马德里协定》（Madrid Agreement Concerning the International Registration of Marks）（以下简称《协定》）。《协定》缔结于1891年4月14日，我国于1989年加入该协定。该协定共18条，其主要内容如下。

（一）国际注册程序

根据《协定》的规定，有资格提起国际注册申请的人是协定成员国的国民以及在成员国有住所或有实际营业场所的非成员国国民。

国际注册的程序包括：（1）申请人须以自己的商标在本国获得注册。（2）向本国主管部门提起国际注册申请，同时交纳在指定国（指定的欲获得注册的国家）的注册费。本国主管部门审查确认国际注册申请的商标与申请人在国内已经获得注册的商标完全一致，即转呈世界知识产权国际局，然后由世界知识产权国际局进行形式审查，即审查申请是否符合协定及其实施条例的要求。如果通过了形式审查，就获得了国际注册。如果形式审查未通过，世界知识产权国际局将通知申请人所在国，要求在3个月内修改申请，否则将予以驳回。

（二）国际注册的效力

根据《协定》的规定，获得国际注册，并不意味着指定国必须给予注册。指定国可以在1年内根据本国法律规定，拒绝注册。只有过了1年而指定国没有拒绝时，国际注册才成为指定国的注册。指定国拒绝注册的依据只能是《保护工业产权巴黎公约》第六条之五规定的三种事由。

获得国际注册和指定国注册的商标仍然受本国注册的影响。如果获得国际注册5年内商标在本国被撤销注册，则它在指定国的注册也随之撤销。只有在5年后，指定国的商标注册才独立于本国商标。

国际注册商标的有效期是20年。

（三）国际注册商标的扩展和续展

根据《协定》的规定，获得国际注册的商标所有人，可以在任何时间，通过本国主管部门向世界知识产权国际局请求扩大指定国的范围。世界知识产权国际局将通知新的指定国。指定国可以在1年内依据《保护工业产权巴黎公约》第六条之五规定的三种事由予以拒绝，否则所有人即获得指定国的注册。

获得国际注册的商标所有人，可以在商标到期时办理续展手续，交纳续展费。续展没有次数限制。续展可以有6个月的宽限期。

为了扩大《协定》的成员国范围，1989年在世界知识产权组织的主持下缔结了《商标注册马德里协定有关议定书》。其主要内容包括：申请人可以以其本国的注册申请作为国际申请的依据；各成员国可以收取更高费用；等等。

国际注册对商标所有人的好处是，商标在原属国注册后，只需用一种语言（法语）向一个机构（国际局）提出申请和交纳费用，而不需要用许多不同语言分别向各成员国的政府机关提出申请和交纳费用。办理续展（每20年一次）时相同。对于国家机关，也可以减少工作量。

课堂讨论

1993年美国光学公司在第九类眼镜等商品上申请注册“AMERICAN OPTICAL”“美国光学”两件商标，被国家工商行政管理局商标局驳回，驳回的主要理由为：申请商标为国家名称加学科名称，缺乏显著性，不易识别，而且国家名称不得用作商标或商标的一部分。美国光学公司向国家工商行政管理局商标评审委员会申请复审，主要理由：申请商标为申请人公司名称的一部分，申请人乃世界著名的眼镜生产厂家之一，申请商标在消费者心中已享有了相当高的声誉，申请商标表达的是一种“美国风格、美式的”含义，并非国名或学科名称，其带有隐喻意义的第二含义具有显著性。

问题：“AMERICAN OPTICAL”“美国光学”是否因长期使用已具有第二含义从而符合“固有显著性”的要求？

任务三 专利法

任务案例

福库电子株式会社于2010年5月26日向我国国家知识产权局提交了名为“电压力保温锅”的外观设计专利申请，并于2011年4月6日获得专利权。福库电子株式会社称，被请求人佛山市雷恩电器有限公司未经许可，在展会上展销的产品侵犯了其专利权。2014年12月20日，请求人福库电子株式会社向广东省佛山市顺德区知识产权局提出受理请求，要求被请求人立即停止制造、销售、许诺销售等侵犯请求人外观设计专利权的产品，并赔偿相应损失。

2015年1月13日，广东省佛山市顺德区知识产权局派执法人员对佛山市雷恩电器有限公司进行了现场勘验检查，在其展厅发现被控侵权产品ERC-N50型号电饭煲样品1台。该公司相关负责人称，ERC-N50电饭煲是根据客户需要从外面采购而来，并非本公司生产。

问题：

本案中的争议焦点是什么？

一、专利权

（一）专利权的概念

专利权（Patent Right），简称“专利”，字面意思指专有的权利和利益。“专利”一词来源于拉丁语 Litterae Patentes，意为公开的信件或公共文献，是中世纪的君主用来颁布某种特权的证明，后来指英国国王亲自签署的独占权利证书。

从现代意义上来讲，专利是由政府机关或者代表若干国家的区域性组织根据申请而颁发的一种文件，这种文件记载了发明创造的内容，并且在一定时期内产生这样一种法律状态，即发明创造人或其权利受让人对特定的发明创造在一定期限内依法享有的独占实施权，是知识产权的一种。

（二）专利权的特征

从专利的发展历程、制度设计来看，专利权具有以下两个特征。

1. 以法律的手段实现对技术实施的垄断

专利权与传统垄断不同，传统垄断行为多是为了追逐私利，通常与公共利益是相对的。但专利法所确立的具有垄断性质的权利并不是对技术的全面垄断，仅仅限定禁止他人为营利目的而实施专利技术，但并不禁止他人在专利技术的基础上从事改进专利或者为科学研究而实施专利技术，垄断的终极目的是公共利益更大化。

2. 以书面的方式实现对技术信息的公开

技术的公开是专利制度的最主要特征之一，专利的公开不仅表现为技术信息的公开，还表现为专利权利内容的公开，世界各国专利法在要求申请人公开其申请专利的技术细节的同时，还要求申请人明确划定其请求保护的范围。公开专利技术有利于避免社会财富的浪费，这不仅对专利权人有意义，对于公众而言，它可以告诉公众哪些领域是已属于他人的专有领域，从而避免侵犯他人的权益。

二、专利申请

（一）专利申请的概念

专利申请是申请人为获得专利权而向国家专利机关提出申请，经国家专利机关依照法定程序审查批准或驳回的法律程序。专利申请是获得专利权的必需程序。在专利的申请方面，世界各国专利法的规定基本一致。

（二）专利申请的原则

1. 书面原则

书面原则是指申请人为获得专利权所需要履行的各种法定手续都依法以书面形式办理。专利的申请是一项十分复杂的工作，其中不仅涉及一定领域的技术知识，还涉及有关专利的法律知识，所以必须以书面方式进行，要严格记录以备查询。《中华人民共和国专利法实施细则》（以下简称《专利法实施细则》）第二条规定：“专利法和本细则规定的各种手续，应当以书面形式或者国务院专利行政部门规定的其他形式办理。”

2. 先申请原则

专利权是一种独占权，一项发明创造只能被授予一项专利权。《中华人民共和国专利法》（以下简称《专利法》）第九条第一款规定："同样的发明创造只能授予一项专利权。"如果出现两个不同的人分别独立完成了相同的发明创造而且都向专利局递交专利申请的情况，那么为了促使发明人尽早、尽快地将发明创造申请专利，达到先进技术尽早公之于众的目的，专利权将被授予最先申请的人。《专利法》第九条第二款规定："两个以上的申请人分别就同样的发明创造申请专利的，专利权授予最先申请的人。"

3. 单一性原则

单一性原则是指一件专利申请的内容只能包含一项发明创造，不能将两项或两项以上的发明创造作为一件申请提出。单一性原则的出发点是因为世界每年的专利申请量是数以百万计的，为了管理如此多的专利申请，必须对各种专利分类管理，以方便公众在查阅专利文件时有章可循。根据《专利法》第三十一条的规定，一件发明或者实用新型专利申请应当限于一项发明或者实用新型。一件外观设计专利申请应当限于一项外观设计。

4. 优先权原则

优先权原则是指专利申请人就其发明创造自第一次提出专利申请后，在法定期限内，又就相同主题的发明创造提出专利申请的，以其第一次申请的日期为其申请日，这种权利称为优先权，此处所谓的法定期限，就是优先权期限。优先权可分为外国优先权和本国优先权。《专利法》第二十九条第一款规定了本国优先权："申请人自发明或者实用新型在外国第一次提出专利申请之日起十二个月内，或者自外观设计在外国第一次提出专利申请之日起六个月内，又在中国就相同主题提出专利申请的，依照该外国同中国签订的协议或者共同参加的国际条约，或者依照相互承认优先权的原则，可以享有优先权。"第二款规定了本国优先权：申请人自发明或者实用新型在中国第一次提出专利申请之日起十二个月内，或者自外观设计在中国第一次提出专利申请之日起六个月内，又向国务院专利行政部门就相同主题提出专利申请的，可以享有优先权。

三、专利权的主体

专利权的主体是指具体参加特定的专利权法律关系并享有权利的自然人、法人和非法人组织。

（一）发明人、设计人

《专利法实施细则》第十三条规定："专利法所称发明人或者设计人，是指对发明创造的实质性特点作出创造性贡献的人。在完成发明创造过程中，只负责组织工作的人、为物质技术条件的利用提供方便的人或者从事其他辅助工作的人，不是发明人或者设计人。"《专利法》第六条第二款规定："非职务发明创造，申请专利的权利属于发明人或者设计人；申请被批准后，该发明人或者设计人为专利权人。"

（二）职务发明人及单位

《专利法》第六条第一款规定：执行本单位的任务或者主要是利用本单位的物质技术条件所完成的发明创造为职务发明创造。职务发明创造申请专利的权利属于该单位，申请被批准后，该单位为专利权人。

（三）合同约定的单位和个人

《专利法》第八条规定："两个以上单位或者个人合作完成的发明创造、一个单位或者个人接受其他单位或者个人委托所完成的发明创造，除另有协议的以外，申请专利的权利属于完成或者共同完成的单位或者个人；申请被批准后，申请的单位或者个人为专利权人。"

想一想

专利的研发者与专利的申请人之间有什么样的关系？

四、专利权的授予

（一）专利权的类型及授予条件

《专利法》第二条第一款规定："本法所称的发明创造是指发明、实用新型和外观设计。"专利权的授权条件，如表 6－1 所示。

表 6－1　专利权的授权条件

类型	定义	授予条件
发明	对产品、方法或者其改进所提出的新的技术方案	新颖性（不属于现有技术，也不属于抵触申请）； 创造性（与现有技术相比，该发明具有突出的实质性特点和显著的进步）； 实用性（能够制造或者使用，并且能够产生积极效果）
实用新型	指对产品的形状、构造或者其结合所提出的适于实用的新的技术方案	新颖性（与发明专利相同）； 创造性（与现有技术相比，该实用新型具有实质性特点和进步）； 实用性（与发明专利相同）
外观设计	对产品的整体或者局部的形状、图案或者其结合以及色彩与形状、图案的结合所作出的富有美感并适于工业应用的新设计	不属于现有设计； 与现有设计或者现有设计特征的组合相比，应当具有明显区别； 不得与他人在申请日以前已经取得的合法权利相冲突

（二）不授予专利权的情况

并非所有的发明创造都可以被授予专利权，在我国有以下情形的不授权专利权。

1. 违背法律和社会公共秩序的发明创造不授予专利

《专利法》第五条规定："对违反法律、社会公德或者妨害公共利益的发明创造，不授予专利权。对违反法律、行政法规的规定获取或者利用遗传资源，并依赖该遗传资源完成的发明创造，不授予专利权。"

2. 发明创造的内容不属于专利授权范围的不授予专利

《专利法》第二十五条规定："对下列各项，不授予专利权：（一）科学发现；（二）智力活动的规则和方法；（三）疾病的诊断和治疗方法；（四）动物和植物品种；（五）原子核变方法以及用原子核变换方法获得的物质；（六）对平面印刷品的图案、色彩或者二者的结合作出的主要起标识作用的设计。对前款第（四）项所列产品的生产方法，可以依照本法规定授予专利权。”

五、专利权的无效

（一）专利权无效的概念

专利权无效是指在专利权授予之后，被发现其具有不符合《专利法》及其实施细则中有关授予专利权的条件，经国务院专利行政部门复审确认并宣告其无效的程序。被宣告无效的专利权视为自始不存在。

（二）专利权无效的理由

根据《专利法实施细则》第六十五条的规定，专利权“无效宣告请求的理由”即导致专利权无效的“情形”，包括以下几个方面：

（1）主题不符合专利授予条件，包括：发明、实用新型的主题不具备新颖性、创造性或实用性；外观设计专利的主题不具备新颖性或者与他人在先取得的合法权利相冲突。

（2）专利申请中的不合法情形：说明书没有充分公开发明或者实用新型；授权专利的权利要求书没有以说明书为依据；专利申请文件的修改超出规定的范围；专利权的主题不符合发明、实用新型或外观设计的定义；同时申请的协商授权原则；授权专利的权利要求书不清楚、不简明或者缺少解决其技术问题的必要技术特征。

（3）违反法律强制性规定的情形，包括：违反国家法律、社会公德或者妨害公共利益的情形；科学发现等法律规定不授予专利权的情形。

（4）重复授权的情形：两个以上的申请人分别就同样的发明创造申请专利的，专利权授予最先申请的人，即一个发明创造只向一个人（最先申请的人）授予专利权。

发明、实用新型和外观设计出现上述情形不能取得专利权，已经取得专利权的，可以宣告其无效。

六、专利权的保护

（一）专利权的内容

《专利法》第十一条规定了专利权的内容：“发明和实用新型专利权被授予后，除本法另有规定的以外，任何单位或者个人未经专利权人许可，都不得实施其专利，即不得为生产经营目的制造、使用、许诺销售、销售、进口其专利产品，或者使用其专利方法以及使用、许诺销售、销售、进口依照该专利方法直接获得的产品。外观设计专利权被授予后，任何单位或者个人未经专利权人许可，都不得实施其专利，即不得为生产经营目的制造、许诺销售、销售、进口其外观设计专利产品。”

（二）专利权的保护期限

《专利法》第四十二条规定：发明专利权的期限为二十年，实用新型专利权的期限为十年，外观设计专利权的期限为十五年，均自申请日起计算。

（三）专利权的限制

专利权限制是指专利法规定的，允许第三人在某些特殊情况下可以不经专利权人许可而实施其专利，且其实施行为并不构成侵权的一种法律制度。其目的是维护社会公众利益、促进社会发展。专利权的限制主要有以下情形。

1. 强制许可

强制许可是指国务院专利行政部门根据具体情况，不经专利权人同意，通过行政程序授权他人实施发明或者实用新型专利的一种法律制度。《专利法》关于强制许可的规定主要有第五十三条规定的合理条件的强制许可，第五十四、五十五条规定的国家强制许可和第五十一条规定的依存专利强制许可。

2. 不视为侵犯专利权的行为

《专利法》第七十五条规定："有下列情形之一的，不视为侵犯专利权：（一）专利产品或者依照专利方法直接获得的产品，由专利权人或者经其许可的单位、个人售出后，使用、许诺销售、销售、进口该产品的；（二）在专利申请日前已经制造相同产品、使用相同方法或者已经作好制造、使用的必要准备，并且仅在原有范围内继续制造、使用的；（三）临时通过中国领陆、领水、领空的外国运输工具，依照其所属国同中国签订的协议或者共同参加的国际条约，或者依照互惠原则，为运输工具自身需要而在其装置和设备中使用有关专利的；（四）专为科学研究和实验而使用有关专利的；（五）为提供行政审批所需要的信息，制造、使用、进口专利药品或者专利医疗器械的，以及专门为其制造、进口专利药品或者专利医疗器械的。"

3. 国家计划许可

《专利法》第四十九条规定："国有企业事业单位的发明专利，对国家利益或者公共利益具有重大意义的，国务院有关主管部门和省、自治区、直辖市人民政府报经国务院批准，可以决定在批准的范围内推广应用，允许指定的单位实施，由实施单位按照国家规定向专利权人支付使用费。"需要特别注意本规定只适用于国有企业事业单位的发明专利。

七、专利权的国际保护

由于专利只能在批准国受到保护，专利权的国际保护是通过国家之间的知识产权双边协议或参加知识产权国际公约进行的。这些协议或公约中包含的对其成员国的强制性的"最低要求"，形成对包括专利权在内的知识产权的国际保护标准。目前，我国参加的对专利权的国际保护发挥重要作用的公约有《保护工业产权巴黎公约》《专利合作条约》《与贸易有关的知识产权协议》等。

（一）《保护工业产权巴黎公约》

《保护工业产权巴黎公约》(Paris Convention for the Protection of Industrial Property)简称《巴黎公约》。《巴黎公约》的基本目的是保证成员国的工业产权在所有其他成员国都得到保护，在专利方面确立了以下原则。

1. 国民待遇原则

《巴黎公约》规定了国民待遇原则，规定在保护工业产权方面，每一个成员国必须把给予本国公民的保护同等地给予其他成员国公民。非成员国的国民，如果在成员国内有住所或者真实、有效的工商营业所，也可以享有同成员国同样的待遇，得到同样的保护。可见，根据这一原则，外国的专利申请人或专利权人具有同样的权利与义务。

2. 优先权原则

《巴黎公约》中的优先权原则，是指已经在一个成员国正式提出了发明专利、实用新型专利、外观设计专利的申请人，在规定期限内享有在其他成员国提出同样申请的优先权利。在规定的申请优先权期限截止以前，任何后来在其他公约成员国提出的申请，都不因在此期间内他人所作的任何行为，特别是另一项申请、发明的公布或非法利用、出售设计复制品等行为而失效。并且此类行为不能形成任何第三者的权利或任何个人占有的权利。申请优先权的期限：发明专利和实用新型的优先权申请期限为十二个月，外观设计的优先权申请期限则为六个月。

3. 专利独立原则

按照《巴黎公约》的规定，一个成员国的国民就一项发明在数个成员国或非成员国取得的专利权，虽是同一发明，但是相互独立，依照各自国家的法律规定进行保护并加以管理。它包括三方面的含义：一是一个成员国批准了一项专利，并不能决定其他成员国是否对同一发明的申请案也批准专利；二是一个成员国驳回了一项专利申请，并不妨碍其他成员国批准同一发明的专利申请；三是一个成员国撤销了一项专利或宣布无效，并不影响其他成员国就同一发明已经批准的专利继续有效。

4. 强制许可原则

《巴黎公约》规定，自专利申请日起满四年，或专利批准之日起满三年，取得专利的发明无正当理由而没有实施或没有充分实施时，各成员国国家专利局均可根据第三人的请求，给予其实施该发明的强制许可，取得强制许可者应给予专利权人合理的报酬。如在第一次核准强制许可特许满二年后，仍不能防止赋予专利权而产生的弊端，可以提出撤销专利的程序。这是《巴黎公约》对于防止滥用专利权的问题所作的强制许可规定。《巴黎公约》还规定强制许可不得专有，不得转让；但如果连同使用这种许可的那部分企业或牌号一起转让，则是允许的。

（二）《专利合作条约》

《专利合作条约》（Patent Cooperation Treaty，PCT）是继《巴黎公约》之后缔结的又一个重要的国际性专利条约。随着全球技术的发展，《专利合作条约》在专利制度国际化方面所起的积极作用越来越明显。

《专利合作条约》的优势有如下几个方面：第一，国际专利申请可以在一个地方、采用一种语言、使用一种格式、支付一种货币的费用、提交一份申请，即可以在其成员国内或地区专利组织内取得相当于国家或地区专利申请的效力。第二，最快享有优先权：提交国际申请可以就近进行，而且可用本国文字提交申请，因此，申请人可在优先权期限的最后一刻提出申请，比较容易实现国际申请的提交而享有优先权。第三，申请人可自申请日起九个月左右或优先权日起十六个月左右获得一份国际检索报告；申请人还可自申请日或优先权日起二十八个月内获得一份初步审查报告（如果申请人在规定的期限内提出了国际初步审查请求的话），申请人可根据上述两个报告所得到的现有技术，再决定是否进入国家阶段。PCT 申请可将进入国家阶段的时间推迟八个月至十八个月，这对于那些尚未做好准备的申请人来说无疑是有利的。

但是《专利合作条约》也存在一些不足，比如提交国际专利申请，分为国际阶段和国家阶段，在国际阶段主要是解决国际专利申请的受理、公布、检索和初步审查的问题，而且这些检索和初步审查的效力仅是给国家阶段的审查以及申请人提供参考，不具有当然的效力；在国家阶段主要是解决授予国家和地区专利的问题，因此，办理国际申请的手续比较复杂，又分为两个阶段收费，这对那些经济利益明确的申请人来讲也会增加经济负担。而且国际申请不能选择外观设计专利的保护形式。

（三）《与贸易有关的知识产权协议》

《与贸易有关的知识产权协议》（Agreement on Trade-Related Aspects of Intellectual Property Rights，TRIPs）（以下简称《知识产权协议》）是世界贸易组织管辖的一项多边贸易协议，作为现今 WTO 多边贸易体制的重要组成部分，正在发挥着至关重要的作用。

制定 TRIPs 的目的是采用共同的国际规范，使世界各国对知识产权的保护标准基本达成一致。TRIPs 的作用是把世界知识产权组织（WIPO）管理下的知识产权公约的适用范围扩大到 WTO 的成员。

TRIPs 的基本准则包括：国民待遇、最惠国待遇和技术进步。主要条款有：一般规定和基本原则，关于知识产权的效力、范围及使用标准，知识产权的执法，知识产权的获得、维护及相关程序，争端的防止和解决，过渡安排，机构安排，最后条款等。协定的主要内容是：提出和重申了保护知识产权的基本原则，确立了《知识产权协议》与其他知识产权国际公约的基本关系。

与过去的知识产权国际条约相比，《知识产权协议》具有三个突出特点：第一，它是第一个涵盖了绝大多数知识产权类型的多边条约，既包括实体性规定，也包括程序性规定。这些规定构成了世界贸易组织成员必须达到的最低标准，除了在个别问题上允许最不发达国家延缓施行之外，所有成员均不得有任何保留。这样，该协议就全方位地提高了全世界知识产权保护的水准。第二，它是第一个对知识产权执法标准及执法程序作出规范的条约，对侵犯知识产权行为的民事责任、刑事责任以及保护知识产权的边境措施、临时措施等都作了明确规定。第三，它引入了世界贸易组织的争端解决机制，用于解决各成员之间产生的知识产权纠纷。过去的知识产权国际条约对参加国在立法或执法上违反条约并无相应的制裁条款，TRIPs 则将违反协议规定直接与单边及多边经济制裁挂钩。

课堂讨论

苹果自 2011 年 4 月就开始了一系列针对三星的诉讼。在 2012 年 7 月开庭时最终确定的诉讼申请中，苹果称三星侵犯了其 iPhone 和 iPad 的技术、用户界面和设计，有 4 项设计专利和 3 项软件专利，并通过非法抄袭获取竞争优势，对苹果造成了持续的经济损失，损失额达 25.25 亿美元。苹果不仅索赔还要求法院在美国市场禁售三星相关产品。与此同时，三星提起反诉，认为苹果抄袭自己的 5 项专利，要求苹果赔偿 4.218 亿美元。最终判决结果是三星“抄袭”苹果成立，三星的反诉被全部驳回。本案审理主要关注的是苹果设计团队是如何想到 iPhone 和 iPad 创意的。苹果试图证明三星剽窃了自己的设计，而三星则力图向陪审团证明自己的产品与苹果的不同，并且苹果是受索尼公司产品的启发研发出 iPhone 和 iPad 的。由此引发了一系列专利纠纷案件。

问题：这些国际企业为什么如此重视专利？

任务四　著作权法

任务案例

某著名画家 A 创作的一幅国画由某拍卖行拍卖给竞买人 B。A 逝世后两年，A 的合法继承人 C、D 发现，E 出版社出版的一套以国画作品为主要图案的挂历中有 A 的该幅作品，并且尽管该作品上留有 A 的印章，但署名却非 A。经了解，该幅作品由竞买人 B 提供给 E 出版社用于挂历出版，B 因此还获得报酬若干。C、D 遂起诉 B 和 E 出版社侵权。

问题：

B 和 E 出版社的行为是否构成侵权？侵犯了谁的什么权利？

一、著作权

（一）著作权的概念

著作权，是指基于文学、艺术和科学作品依法产生的权利。作品是著作权产生的前提和基础，是著作权法律关系得以发生的法律事实构成。

（二）作品的概念及特征

作品是指文学、艺术和科学领域内具有独创性并能以一定形式表现的智力成果。著作权法意义上的作品，具备以下三个基本特征。

1. 作品是思想、情感的表达，不是思想、情感本身

作品反映了作者的思想、情感，他人可以透过作品的表达感知作者的思想或情感，他人对于同样的思想、情感以自己的方式加以表现和利用，而不受作者的约束。因此，著作权只保护作品的形式，不保护作品所反映的思想、情感等。

2. 作品应当具有独创性

独创性首先要求作品是作者独立完成而不是抄袭而来。需要注意的是，著作权法允许作品的偶合，如果两个作者互相独立地未完成作品，由于巧合，现况作品相同或实质相似，并不影响作品的独创性，可以各自产生独立的著作权，这一点区别于在权利取得方面通常采用先申请原则的工业产权。而且，作品应当具有一定的创造性，这里的创造性是指形式上的独创，不是指思想或观点上的创新。

3. 该表达属于文学、艺术和科学范畴

著作权法意义的作品表达是单纯地满足人们的审美或获取信息的需求，这不同于专利权的表达，专利权中创造的目的是要在产业中实施而不是满足人们的感知需求。如果产品设计的美感达到相当的程度，可以具备脱离产品功能的独立欣赏价值，则可能构成实用艺术作品，有可能同时获得工业产权与著作权的保护。

（三）著作权法保护的作品

《中华人民共和国著作权法》（以下简称《著作权法》）第三条规定："本法所称的作品，是指文学、艺术和科学领域内具有独创性并能以一定形式表现的智力成果，包括：（一）文字作品；（二）口述作品；（三）音乐、戏剧、曲艺、舞蹈、杂技艺术作品；（四）美术、建筑作品；（五）摄影作品；（六）视听作品；（七）工程设计图、产品设计图、地图、示意图等图形作品和模型作品；（八）计算机软件；（九）符合作品特征的其他智力成果。"

（四）不受著作权法保护的对象

对于不符合作品的要件，或者虽然符合作品的要件，但基于社会公共利益或其他考量，不宜给予著作权保护的作品，不受我国《著作权法》的保护。《著作权法》第五条规定了不受保护的对象。

（1）法律、法规，国家机关的决议、决定、命令和其他具有立法、行政、司法性质的文件，及其官方正式译文。这些文件都是作品，但是涉及社会公众和国家整体，属于国家和相关社会成员的共有的资源，不应为任何人专有而限制它们的传播和利用，故不享有著作权。

（2）单纯事实消息。单纯事实消息是指只报道一件事情发生的过程、时间、地点和人物，不表示报道人的观点的消息，其目的是把这一事件客观真实地向公众传播，但不得采用大字报、小字报、传单方式。

（3）历法、通用数表、通用表格和公式。这些对象具备作品的形式要件，但因其形式往往具有唯一表达的特点、不具备独创性而不予以著作权法保护。

二、著作权的取得

对于著作权的取得，世界各国主要有三种原则。

（一）自动保护原则

自动保护原则，也称无手续原则，即以作品的产生为条件自动取得著作权。大多数已经建立著作权法制的国家都实行自动保护原则。

（二）注册登记原则

注册登记原则，即除了作品已创作出来外，还须履行注册登记手续才能获得著作权。在《保护文学和艺术作品伯尔尼公约》《世界版权公约》这两个最具影响力的公约中并没有关于作品登记才能获得著作权的规定，对于已经实施注册登记制度的国家，其注册登记的法律效力仅适用于本国作者，对于公约其他成员国的作者的著作权保护，不得要求以登记为前提条件。

（三）附条件自动保护原则

附条件自动保护原则，即作品需要以加注著作权标记为取得著作权的条件，不得要求以登记为前提条件。《世界版权公约》认可这种办法。标记通常包括：第一，“不许复制”或“有著作权”等一类的声明，或在这种声明的英文缩略字母的C外面加上一个正圆，如果是音像制品，则为字母P并在外面加上一个正圆；第二，著作权人的姓名或名称及其缩写；第三，作品的出版发行日期。因为加注标记的方法简便易行，被广泛采用。

我国著作权法采用自动保护原则，即作品一经产生，无论是整体还是局部，只要足以构成作品即产生著作权，既不要求登记，也不要求发表，也无须在复制物上加注著作权标记。但由于我国已经加入《世界版权公约》，很多出版物都标有著作权标记，不过这种做法对于作品是否受著作权法保护没有影响。

想一想

著作权的取得与商标权、专利权的取得有哪些不同？产生这些不同的原因是什么？

三、著作权的保护

（一）著作权的内容

《著作权法》规定著作权包括人身权和财产权。

著作人身权是作者基于作品依法享有的以人身利益为内容的权利。著作人身权专属于于著作权人，通常不能转让。著作人身权基于作品的存在而依附其上，作品存在的时间可以是无止境的，在理论上可能无限存在，因而有些著作人身权的保护期限不受限制。我国《著作权法》第十条规定的人身权包括：

（1）发表权，即决定作品是否公之于众的权利；

（2）署名权，即表明作者身份，在作品上署名的权利；

（3）修改权，即修改或者授权他人修改作品的权利；

（4）保护作品完整权，即保护作品不受歪曲、篡改的权利。

著作财产权是指著作权人对所有商业性地利用其作品的行为有从中获得财产上的收益的权利。不同于著作人身权，著作权人既可以将著作财产权许可他人行使并获得报酬，也可以通过全部或者部分转让获得报酬。《著作权法》第十条规定的财产权包括：

（1）发表权，即决定作品是否公之于众的权利；

（2）署名权，即表明作者身份，在作品上署名的权利；

（3）修改权，即修改或者授权他人修改作品的权利；

（4）保护作品完整权，即保护作品不受歪曲、篡改的权利；

（5）复制权，即以印刷、复印、拓印、录音、录像、翻录、翻拍、数字化等方式将作品制作一份或者多份的权利；

（6）发行权，即以出售或者赠与方式向公众提供作品的原件或者复制件的权利；

（7）出租权，即有偿许可他人临时使用视听作品、计算机软件的原件或者复制件的权利，计算机软件不是出租的主要标的的除外；

(8) 展览权，即公开陈列美术作品、摄影作品的原件或者复制件的权利；

(9) 表演权，即公开表演作品，以及用各种手段公开播送作品的表演的权利；

(10) 放映权，即通过放映机、幻灯机等技术设备公开再现美术、摄影、视听作品等的权利；

(11) 广播权，即以有线或者无线方式公开传播或者转播作品，以及通过扩音器或者其他传送符号、声音、图像的类似工具向公众传播广播的作品的权利，但不包括本款第十二项规定的权利；

(12) 信息网络传播权，即以有线或者无线方式向公众提供，使公众可以在其选定的时间和地点获得作品的权利；

(13) 摄制权，即以摄制视听作品的方法将作品固定在载体上的权利；

(14) 改编权，即改变作品，创作出具有独创性的新作品的权利；

(15) 翻译权，即将作品从一种语言文字转换成另一种语言文字的权利；

(16) 汇编权，即将作品或者作品的片段通过选择或者编排，汇集成新作品的权利；

(17) 应当由著作权人享有的其他权利。

此外，我国《著作权法》第四章还规定了邻接权的内容。所谓邻接权是指作品传播者所享有的权利，包括出版者权、表演者权、录制者权和广播电视组织权。

(1) 出版者权。出版者权包括版式设计专有权和专有出版权。版式设计专有权是指出版者对其出版的图书、期刊的版面和外观装饰所作的设计所享有的权利。专有出版权是指图书出版者对著作权人交付出版的作品，按照双方订立的出版合同的约定享有专有出版权。

(2) 表演者权。表演者权是指表演者依法对其表演所享有的权利。表演者对其表演享有下列权利：表明表演者身份；保护表演形象不受歪曲；许可他人从现场直播和公开传送其现场表演，并获得报酬；许可他人录音录像，并获得报酬；许可他人复制、发行、出租录有其表演的录音录像制品，并获得报酬；许可他人通过信息网络向公众传播其表演，并获得报酬。

(3) 录制者权。录制者权是指录制者对其录制品依法享有的权利。录制者对其制作的录音录像制品，享有许可他人复制、发行、出租、通过信息网络向公众传播并获得报酬的权利。

(4) 广播电视组织权。广播电视组织权就是广播电视组织对其播放的节目信号享有的专有权利。广播电视组织权包括播放节目的权利、许可他人播放并获得报酬的权利、许可他人复制并获得报酬的权利。

（二）著作权的期限

著作权是一种有时间限制的权利，但因著作人身权和著作财产权所要维护的利益和性质不同，二者的期间也有区别。

(1) 著作人身权不受时间限制，反映了作者与作品之间的带有人格利益色彩的联系，不会随着时间改变而改变，所以其保护期限不受限制。我国《著作权法》第二十二条规定：“作者的署名权、修改权、保护作品完整权的保护期不受限制。”

(2) 著作财产权受时间限制。著作财产权反映了权利人通过对作品的不同方式的利用所能带来经济收入的可能性，但对任何作品的支配权都不应当被独占，在实现了对作者创作成果的合理回报和对创造活动的有效财产激励之后，对作品的支配和利用应当转化为全社会共享的公共财富，所以各国著作权制度对著作财产权都规定了一定的期限。

我国《著作权法》保护期限，如表 6－2 所示。

表 6－2　我国《著作权法》保护期限

权利类型	保护期限	法律依据
人身权	不受限制。	第二十二条
财产权	1. 自然人的作品，其发表权、《著作权法》第十条第一款第五项至第十七项规定的权利的保护期为作者终生及其死亡后五十年，截止于作者死亡后第五十年的 12 月 31 日；如果是合作作品，截止于最后死亡的作者死亡后第五十年的 12 月 31 日。 2. 法人或者非法人组织的作品、著作权（署名权除外）由法人或者非法人组织享有的职务作品，其发表权的保护期为五十年，截止于作品创作完成后第五十年的 12 月 31 日；《著作权法》第十条第一款第五项至第十七项规定的权利的保护期为五十年，截止于作品首次发表后第五十年的 12 月 31 日，但作品自创作完成后五十年内未发表的，《著作权法》不再保护。 3. 视听作品，其发表权的保护期为五十年，截止于作品创作完成后第五十年的 12 月 31 日；《著作权法》第十条第一款第五项至第十七项规定的权利的保护期为五十年，截止于作品首次发表后第五十年的 12 月 31 日，但作品自创作完成后五十年内未发表的，《著作权法》不再保护。	第二十三条
出版者权	保护期自首次出版后十年。	第三十七条
表演者权	表演者享有的表明身份、保护表演形象不受歪曲等保护期不受限制；其他自该表演发生后五十年。	第四十一条
录制者权	自首次制作完成后五十年。	第四十四条
广播电视组织权	首次播出后五十年。	第四十七条

（三）著作权的限制

为了协调著作权人的利益与社会公众的利益，缓和共享与权利独占之间的矛盾，需要对著作权作必要的限制，尤其是针对著作权中的财产权的限制。著作权的限制主要有以下几种情况。

1. 合理使用

合理使用是指在法律有明确规定的情况下，著作权人以外的人在指明作者姓名、作品名称的前提下，无偿使用著作权人已经发表的作品且无须经著作权人许可的著作财产权限制制度。我国《著作权法》第二十四条规定了合理使用的范围和具体方式。

2. 法定许可

法定许可是指根据法律的直接规定，以某些方式使用他人已经发表的作品可以不经著作权人的许可，但应当向著作权人支付使用报酬，并尊重著作权人的其他各项人身权利和财产权利的制度。我国《著作权法》第二十五条、第三十五条、第四十二条等条款规定了法定许可的范围和具体方式。

3. 强制许可使用

强制许可使用是指在特定的条件下，由管理著作权事务的机关根据情况，将对已经发表的作品进行特殊的使用的权利授予申请获得此项使用权的人的制度。我国《著作权法》中没有规定强制许可制度，但我国已加入的《保护文学和艺术作品伯尔尼公约》《世界版权公约》中有关于强制许可的规定。

四、著作权的国际保护

著作权的国际保护指一个国家的书报、戏剧、绘画、电影、唱片等文学、科学和艺术作品的版权，通过该国同其他国家缔结的双边或多边协定以及其他方式而享有的国际保护。目前世界范围内的公约、条约、协定有《保护文学和艺术作品伯尔尼公约》《世界版权公约》《世界知识产权组织表演和录音制品条约》《世界知识产权组织表演和录音制品条约》《世界知识产权组织版权条约》等，其中以《保护文学和艺术作品伯尔尼公约》和《世界版权公约》的影响力最为广泛和深远。

（一）《保护文学和艺术作品伯尔尼公约》

《保护文学和艺术作品伯尔尼公约》（以下简称《伯尔尼公约》）是最早和影响最大的国际版权公约，其主要内容有以下几点。

1. 适用范围

《伯尔尼公约》适用于成员国间对文学和艺术作品的保护。文学和艺术作品，包括文学、科学和艺术领域内的一切成果，否认其表现形式或方式如何，同时成员国有权通过国内立法规定作品如果没有以某种物质形式固定下来就不受保护。但《伯尔尼公约》的保护不适用于日常新闻或纯属报刊消息性质的社会新闻。

2. 国民待遇原则

国民待遇原则是指联盟任何一成员国公民的作者，或者在任何一成员国首次发表其作品的作者，其作品在其他成员国应受到保护，此种保护应与各国给予本国国民的作品的保护相同。

3. 自动保护原则

自动保护原则是指作者在成员国中享受和行使《伯尔尼公约》规定的权利不需要履行任何手续。

4. 独立保护原则

各国依据本国法律对外国作品予以保护，不受作品来源国版权保护的影响。

5. 最低保护限度原则

虽然《伯尔尼公约》中并没有设定“本公约的规定为最低保护”的规定，但是最低保护限度作为该公约的基本原则在一些条款中体现出来。根据这一原则，《伯尔尼公约》要求各成员国对著作权的保护必须达到该公约规定的最低标准，即该公约特别规定的作者所享有的各项权利。

（二）《世界版权公约》

《世界版权公约》的产生从某种意义上讲，是为了在《伯尔尼公约》和《泛美版权公约》之间达成某种程度的平衡和协调。《世界版权公约》与《伯尔尼公约》在许多方面是近似的，甚至是相同的，但二者之间也有显著的差异。

1. 国民待遇原则

《世界版权公约》对国民待遇的规定比《伯尔尼公约》要简单得多。但总的讲，也是兼顾作者国籍与作品国籍。《世界版权公约》第二条以及1971年的两个议定书中规定的国民待遇原则可归纳如下：成员国国民的已出版作品，不论在何地出版，均在各成员国内享有该国国民已出版的作品的同等保护；凡在成员国中首次出版第一版的作品，不论作者是否系成员国国民，均享有各成员国给予该国国民已出版的作品同样的保护；成员国国民的未出版的作品，在每个成员国中均享有该国给予该国国民未出版的作品同样的保护。这里指的"国民"，也可以包括居住在成员国的外籍居民。

2. 非自动保护原则

依据这一原则，如果任何成员国依其国内法要求履行手续作为版权保护的条件，那么对于根据《世界版权公约》加以保护并在该国领土以外首次出版，而其作者又非该国国民的一切作品，只要经作者或版权所有者授权出版的作品的所有复制本上，自首次出版之日起，标有C的符号，并注明版权所有者的姓名、首次出版年份等，而且其标注的方式和位置应使人注意到版权的要求，就应认为符合该国国内法履行手续的要求，根据《世界版权公约》给予保护，因此，此原则也称为附条件的自动保护原则。

3. 受保护作品范围

《世界版权公约》规定著作权主体为"作者及其他版权所有人"，这与《伯尔尼公约》将主体限定为作者不同。同时《世界版权公约》并未像《伯尔尼公约》那样详细列出受保护作品的种类，其客体范围规定较为笼统，并且其所明确列举的文学、科学、艺术作品的表现方式较少，这样做的目的是有利于一些保护范围较窄的且刚刚建立国内版权保护制度的国家加入公约。

4. 经济权利

《世界版权公约》未明确规定作者的人身权利，是否保护由各国立法决定，对财产权利也未详细列举，仅强调翻译权、复制权、表演权、改编权等。为了与美国等一些国家不保护精神权利的国内法规定相适应，《世界版权公约》也没有要求成员国保护作者的精神权利。

5. 保护期

《世界版权公约》规定的保护期限较短，一般作品为作者有生之年加去世后25年，实用艺术作品和摄影作品的保护期不得少于10年。

6. 无追溯力规定

《世界版权公约》第七条规定：本公约在其有效日期内，将不适用于参加本公约的缔约国的那些具有永久性的公有作品或其版权。这一条与《伯尔尼公约》第十八条第一款正相反。对于一部作品是否受保护，《世界版权公约》不是看作品在来源国的状态，而是看它在受保护国的状态。

课堂讨论

维多利亚理工大学是一所社会事业性质的教育机构。在20世纪90年代初，该校的教师为课堂教学目的，就不同的作品进行了摘要汇编，汇编中包含取自不同作品中的片段复印件。学校后来在自己的印制车间将这些摘要汇编本印制成图书，按选修某一课程学生人数，每种印制150册左右，以成本价（加30%的售书处经营成本）在本校的售书处出售。该校售书处不仅仅是对校内学生开放的，外来人员也可以在那里购书。对于这些摘要汇编本，显然只有本校某些专业的学生，才可能作为听课的辅导材料去购买使用。不过并不能完全排除有个别校外感兴趣的读者购买该汇编本的情况。1994年，被摘编了作品的部分版权人及这些版权人的集体管理组织CAL（版权代理有限公司）一起作为原告，在澳大利亚联邦法院起诉，告维多利亚理工大学侵权，要求后者停止印制及销售摘要汇编本，并赔偿原告损失。

问题：维多利亚理工大学的行为是否构成侵权?

项目小结

知识产权是一种无形财产权，它保护的客体是智力成果或知识产品，是一种无形财产，是创造性的智力劳动所创造的劳动成果。它具有无形性、专有性、地域性和时间性等特征。它与房屋、汽车等有形财产一样，都受到国家法律的保护，都具有价值和使用价值。有些重大专利、驰名商标或作品的价值远远高于房屋、汽车等有形财产。

商标就是商品的标志，是生产者、经营者为将自己的商品与他人的商品区别开的标志，包括文字、图形、字母、数字、三维标志、颜色组合和声音等，以及上述要素的组合，构成的一种识别性标志。商标必须依附于商品或者服务而存在，同时也必须是一种可以为人所感知的符号。

专利是由政府机关或者代表若干国家的区域性组织根据申请而颁发的一种文件，这种文件记载了发明创造的内容，并且在一定时期内产生这样一种法律状态，即发明创造人或其权利受让人对特定的发明创造在一定期限内依法享有的独占实施权。专利权人获得垄断权的前提是公开其技术方案的内容。

著作权，是指基于文学、艺术和科学作品依法产生的权利。作品是著作权产生的前提和基础，是著作权法律关系得以发生的法律事实构成。作品应当具有独创性，其表达应当属于文学、艺术和科学范畴，是对思想、情感的表达，但又不是思想、情感本身。

综合实务训练

一、名词解释

1. 知识产权
2. 商标权
3. 专利权
4. 著作权

二、问答题

1. 简述商标的保护对象及保护范围。
2. 简述专利权的授权条件。
3. 简述《著作权法》不给予保护的对象及原因。

三、案例分析题

1. A公司未经许可擅自使用B公司专利技术生产并销售了变频家用空调5 000台。C家电销售公司在明知A公司侵犯B公司专利的情况下，从A公司进货2 000台空调，并已实际售出1 600台。D宾馆在不知A公司侵犯B公司专利权的情况下也从A公司购入200台空调并已安装使用。B公司发现A公司、C公司和D宾馆的上述生产、销售和使用行为后，向法院起诉，状告A公司、C公司和D宾馆侵犯其专利权。

请依据我国法律分析以下问题：

(1) A公司的生产、销售行为是否侵权？是否应承担相应的赔偿责任？分别说明理由。

(2) C公司的销售行为是否侵权？是否应承担相应的赔偿责任？是否可以继续销售库存的400台空调？分别说明理由。

(3) D宾馆的使用行为是否侵权？是否应承担相应的赔偿责任？是否可以继续使用这200台空调？

2.《休闲》为国内一份文摘杂志，该杂志社聘请学生L翻译了5年前在美国X报纸上发表的一篇署名为S的散文，登载在该文摘杂志上，作者署名S。另一家国内文摘报《饭后茶余》转载了《休闲》杂志上的这篇译文，注明转载自《休闲》。S发现后，认为《饭后茶余》报及《休闲》杂志未经其同意，翻译并使用了其作品，也未向其支付报酬，遂起诉至中国法院。《饭后茶余》报社辩称，《饭后茶余》所转载《休闲》杂志上的译文属于法定许可范围，只要向供稿人支付报酬即可，无须向S付酬。《休闲》杂志社辩称，S的散文首先发表于国外，不受我国著作权法保护，且《休闲》杂志在译文上已署名S，尊重了作者人身权，杂志社只需向译者L付款即可。

请依据我国法律分析以下问题：

(1)《饭后茶余》报社的抗辩能否成立？为什么？

(2)《休闲》杂志社的抗辩能否成立？为什么？

项目七

票据法

知识目标

1. 掌握票据和票据法的概念与特征；
2. 掌握票据法律关系和票据行为的概念、分类；
3. 掌握票据权利的概念、票据权利的行使和保全；
4. 掌握汇票、本票和支票的基本概念与法律特点；
5. 熟悉西方国家的票据立法及票据法的国际统一。

能力目标

1. 能够判断和分析票据关系；
2. 能够运用票据行为的法律规则；
3. 能够运用票据法基本知识解决实际问题。

项目分析

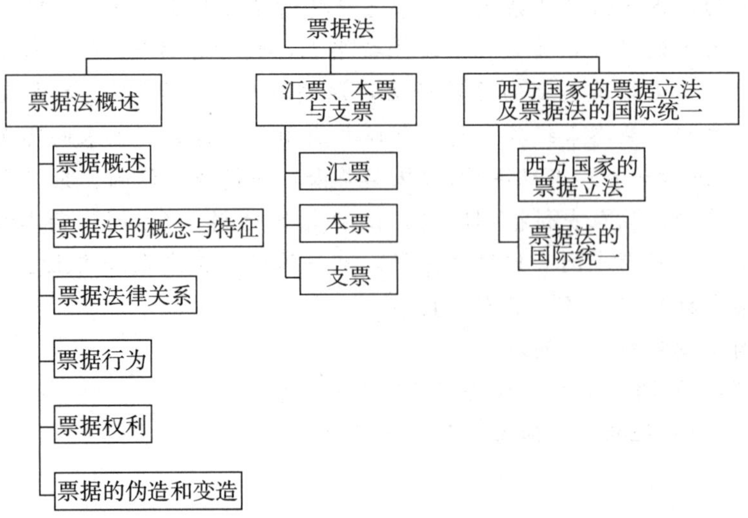

任务一 票据法概述

任务案例

中国一出口厂家，根据信用证向银行提交了汇票和有关装运单据。但是，该出口厂家所提交的汇票上，漏列了付款人和出票日期，因而遭到银行拒付。

问题：

在这种情况下，该银行是否有权进行拒付？

一、票据概述

（一）票据的定义

广义的票据泛指所有商业上的凭证，如股票、债券、发票、保单等；狭义的票据是指由出票人签发的委托他人或由自己于指定日期或于见票时无条件支付一定金额给持票人的有价证券。票据法所称的票据是狭义的票据。

票据由出票人在票面上签名，约定自己或他人为付款人，按照票据上所记载的条件于见票时或指定的日期，无条件支付给收款人或持票人一定金额的有价证券。它包括约定自己作为一定金额的支付者的本票和委托他人无条件支付一定金额的汇票与支票。

（二）票据的法律特征

1. 票据是完全的有价证券

表示一定财产权利的证券为有价证券；证券和权利不可分割，为完全的有价证券。票据的权利与票据本身不可分离，离开了票据不能主张权利。

2. 票据为设权证券

证券分为证权证券和设权证券。权利产生于证券作成之前，证券的作用在于证明其权利，即证权证券，如提单、仓单等。权利产生于证券作成之后，即证券上的权利必须作成证券才能发生的为设权证券。票据上的权利，完全是由票据行为所创设，并非证明已经存在其权利，所以是设权证券。

3. 票据是要式证券

票据的作成必须符合法定的形式要件，否则不产生票据的效力。票据的格式和记载事项，都由法律严格加以规定，当事人必须遵守，否则会影响票据的效力以致票据无效。此外，票据的签发、转让、承兑、付款、追索等行为，也必须严格按照票据法规定的程序和方式进行方为有效，因此，票据为要式证券。

4. 票据是文义证券

票据上的权利义务必须而且只能根据票据上所记载的文义来确定其效力。票据权利义务的内容完全依票据上的记载而定，即使票据上的记载与实际情况不符，也应依票据所载文义为准，不得对其进行任意解释或者根据票据以外的任何证据确定。

5. 票据是无因证券

证券权利的行使只以持有证券为必要，持票人无须证明其取得证券的原因。票据只要符合法定条件，权利即告成立。票据行为如何发生，持票人是如何取得票据的，则不必过问。

6. 票据为流通证券

票据可以通过交付或背书的方式而转让其权利。

7. 票据为债权证券

因票据所主张的权利仅限于对一定数量的金钱的请求权，不能是劳务或者实物请求权，所以，票据只能是金钱债权证券。票据所创设的债权，为一定种类和数量的金钱支付。

（三）票据的作用

票据之所以能够被广泛地使用，是因为它在经济上有独特的作用，能为当事人提供一定的方便或好处。票据的经济作用主要有以下五个方面。

1. 汇兑作用

在商业交易中，交易双方往往分处两地或远居异国，一旦成交，就要向外地或外国输送款项供清偿之用。票据的汇兑作用，在此时就得以体现，而在国际贸易中显得更为突出。因为国际贸易的双方当事人往往分处两国，交易金额亦较大，假如不使用票据，每笔交易都是输送大量现金进行结算，其困难是可想而知的。

2. 支付和结算作用

票据的支付作用是票据最原始、最简单的作用。汇票、本票作为汇兑工具的作用逐渐形成后，在交易中以票据支付代替现金支付的方式逐渐流行起来。在经济生活中，人们都普遍使用票据特别是支票作为支付工具。正是由于票据的支付功能，才使得现代商品交易，尤其是大宗的或国际上的交易变得迅速、准确、安全。

3. 充当信用工具的作用

票据的信用作用是票据的核心作用。在现代商品交易活动中，信用交易不仅大量存在，而且起着举足轻重的作用，现金交易则退居次要地位。票据作为信用工具，在现代社会中的作用日益重要，它既可以作为商业信贷的重要手段，又可以作为延期付款的凭证，还可以作为债务的担保。总之，票据当事人可以凭借某人的信用，将未来可取得的金钱作为现在的金钱来使用。同时，票据的背书制度也客观上加强了票据的信用作用。汇票和本票具有信用工具的作用，支票限于见票即付，一般用作支付工具而不用作信用工具。

4. 流通作用

背书制度产生之后，票据就具有了流通作用，可以通过背书的方式进行转让。依照背书制度，背书人对票据付款负有担保责任，即在持票人的付款请求权不能实现或者无法实现时，持票人可以向背书人追索，背书人应当付款。因此，票据背书转让的次数越多，票据债务人也就越多，票据债权实现的可能性也就越高。

5. 融资作用

融资作用是票据的最新作用。由于汇票和本票的付款都是在将来的一定日期，而在其到期前，持票人可能发生资金周转困难的情况而调度资金，持票人可以将其持有的未到期票据以买卖方式转让于他人。这种未到期票据的买卖就是票据贴现。票据贴现是利用票据融通资金的一种有效方式。现在多由专业银行经营此项业务，中央银行经营再贴现业务。银行经营贴现业务，实际上就是向需用资金的企业提供资金。随着票据贴现制度的出现，票据的融资作用日益突出。

想一想

票据与法定货币的主要区别是什么？

二、票据法的概念与特征

（一）票据法的概念

票据法是规定票据的发生、转让及行使关系的法律规范的总和。它有广义和狭义之分。广义的票据法，是指一切关于票据适用的法规的总称，包括票据公法和票据私法。票据公法是指关于票据在公法上的规定。例如，《中华人民共和国刑法》中关于伪造有价证券罪的规定；《中华人民共和国民事诉讼法》中关于票据诉讼程序的规定；《中华人民共和国企业破产法》中关于票据出票人或背书人受破产宣告的规定等。所谓票据私法，是指关于票据在私法上的规定。例如，《中华人民共和国票据法》中关于票据的各项规定。

狭义的票据法，是指以票据的发生、转让及行使的关系为对象而规定的特别的法律规范。本项目论述的票据法是狭义的票据法，包括对汇票、本票和支票这三种特种有价证券在发生、转让和行使过程中的有关法律规范。

（二）票据法的特征

票据法既要保障票据流通的方便、快捷，又要确保票据流通的安全，以保障票据权利人的利益。票据法具有以下特征。

1. 票据法具有强制性

票据关系的设定、变更或消灭，均以法律规定为行为准则。票据的内容由法律直接规定，不依当事人的愿意变更。如票据的种类、格式，票据行为，票据当事人的权利、义务等内容，大多是强制性规范，少有任意性规范，使当事人难以有任意而为的机会。

2. 票据法具有技术性

票据法的规定多数是出自商业交易活动的需要，为保证票据使用的方便与安全可靠，根据票据本身的特点和内在本质规律，专门设计出来并加以规定的。因此，票据法与交通法规有相似之处，都有技术性较强的特点，属于技术性的规定。

3. 票据法具有国际统一性

票据法是为商品经济和国际贸易服务的，随着商品经济和国际贸易的发展，不同地区、不同国家的票据法日趋统一。如《1930 年关于统一汇票和本票的日内瓦公约》和

《1931年关于统一支票法的日内瓦公约》，就是适应国际贸易的要求而为许多国家所接受，体现了票据法的国际统一性趋势。现行的德国票据法和支票法同日本的票据法和支票法几乎逐条相同，因为这些法都是以《日内瓦统一票据法》为蓝本的。票据法已成为国际上统一程度最高的一种法律。

三、票据法律关系

票据法律关系由出票人依法发出票据、收款人取得票据而形成，相对于票据的基础关系即实质关系而言，它是一种形式关系。根据票据法律关系的形成是否依据票据本身而产生，票据法律关系可分为票据关系和非票据关系。

（一）票据关系

1. 票据关系的概念

票据关系是基于票据当事人的票据行为而发生的票据上的权利义务关系。由于票据行为有出票、背书、承兑、保证、付款等，票据关系也就有出票关系、背书关系、承兑关系、保证关系、付款关系等，从而在票据当事人之间产生了票据上的权利义务关系。

2. 票据关系的当事人

票据关系的当事人，是指享有票据权利、承担票据义务的法律关系主体。票据关系的当事人是在票据上签章并承担责任的人和享有票据权利的人，包括出票人、收款人、持票人、承兑人、背书人、保证人、付款人及其代理付款人等。在这些票据法律关系的主体中，他们既可以是个人，也可以是法人，还可以是国家。

票据关系的当事人可以分为基本当事人和非基本当事人。基本当事人是随发票行为而出现的当事人。如汇票与支票的基本当事人有出票人、付款人与收款人；本票的基本当事人有出票人与收款人。基本当事人是构成票据关系的必要主体，这种主体不存在或不完全，票据上的法律关系就不能成立，票据也就无效。非基本当事人是在票据签发之后通过其他票据行为而参加到票据关系中的当事人，如承兑人、保证人、背书人等。

（二）非票据关系

1. 非票据关系的概念

非票据关系，是相对于票据关系而言的一种法律关系。与票据有联系，但非票据行为本身所产生的，而是因法律规定所发生的法律关系，人们通常称为非票据关系。例如，因票据时效期满或手续欠缺而丧失票据上权利的持票人，对于出票人或承兑人有利益偿还请求权。这一权利与票据有联系，但并非票据行为所产生，而是基于法律的规定产生的。票据法之所以要设立这样一种关系，目的是保护票据债权人的利益。当债权人在某种原因下丧失票据上的权利时，法律作出一些规定对债权人的权利予以补救。根据产生的法律基础不同，非票据关系又分为票据法上的非票据关系与民法上的非票据关系。

2. 票据法上的非票据关系

票据法上的非票据关系是由票据法直接规定的，与票据行为相联系，但又不是由票据行为本身所发生的权利义务关系。

票据法上的非票据关系与票据关系的主要区别：一是前者直接由法律规定而发生，后者由当事人的票据行为所引起；二是前者权利的行使不以持有票据为必要，而后者则以持有票据为前提。

票据法上的非票据关系主要包括：(1) 对于因恶意或重大过失而取得票据的持票人，真正权利人向其行使票据返还请求权的关系；(2) 因时效或手续的欠缺，丧失票据上权利的持票人，对出票人（也称发票人）或承兑人在其所受利益限度内行使利益返还请求权的关系；(3) 付款人付款后，对持票人行使交出票据请求权而发生的关系；(4) 汇票的持票人向出票人行使给予复本请求权而发生的关系等。

3. 民法上的非票据关系

票据法律关系是一种形式关系，即仅由出票人依法发出票据、收款人取得票据而形成。但是，票据的作成是有很多原因和条件的，如买卖、赠与、继承、存款、欠债等，这就形成了许多与票据有密切联系的法律关系。这类作为票据法律关系的事实和前提条件而存在的法律关系，则称为票据的基础关系或实质关系。它是基于产生和接受票据的原因或实质而形成的关系，不属于票据关系的范围，也不属于票据法规范的对象。这类关系是由民法来调整的，因而也称为民法上的非票据关系。

4. 票据的基础关系

(1) 原因性票据基础关系。它是指票据当事人之间由接受某种票据的原因所产生的基础关系。也就是说，某种关系之所以出现，在经济上和法律上必定有着客观的原因。例如，票据当事人间存在一种购销合同关系，那么购货人收到货物后，他应依合同付款给供货人，如果他们的结算采取票据方式，这种购销关系必定产生票据关系。购销关系是票据关系产生的原因。我们称这类购销关系为原因性票据基础关系。

(2) 资金性票据基础关系，简称资金关系。它是指汇票或支票的出票人与付款人之间的基础关系。例如，付款人（银行）处存有存款人（出票人）的资金时，出票人因某项支出开出一张支票，这样就会在付款人与存款人之间产生票据关系。可见，因资金的存贷关系也能产生票据关系，我们称这种资金的存贷关系是一种资金性票据基础关系。

(3) 票据预约。票据当事人间虽然有原因关系存在，但是在为票据行为之前，通常要对票据行为的内容有所约定，如在发出票据之前，出票人与收款人之间应就票据的种类、金额、到期日、付款地等事项达成协议，这种协议就是一种票据预约，它本身不是票据关系。在票据当事人间，先有原因关系，再有票据预约，然后才有根据预约发出票据之后所产生的票据关系。票据预约是居于票据原因与票据行为之间的中间行为，是票据原因的结果、票据行为的基础，它使当事人一方负有为票据行为的义务，如出票。票据行为是票据预约的实现，但票据预约与票据行为是分离的。当事人之间若不履行票据预约是民法上的违约问题，与票据的效力无关。

(三) 票据关系与票据基础关系

票据关系与票据基础关系存在着既相分离又相联系的双重关系。

一方面，票据关系与票据基础关系相分离，即票据关系一经成立，便与基础关系相脱离，不受基础关系的影响。无论基础关系是否成立，都不影响票据权利的行使，这是作为无因证券的票据流通所必需的，否则票据难以广泛流通。

另一方面，票据关系与票据基础关系仍有相联系的地方，这主要表现在票据的原因关系中。一种情况是，当原因关系与票据关系存在于同一当事人之间时，债务人可用原因关系对抗票据关系。如甲因向乙购货而交付汇票于乙，之后，甲、乙间的买卖合同解除，乙持票向甲请求付款时，甲可以主张原因关系不存在而拒绝付款。但是，这种以原因关系对抗票据关系的情形只能发生在直接当事人之间，对第三人不产生效力。如在上例中，乙已将汇票背书于丙，则甲不能以原因关系不存在而对抗丙的票据权利。另一种情况是，当持票人取得票据无对价或无相当对价时，不能享有优于其前手的权利。如甲签发票据给乙，丙窃得后将票据以低于票据面额的价格转让给丁。丙为丁的前手，丙不能取得票据权利，丁也就不能取得票据权利。

四、票据行为

（一）票据行为的概念

票据行为有广义和狭义之分。广义的票据行为是指以产生、变更和消灭票据上的权利义务关系为目的的法律行为。狭义的票据行为仅指承担票据债务的要式法律行为。票据行为包括出票、背书、承兑、保证、付款。其中出票是基本票据行为，其余均为附属票据行为。

根据票据行为的性质划分，票据行为分为基本票据行为和附属票据行为，或称主票据行为和从票据行为。基本票据行为是能够引起票据法律关系的行为，如出票；附属票据行为是指基本票据行为以外的其他票据行为，如背书、保证、承兑、付款等。

（二）票据行为的特征

票据行为与一般的法律行为相比，具有以下特点。

1. 要式性

要式性是指票据行为是一种严格的书面行为，应当依据票据法的规定，在票据上记载法定事项，票据行为人必须在票据上签章，其票据行为才能产生法律效力。票据行为的要式性有利于票据的安全流通。

2. 文义性

文义性是指票据行为的内容均依票据上所载的文义而定。这是票据要式性的具体表现。票据文义直接决定票据的权利和义务的范围及最高限度。

3. 无因性

无因性是指票据行为只要具备法定形式要件，便产生法律效力，即使其基础关系（又称实质关系）因有缺陷而无效，票据行为的效力仍不受影响。如甲签发汇票给乙，签发票据的原因是甲购买了乙的商品。之后，甲发现乙提供的商品有质量问题，但这并不能免除甲对乙的票据责任，至于甲与乙之间的商品质量纠纷只能另行解决。

4. 独立性

独立性是指在同一票据上所作的各种票据行为互不影响，各自独立发生其法律效力。

如无行为能力人的出票行为无效，但有行为能力人已在票据上背书、承兑，则背书、承兑有效；被保证的债务无效，保证人的保证行为只要要式条件具备便有效；票据本身或票据上签字是被伪造的，真正在票据上的签名而完成的票据行为有效。许多国家的票据法都确立了票据行为的独立原则，目的是保证票据的流通和社会交易的安全。

5. 连带性

连带性是指同一票据上的各种票据行为人均对持票人承担连带责任。由于票据行为具有独立性和无因性，这就使持票人的权利实现受到影响，因此票据法规定了连带原则，以保护持票人的票据债权。《中华人民共和国票据法》（以下简称《票据法》）第六十八条规定："汇票的出票人、背书人、承兑人和保证人对持票人承担连带责任。"

（三）票据行为要件

票据行为必须具备法定要件才能成立和有效。票据行为要件分为实质要件和形式要件两类。票据行为的实质要件，适用民法上关于民事行为成立要件的规定。它包括行为人的票据行为能力和票据意思表示。形式要件是票据行为要式性的具体表现，包括书面、记载事项、签章和交付四项。

1. 书面

出票、背书、承兑、保证等各种票据行为均须以书面为之。

2. 记载事项

根据记载事项的效力不同，可分为应记载事项、可记载事项、不得记载事项和不产生票据法效力的记载事项。

（1）应记载事项，也称必要记载事项，是指依票据法规定必须记载的事项。根据记载后的效力，又分为绝对应记载事项和相对应记载事项。绝对应记载事项是指依票据法规定必须记载、如不记载票据即归无效的事项。综合各国票据法的规定，这类事项主要包括四项：表明票据种类的文句、确定的金额、无条件付款的委托文句或无条件支付的承诺文句、出票日期。我国票据法将汇票的绝对必要记载事项规定为七项，除前述四项外，还有收款人名称、付款人名称和出票人签章。本票和支票则规定为六项。除前述四项外，本票还有收款人名称和出票人签章，支票有付款人名称和出票人签章。票据法规定必须记载而未记载的事项，则以票据法的规定为准。根据我国《票据法》第二十三条的规定，汇票的付款日期、付款地、出票地为相对必要记载事项；汇票未记载付款日期的，为见票即付；未记载付款地和出票地的，以付款人和出票人的营业场所、住所或者经常居住地为付款地和出票地。

（2）可记载事项，又称任意记载事项，是指记载与否由票据当事人决定，若不记载，票据仍然有效，若记载，也发生票据法上的效力。从立法体例来看，各国票据法一般是将这类事项规定在汇票、本票及支票分则中。如汇票发票人可以记载预备付款人、禁止背书等。根据《票据法》第二十七条第二款的规定，出票人在汇票上记载"不得转让"字样的，汇票不得转让。

（3）不得记载事项，又称禁止记载事项，即记载于票据上，使记载本身或票据归于无效的事项。依记载后果不同，分无益记载事项和有害记载事项。无益记载事项不产生票据法上的效力，也不产生其他法律上的效力。如附条件背书。《票据法》第三十三条规定："背书不得附有条件。背书时附有条件的，所附条件不具有汇票上的效力。"有害记载事项是指行为人一经记载就使整个票据归于无效的事项。如汇票出票人记载"货到验收合格后付款"或"见我电报付款"。此类附条件事项，不仅使记载本身无效，也使整个票据归于无效。

(4) 不产生票据法效力的记载事项，是指当事人可以自由选择记载，但记载后不产生票据法上效力的事项。如汇票出票人记载"除给付票据金额外另付股票若干"，即属此类记载事项。

3. 签章

签章是票据应记载的事项之一，也是票据行为人承担票据责任的必要表示方法。各国票据法都规定，任何一种票据行为均应由行为人在票据上签名、盖章。签名分自然人签名和法人签名。

4. 交付

交付是指票据行为人将票据交给相对人持有。票据是提示证券、占有证券和返还证券，无论是出票还是背书、承兑、保证、付款等，均须以交付到相对人手中，才算完成票据行为，相对人才能据以持票行使票据权利或承担票据义务。

五、票据权利

（一）票据权利的概念和分类

票据权利，是指持票人向票据债务人请求支付票据金额的权利。票据权利是一种金钱债权，包括两种权利——付款请求权和追索权。

付款请求权是指票据的债权人依法要求票据的主债务人或其他付款人按票据上所记载的金额付款的权利。付款请求权的成立要件：票据权利曾有效存在；票据权利因时效届满或手续欠缺而消灭；出票人或承兑人因票据权利的消灭而受有额外利益。承兑人未收到资金或出票人为赠与，则无额外利益。

追索权是指持票人行使付款请求权遭到拒绝或有其他法定原因时，持票人在履行一定的保全手续后，可以要求付款人或承兑人的前手偿还票据金额和其他费用的一种票据权利。

追索权的法律特征本质上是一种票据权利。追索权作为最后持票人享有的第二次请求权，它是一种期待权，是为补充付款请求权而设立的。追索权作为一种票据权利，其行使必须采取一定的保全手续，否则，持票人就会丧失对其前手的追索权。追索权具有代位性。追索权的代位性又称作转移性，即追索权并不因一次得到满足而消失，最后持票人向其前手行使追索权，在得到清偿后，追索权并没有消失，而是转移到其他票据债务人。追索权具有选择性和变更性。追索权的选择性是指持票人可以不按顺序选择偿还对象；追索权的变更性是指持票人在时间上可先后变更追索对象。

付款请求权又称第一次请求权，而追索权一般是在行使付款请求权后才使用的权利，故称第二次请求权。票据法上的其他权利，如付款人的交出票据请求权、利益返还请求权、汇票持票人的发行复本请求权、票据抗辩权等，由于它们不是票据所固有的权利，而只是为维护票据的信用和实现票据权利而发生的，因此是一种辅助性的权利，它们本身不是票据权利，故称为票据法上的权利。

（二）票据权利的取得、行使和保全

1. 票据权利的取得

票据权利的取得，是指根据什么方式，依据何种法律事实而取得票据权利。从票据权利的取得方式看，分为原始取得和继受取得。

发票人制成票据并交付给收款人后，收款人即从发票人处得到票据权利，这种取得票据的方式为原始取得。持票人从有正当处分权的人那里依背书转让或者交付程序而取得票据的，为继受取得。比如因背书而取得，因税收、继承、赠与而取得，因公司合并而取得等。

从票据取得的主观状态看，分为善意取得和恶意取得。持票人在善意和无重大过失的情况下，依照票据法规定方式，支付对价后取得的票据，为善意取得。持票人善意取得的票据，应当享有票据权利。持票人明知转让票据者无处分或交付票据的权利，或者虽然不是明知但应当或者可能知道让与人无处分权但由于过错或疏忽大意未能得知而取得票据，为恶意取得。持票人恶意取得票据的，不得享有票据权利。根据我国《票据法》的规定，票据权利的取得有两项限制：第一，以欺诈、偷盗或者胁迫等手段取得票据的，或者明知有前列情形，出于恶意取得票据的，或者有重大过失取得票据的，不得享有票据权利。第二，以无偿或者不以相当对价取得票据的，不得享有优于其前手的票据权利。

2. 票据权利的行使和保全

票据权利的行使，是指票据债权人请求票据债务人履行其票据债务行为。票据权利的行使，应当在票据债务人的营业场所和营业时间内进行。票据债务人无营业场所的，应当在其住所进行。票据权利的保全，是指票据债权人为防止其票据权利丧失，依票据法规定而采取的行为。例如，为防止追索权丧失，采取作出拒绝证书的方式。

六、票据的伪造和变造

票据上的记载事项应当真实，不得伪造、变造。伪造、变造票据上的签章和其他记载事项的，应当承担法律责任。所谓票据伪造，是指行为人假冒他人的名义在票据上签章的票据行为，包括票据本身的伪造和票据上签名的伪造。票据上签名的伪造是对已经存在的票据实施伪造签名的行为，票据仍然是真正的票据。如果是票据本身的伪造（即发票的伪造），这种票据是无效的票据。所谓变造，是指无权而擅自变更票据文义的行为，即改变签名以外的票据上的其他记载事项的行为。票据变造的前提是该票据在变造前须为形式上有效的票据，而在变造后仍须为形式上有效的票据。依照票据行为的独立性原则，一行为无效，不影响其他行为的效力。所以，我国《票据法》规定，票据上有伪造、变造的签章的，不影响票据上其他真实签章的效力。同时还明确规定了责任问题：票据上其他记载事项被变造的，在变造之前签章的人，对原记载事项负责；在变造之后签章的人，对变造之后的记载事项负责；不能辨别是在票据被变造之前或者之后签章的，视同在变造之前签章。

课堂讨论

A市新世界百货商店股份有限公司（以下简称“新世界公司”）售货给一持有韩国某商务有限公司驻A市代表处（以下简称“代表处”）印鉴的中国银行1－151560号空白转账支票的女士。因新世界公司将其中“万”字金额写错，于次日到银行转账时，银行以账户不符为由退回支票，新世界公司凭支票上的印鉴要求代表处偿付货款，代表处以该支票已作废为由拒绝支付，新世界公司遂向A市某区人民法院提起诉讼。据调查，该空白转账支票系代表处因报关所需开具，后遗失而被该女士拾得并冒用购物。

问题：该案中代表处应承担什么责任？为什么？

任务二　汇票、本票与支票

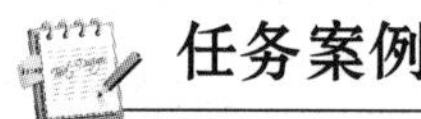

任务案例

香港K公司与内地D公司达成买卖镀锌铁皮交易，并同意2个月付款。K开立了一张期限为2个月的汇票，其付款人是D，但收款人是内地C公司。该汇票经D承兑，C于汇票到期时向D要求支付款项，但D以K没有向其发货为理由拒付汇票金额。

问题：

本案中，汇票的主债务人是谁？C应不应该获得汇票款项？为什么？

票据的种类主要有汇票、本票和支票。

一、汇票

（一）汇票的定义

汇票是出票人签名出具的，要求受票人见票时或于规定的日期或将来可以确定的时间内，向持票人或特定人或特定人指示的收款人支付一定金额的无条件书面支付命令。

（二）汇票的特征

（1）汇票是票据的一种。

（2）汇票是委托他人支付确定金额的票据。

（3）汇票是无条件支付一定金额给收款人或持票人的书面票据。

（4）汇票的金额必须确定。

（5）汇票须于见票时或规定的到期日付款。

（三）汇票原始当事人之间的法律关系

汇票的出票人对付款人来说是债权人，而对收款人来说则是债务人。但是，只有付款人在汇票上签名，承担了付款义务之后，他才成为该汇票的主债务人，而出票人则居于次要地位，成为从债务人。

（四）汇票的票据行为

1. 出票

出票人签发票据并将其交付给收款人的票据行为，称为出票行为。出票由作成票据和交付票据两项行为构成。作成票据指出票人依照票据法的规定，在票据上记载法定内容并签名或盖章的行为。交付票据是指出票人依据自己的本意将作成的票据实际交给他人占有的行为。欠缺这两项中的任何一项，出票行为都不成立。出票的目的在于创设票据权利，并使票据进入流通领域。因此，出票行为完成后，即可发生票据法上的效力。基于出票行为，出票人产生票据债务，收款人或持票人取得票据权利。

汇票的法定记载事项：

（1）标明“汇票”字样。大陆法系各国及《日内瓦公约》都要求在汇票上必须标明“汇票”字样，但英美法系各国则不要求必须注明“汇票”字样。

（2）汇票必须是无条件的。

（3）汇票上所载明金额须是确定的。

（4）必须载明付款人的姓名。

（5）关于汇票的收款人的有关规定。英美法认为，汇票上可以指定收款人，也可以不指定收款人而仅填写“付给持有人”（to Bearer）字样，谁持有汇票，谁就有权要求付款人支付票据上所记载的金额。但《日内瓦公约》原则上不承认无记名式的汇票。按照《英国票据法》，汇票上收款人可以有以下三种写法：1）限制性抬头。例如，汇票上载明“仅付给A公司”（Pay A Co. Only）或“付给A公司，不准转让”。这种汇票只能按一般民法上债权让与的方式转让。2）指示式抬头。例如，汇票上载明“付给A公司或其指定的人”（Pay A Co. or Order；Pay to the Order of A Co.），这种汇票可以经过背书转让。3）来人式抬头。汇票上不载明收款人的姓名，而只写明“付给持票人”（Payable to Bearer）字样。这种汇票在转让时无须由持票人背书，仅凭交付即可转让。

（6）汇票的出票日期及地点。《日内瓦公约》规定，汇票应当记载出票日期及地点，否则不得认为有效，但有一个例外，如果汇票上没有载明出票地点，则以出票人姓名旁的地点为出票地点。英美法系各国则认为，出票日期和地点并不是汇票必须记载的事项。如果汇票上没有填写出票日期，汇票仍然有效，持票人可以将其认为正确的日期补填在汇票上。如果汇票上没有载明出票的地点，则可以以出票人的营业场所、住所或居住地为出票地点。出票的时间和地点在法律上具有重大意义。按照一些国家的票据法的规定，付款提示和承兑提示都有一定的期限，这个期限是从出票之日起开始计算的。出票的地点对国际汇票法有重要意义，它关系到汇票的法律适用问题。按照《关于解决汇票及本票的若干法律冲突的公约》和许多国家法律的规则，汇票所适用的法律在许多方面都采用行为地法的原则。

（7）汇票的到期日。汇票的到期日就是汇票所载金额的支付日期。如未载明付款时间，可视为见票即付。汇票的到期日有以下四种规定方式：1）定日付款（Fixed Date），即需求付款人以确定的日期为到期日付款；2）见票即付（Sight Bill），即要求付款人在持票人向其提示汇票时付款；3）出票日后定期付款（After Date），即从出票日起算，于出票日后的一定时间内（如1个月）付款；4）见票后定期付款（After Sight），即从持票人提示汇票后起算，于见票后的一定期间内（如3个月）付款。按照《英国票据法》的规定，汇票的到期日可以是确定的期限或日期，也可以把将来肯定会发生的但不能预先确定其发生的确切日期的事件作为这类汇票的到期日。但《日内瓦公约》只允许采取上述第一至第四种办法来规定汇票的到期日，否则汇票无效。

（8）汇票的付款地点。《英国票据法》规定，票据上不一定要载明付款地点，不管付款人在什么地方，只要持票人能找到他，就可以向他提示汇票要求付款。《日内瓦公约》则要求在汇票上应载明付款地点，但是，如果没有记载付款地点，则以付款人姓名旁的地点为付款地，亦即视为付款人的所在地。

（9）必须由付款人在汇票上签名。按照票据法的原则，只有在汇票上签名的人，才对票据承担责任。因此，各国票据法都规定，汇票上必须要有出票人的签名才能生效，欠缺出票人签名的汇票在法律上是无效的。

（10）出票人的责任。出票人的责任有两项：1）担保其汇票将获得承兑。2）担保其汇票将获得付款。关于出票人可否在汇票上列入“免于追索”（Without Recourse）的文句，各国法律有不同规定。按照《日内瓦公约》的规定，出票人可以在汇票上列入免责文句以免除担保承兑的责任，但不得免除担保付款的责任。而《英国票据法》和《美国统一商法典》则规定，出票人可以在汇票上列入免责文句，免除或限制其对持票人的偿还义务。

2. 背书

背书指持票人在票据背面或者粘单上记载有关事项并签章后将票据交付受让人，从而使票据上的权利发生转移的票据行为。票据作为流通证券，它的流通主要是通过背书行为实现的，出票之后，票据上的权利依背书方式可以在社会上流通。

（1）一般票据背书有以下几种效力：

1）权利转移的效力。被背书人依背书而受让票据后，就同时取得票据的所有权利，如对付款人的付款请求权、对前手的追索权、对票据保证人的权利等。

2）担保付款的效力。背书人对于其后手有担保承兑及付款的责任，背书人之间承担连带责任。如承兑人拒绝承兑或承兑人破产及不付款时，持票人有权向背书人中任何一人、数人或全体进行追索，请求偿还票据上的金额。背书人对票据债权人所负的责任与出票人相同。因此，票据的背书人越多，就意味着有更多的人担保票据承兑和付款，则担保的效力就越大，持票人的利益就越有保障。

3）权利证明的效力。它是指持票人应以背书的连续，证明其取得的票据权利是正当的。如所持票据上的背书为连续时，应推定持票人为真正的票据权利人，不必另行举证即可行使票据权利。

（2）背书的方式。

1）记名背书（Special Endorsement），又称为完全背书或特别背书。背书人在背书时，在汇票背面写上被背书人的姓名或商号名称，并签上自己的名字。

2）空白背书（Blank Endorsement），又称无记名背书或略式背书。背书人在汇票背面签上自己的名字，不必填写被背书人的姓名或商号名称。经空白背书后的汇票可仅凭交付而转让，其结果同来人式抬头的汇票。

空白背书可以转变为记名背书，记名背书也可以转变为空白背书。

（3）背书的种类。

依背书人作出背书时的意图，背书可以分为以下几种：

1）转让背书，是以转让汇票上的权利为目的所作的背书，其受让人（受背书人）可取得该汇票的所有权利，持票人在背书时另有记载的除外。通常的背书多属于此类。按照各国票据法的规定，持票人在背书转让票据时，须把汇票上的全部金额同时转让给同一个人，这就是所谓的“背书的不可分割性”。

2）有特殊记载的背书，是指持票人背书时，除签名外，还附加了某种特殊文句，借以限制自身的责任、限制汇票的再度转让或附加其他条件等。这主要有以下几种情形：

a. 限制转让的背书（Restrictive Endorsement）。背书人在背书时加注限制的文句，如注明“不得转让”（No Negotiable）等。按照英国的法律，该汇票的受背书人无权将该汇票再次转让，除非另有授权。按照某些大陆法系国家的法律，则该汇票就只能以一般债权让与的方式转让；但是，如果是由背书人作出不得转让的记载，而该汇票仍然可以背书方式转让的，则背书人仅对其直接的受背书人负责；倘若该汇票仍然可以背书方式转让给其他人，则背书人对于在其作出禁止背书记载之后，再依背书取得该汇票的其他人，可不负责，即可拒绝其他人的追索。但是，按照《美国统一商法典》的规定，限制转让背书一般不能限制该票据的转让流通。

b. 限制背书人责任的背书（Qualified Endorsement）。背书人为了限制自己的责任，往往在背书时加“免予追索”（Without Recourse/Sans Recourse）的文句。这种文句可以起到使背书人免除其由于在汇票上签名背书而产生的责任的作用。如日后该汇票遭到拒付，持票人在向前手追索时，只能越过背书人而向其他背书人或出票人追索。但是，按照《英国票据法》的规定，加注“免予追索”字样的背书人地位，同仅凭交付票据而转让的无记名汇票的出让人的地位是类似的，即他们虽然对间接的受让人可以免受追索，但如有下列情况则仍须对支付了对价的受让人（Immediate Transferee for Value）负责：第一，汇票曾被伪造；第二，背书人在转让汇票时已经知道汇票将遭到拒付；第三，出让人的权利有瑕疵（如无权出让汇票）。

c. 附有条件的背书（Conditional Endorsement）。背书应当是无条件的，如背书人在背书时附加某种条件，则这种附加条件的记载是无效的。

3）非转让背书，是指背书人作背书不是为了转让票据上的权利，而是另有用意。常见的非转让背书有：

a. 委托取款背书（Endorsement for Collection）。背书人在背书时注明其背书的目的只是委托被背书人取款，而不是转让汇票的所有权。这种背书通常都注明“委托取款”（for Collection）或“委托代收”（by Procuration）等字样。按照《日内瓦公约》的规定，委托取款背书的受背书人享有以下两项权利：第一，行使汇票上的一切权利；第二，以代理人的资格，基于取款的目的，将汇票再度背书给第三人，从而将其代理权转移于第三人，让后者代为取款，但不得作其他背书（如转让背书）。同时，在委托取款背书的条件下，由于该汇票的权利并未转让给受背书人，而仍为背书人所拥有，因此，在受背书人行使汇票上的权利时，该汇票债务人所提出的抗辩，可用于对抗受背书人。

b. 设质背书（Endorsement of Pledge），亦称质权背书，是指以设定质权为目的所作的背书。此种背书的受背书人，得以质权人的资格行使汇票上的权利。质权书通常都注有“基于担保”（Value in Security）或“出质”（Value in Pledge）字样。按照《日内瓦公约》的规定，汇票的债务人不得以自己对设质背书人的抗辩来对抗设质背书的受背书人（质权人），但如果后者为在接受汇票时明知损害债务人而接受者则不在此限。

3. 提示

提示（Presentment）是指持票人向付款人出示汇票，请求其承兑或付款的行为。这是持票人为行使和保全其权利所必须做的一种行为。提示可以分为承兑提示和付款提示两种。承兑提示是指持票人向付款人出示汇票，并要求付款人承诺付款的行为。付款提示是指持票人现实地向付款人或承兑人出示汇票而请求付款的票据行为。

付款人只有在其承兑汇票之后，才成为该汇票的主债务人，承担到期付款的责任。但是，即期汇票（Bills Payable on Demand 或 Bills Payable at Sight）则只需作付款提示，而无须作承兑提示。

无论是承兑提示还是付款提示，都必须在法定期限内进行，或按票据上的记载办理。对于提示的期限，各国法律有不同的规定。《日内瓦公约》规定，见票后定期付款的汇票，应在出票日起 1 年内为承兑提示；见票即付的汇票，应于出票后 1 年内为付款提示。英美法则没有规定具体的提示期限，而只要求在“合理时间”（Reasonable Time）提示。如果持票人不在规定期间内作出承兑提示或付款提示，他就将丧失对前手背书人和出票人的追索权。因此，及时作出相应的提示是持票人保全其权利的一种必要的程序。但是，汇票承兑人不得以持票人未按时作出付款提示而解除其对汇票的责任，因为他是汇票的主债务人，负有绝对的付款义务。如果承兑人拒付，持票人可起诉，但此项诉讼必须在法定期限内提出。关于诉讼时效，各国法律有不同的规定，《日内瓦公约》规定为 3 年，《英国票据法》规定为 6 年。一旦上述时效已过，持票人就将丧失汇票上的一切权利。

4. 承兑

汇票的付款人接受出票人的付款委托，同意承担支付汇票金额的义务，并以签名形式将此项意思表示于汇票上的行为是承兑行为。

承兑的作用在于确定付款人对汇票金额的付款义务。因为开立汇票是出票人单方面的行为，付款人是否接受给票据付款是不确定的。所以，持票人为了确定付款人的责任，就须向付款人提示承兑，只有付款人在汇票上签名承兑之后，才对汇票的付款承担责任，并由此而成为汇票的主债务人，出票人和其他背书人则居于从债务人的地位。如付款人拒绝承兑，持票人就只能向汇票的背书人和出票人进行追索。但是承兑行为仅发生于汇票关系中，本票和支票关系中无承兑行为。承兑人在汇票到期时不付款，持票人仍有权向任何前手背书人或出票人进行追索。

参加承兑，是指当汇票不能获得承兑，及付款人或承兑人因死亡、逃避、破产等原因无法作承兑提示时，第三人为阻止持票人在汇票到期日前进行追索而加入票据关系所作的票据行为。参加承兑的目的，在于防止持票人在汇票到期日前，因不获承兑而行使追索权，以维护出票人和背书人的信誉。参加承兑人代被参加承兑人偿还了债务后，汇票的权利并不消灭，汇票亦不因之而失效，参加承兑人仍取得对被参加承兑人及其前手的持票人的权利。

5. 保证

汇票的保证是指票据债务人以外的第三人，在票据或其粘单上所为的，以担保特定票据债务人履行票据债务为内容的票据行为。汇票保证有如下特点：

（1）汇票保证是一种要式行为。汇票保证就在汇票上或粘单上作出，注明“保证”或类似字句，并由保证人签名。

（2）汇票保证具有独立性。这是汇票保证与民法上的保证的一个重大区别。具体来说，在汇票保证的场合下，即使被保证的主债务因任何原因无效，除因款式欠缺而无效外，保证人仍应承担义务；但民法上的保证则不然。

（3）汇票保证人不得享有先诉抗辩权。这也是汇票保证与民法上的保证的一个重要区别。汇票保证具有独立性，所以汇票的持票人（债权人）可以不先向被保证人请求付款或追索，而直接向保证人提出付款请求或追索。

保证人在清偿汇票债务后，有权行使持票人对承兑人、被担保人以及对于被保证人应负汇票上责任者的追索权。保证人的义务主要有：

（1）保证人与被保证人负同一种责任，即担保付款。

（2）当由一个以上的保证人为同一汇票债务提供保证时，各保证人均应负连带责任。

（3）当保证人担保的汇票债务因某种理由无效时，仍应承担责任，但因款式欠缺无效者除外。

（4）保证人可以就汇票的全部金额提供担保，也可以仅对部分金额提供担保，在后一种情况下，保证人仅对他所保证的部分金额承担支付义务。

6. 汇票的付款

汇票的付款是指汇票的付款人在汇票的到期日向持票人支付汇票金额，以消灭票据关系的行为。提示是付款的必要程序。付款提示的效力主要表现在以下两个方面：作为保全偿还请求权的要件；作为汇票主债务人承担延期付款责任的条件。付款人付款的时间应为持票人在汇票到期日提示付款人是否必须于当天付款、有无一定的宽限期。关于宽限期，各国法律有不同的规定。按照《英国票据法》的规定，对远期付款的承兑，可以有 3 天的优惠日。《日内瓦公约》则没有优惠日的规定。但是，按照各国的法律或习惯，如果汇票的到期日是星期日和其他公休假日，则付款的日期可顺延至下一个营业日。

（1）付款人付款的效力。汇票一旦由付款人按票面金额全部付清后，汇票上的债权、债务关系即告消灭。付款人在付款时得要求持票人在汇票上签名注明“收讫”字样，并把汇票交给付款人。如果在汇票上出现伪造背书，付款人即使向支付了对价而取得该汇票的持票人支付了汇票规定的金额，也不能解除其责任，并且在这种情况下，付款人还应向汇票的真正所有人再次付款。但按照《日内瓦公约》的规定，付款人只负责证明汇票背书的连续性，而没有义务证明签名的真实性，因此，善意的付款人经核对背书的连续性认为合格而向持票人付款之后，即可合法地解除其对汇票的责任。

（2）参加付款，是指当付款人或承兑人不向持票人付款时，由付款人以外的人代为付款的行为。英国法称之为“荣誉付款”（Payment for Honor）。在参加付款的情况下，付款人付款后，由参加付款人取得持票人的权利，他可以向被参加付款人及其前手要求偿还，但不得将该汇票再行背书转让。而且，汇票一旦由参加付款人付款后，被参加付款人的后手背书人，即因之而解除责任。《日内瓦公约》和《英国票据法》都规定，如持票人拒绝参加付款，他就将对由于此种付款而得以解除责任的任何当事人丧失追索权。换言之，即丧失对被参加人及其后手背书人的追索权。

7. 汇票拒付

汇票的拒付（Dishonor of Bill）包括拒绝承兑和拒绝付款两种情况。当持票人把远期汇票向付款人提示承兑时，如果付款人拒绝承兑，持票人即可行使追索权。拒付不仅是指付款人明确地表示拒绝承兑或拒绝付款，也包括付款人逃避、死亡或宣告破产等情形。

8. 汇票的追索

当汇票遭到拒付时，为了保护持票人的利益，各国法律都认为持票人有权向前手背书人以及汇票的出票人请求偿还汇票上的金额，这项权利在法律上称为追索权（Right of Recourse）。按照各国票据法的规定，持票人在行使追索权时必须具备以下条件：

（1）汇票遭到拒绝承兑或拒绝付款。

（2）汇票已在法定期限内向付款人作承兑提示或付款提示（如由于付款人或承兑人死亡、逃避或其他原因无法向其提示，或付款人、承兑人宣告破产，则无须作上述承兑提示或付款提示）。

（3）必须在汇票遭到拒付后的法定期间内作成拒绝证书。所谓拒绝证书，是一种由付款地的公证人（Notary Public）或其他依法有权作出这种证书的机构，如法院、银行、公会等，所作成的证明付款人拒付的书面文件。按照大多数国家的法律，除出票人已在汇票上注明不必作成拒绝证书外，一切汇票在遭到拒付时都必须作成拒绝证书，如持票人未按法定时间作成拒绝证书，则丧失对其前手背书人和出票人的追索权。按照《日内瓦公约》的规定，拒绝证书应于提示期内作成，如提示日为提示期限的最后之日，则必须于其后的第一个营业日作成。但按照《英国票据法》的规定，国内汇票（Inland Bill）在遭到拒付时，不一定要作成拒绝证书，只有外汇票（Foreign Bill）才必须在拒绝之日或翌日作成拒绝证书，否则出票人和背书人即可解除对该汇票的责任。至于汇票的承兑人，则仍应对汇票负责。

（4）必须在汇票遭到拒付后的法定期间内将拒付事实通知其前手。按照《英国票据法》的规定，持票人必须将拒付事实通知其直接背书人以及任何他拟对之追索的前手。此项拒付通知必须在合理时间内作出，否则，持票人就将丧失其对前手背书人和出票人的追索权。所谓合理时间，包括以下两种情形：1）如果当事人居住在同一地区，则拒付的通知应于拒付的翌日作出，或于拒付后及时发出通知使对方能翌日收到；2）如果当事人居住在不同的地方，则拒付通知应于拒付的翌日发出，如翌日无邮班，则应于下一邮班发出。在这个问题上，《日内瓦公约》的规定没有像英国法那样严格。按照《日内瓦公约》的规定，持票人应于拒绝承兑或拒绝付款证书作成之日后4个营业日内通知其背书人与出票人；第一背书人应于收到此项通知之日后2个营业日通知其背书人与出票人；每一背书人应于收到此通知之日后2个营业日内通知其前手背书人，依次推及出票人。不在上述期限内发出通知的，并不因此而丧失其权利。如由于怠于通知而使汇票的债务人发生损失时，怠于通知的一方应承担赔偿责任，但赔偿额不得超过汇票金额。

9. 汇票上的伪造行为

汇票上的伪造签名（Forged Signature）是指假冒他人的名义或未经授权而用他人的名义在汇票上签名的行为。伪造签名主要有以下几种情形：

（1）伪造出票人签名：如果假冒签名的汇票已被付款人承兑，承兑人就不得否认出票人的存在及其签名的真实性，必须对最后“持票人”承担付款义务。该汇票的背书人亦须对其后的持票人负责，因为背书人依法须对持票人保证出票人以及一切前手背书人的签名是真实的。

（2）伪造承兑人签名：如果有人假冒承兑人的名义在汇票上承兑，该汇票应视为未经承兑。被假冒签名的承兑人不承担责任。

（3）伪造背书：伪造背书是指假冒背书人的名义在汇票上签名。按照英国法，伪造背书的后果是：第一，伪造背书视同没有背书，该汇票仍应是向原正当持票人付款的汇票。第二，伪造背书的善意受让人所得到的是一张未经背书的汇票，他不能因此而取得对该汇票的任何权利，因此，他亦无转让该汇票的权利。这样一来，其后手也同样不能取得对该汇票的任何权利，正当持票人有权要求汇票返还。第三，即使付款人已经承兑了汇票，成为该汇票的承兑人，但如果发现有伪造背书的情况，最后的“持票人”也无权对其要求强制执行付款义务，因为根据英国法，承兑人只对出票人的签名的真实性负责，但对背书人的签名的真实性则不负责任。第四，即使付款人（承兑人）已向“持票人”付款，也不能解除其付款义务，该汇票的真正所有人仍有权要求付款人再次向其付款。但有一个例外，如果作为付款人的银行，对见票即付的汇票付了款，只要银行的付款是出于善意，付款银行即可解除其付款义务。英国法是保护汇票的真正所有人，让从伪造者手中取得汇票的人承担损失。

《日内瓦公约》则规定：汇票上的伪造签名对被伪造者和伪造者都没有约束力，但在汇票上作了真实签名的人的义务并不因之减少其效力。无论由于何种方式而失去汇票的人，都不能要求以一系列背书方式取得票据权利的持票人交还汇票，除非持票人在取得汇票时有恶意或重大过失。凡在到期日付了款的付款人即可解除对汇票的责任，除非他有欺诈行为或有重大过失。付款人只需证明背书的连续性，但对背书签名的真实性不负责任。《日内瓦公约》保护的是善意的持票人，而让失去汇票的真正所有人蒙受伪造签名所引起的损失。

可见，英国法主张保护汇票的真正所有人，而《日内瓦公约》则主张保护善意的持票人，两者对伪造签名采用了截然不同的处理方法。

想一想

汇票的种类有哪些？

课堂讨论

现有一张出票日为 2020 年 7 月 1 日的汇票，汇票上记载 A 为出票人，票载金额为

100 万美元，B 为收款人，票载付款人为 F，且 F 已为承兑，同时该汇票注明为见票后 10 日付款。从该汇票的背书来看，B 将汇票背书给 C，C 又将汇票背书给 D。E 在汇票上签章承认自己是保证人。

问题：(1) 从本案来看，该票据属于何种类型的票据?

(2) 本案中谁是票据的债权人? 谁是票据的债务人?

(3) 如果见票日为 8 月 1 日，当日市场的美元兑人民币的汇率比为 100 美元兑 640 元人民币，那么 D 可请求 F 支付的票据金额为多少?

(4) 如果 E 在票据上没有记载被保证人的名称，应该推定何人为被保证人?

(5) 如果 E 没有在汇票上记载保证日期，E 主张该保证无效，能否成立? 为什么?

二、本票

本票（Promissory Note)，又称期票，是出票人约定于见票时或于一定日期，向收款人或其指定人支付一定金额的无条件的书面允诺（Promise in Writing)。本票与汇票有许多共同之处，因此，世界上绝大多数国家在票据法中以汇票为中心，对汇票作相当详细的规定，而对本票则只有几条特别规定，其余事项均可适用汇票的有关规定。

本票与汇票的区别：

(1) 汇票有三个当事人，即出票人、付款人与收款人，本票则只有两个当事人：出票人与收款人。

(2) 汇票必须经过承兑之后，才能确定付款人对汇票的责任，使承兑人处于主债务人的地位，而出票人则居于从债务人的地位；本票的出票人是本票的当然的主债务人，无须办理承兑手续。

课堂讨论

2020 年 3 月 7 日，A 公司同 B 公司签订一份液晶电视购销合同。该合同规定：由 B 公司在 10 日内向 A 公司提供液晶电视 100 台，共计货款 30 万元。双方约定以本票进行支付。3 月 15 日，B 公司将 100 台液晶电视交付 A 公司，A 遂向其开户银行 C 申请签发银行本票。3 月 20 日，C 银行发出了出票人、付款人为 C 银行，收款人为 B 公司，票面金额 30 万元，付款期限为 6 个月的本票。

但由于疏忽，银行工作人员未记载出票日期。A 公司将该本票交付 B 公司。后来，B 公司又将该本票背书转让给 D 公司。2020 年 9 月 4 日，D 公司持该本票向 C 银行提示见票，要求付款。C 银行以 A 公司存款不足支付为由拒绝付款。D 公司遂以其在约定的提示见票期限内提示见票，从而保证了期前追索权为由，向 B 公司进行追索。

问题：(1) 该本票是否为有效票据?

(2) 本票上关于提示见票期限的约定是否有效?

(3) D 公司能否对 B 公司进行追索?

三、支票

（一）支票的定义

支票是以银行为付款人的即期支付一定金额的支付证券。支票和汇票一样有三个当事人：出票人、付款人与收款人。

（二）支票和汇票的区别

（1）支票的付款人限于银行，而汇票的付款人则不限于银行。

（2）支票均为见票即付，而汇票则可以是即期也可以是远期。但近代商业中出现了一种提前开出的支票，即在支票表面记载的日期以前开出的支票。这种支票实际上等于是一种“延期支票”，它不仅是支付工具，而且能起到信用工具的作用。

（三）支票项下银行和客户的关系

英国的法律认为，银行与客户的关系基本上是债务人与债权人的关系。客户把钱存入银行或委任银行代为收款，是把金钱借给银行，而银行则凭客户对银行开出的支票予以付款。法国的法律则认为，客户与银行的关系是资金关系，银行之所以对出票人开立的支票付款，是因为出票人在银行存有资金，或者银行同意对出票人给予透支。各国法律都对开立空头支票的恶意出票人规定了处罚方法，有的处以罚金，情节严重者还要负刑事责任。但是，银行也有义务了解客户的资信情况，并随时核对客户的账目。按照英国的法律，如果银行由于疏忽对客户开立的支票付了款，而事后发现客户的存款或财产不足以抵偿这一金额，则银行不能向收款人要求偿还这笔款项，只能向其客户要求赔偿。

（四）支票的停付和确认

有些国家的法律允许支票的出票人在出票后、付款前将其支票撤回，通知付款银行停付（Stop Payment）。支票的持票人不能对付款银行起诉，而只能要求出票人按其开出的支票付款或向前手追索。为了防止这种情况的出现，支票收款人可以要求付款银行对支票予以确认。一旦付款银行在支票上签字盖章予以确认之后，付款银行对该支票就承担了绝对的付款义务，成为该支票的唯一债务人。

（五）划线支票

划线支票又称横线支票（Crossed Check），是指由出票人、背书人或持票人在支票正面划有两道平行线，或在两道平行线中间载明银行名称的支票。划线支票的特点是只能对银行付款，即收款人必须是银行。划线支票主要有两种：（1）普通划线支票（General Check），即在支票上只划两道横线，或加上“公司”字样，一般不需要注明银行名称，可由持票人委托任何银行收取票款。（2）记名划线支票（Special Check），即除在支票上划两道横线外，还在两横线中间指定收款银行名称的支票。对于记名划线支票，付款银行只能付给横线上指定的银行。划线支票制度最早起源于英国，后来欧美各国亦相继采用。划线支票的作用是减少支票遗失、被窃的风险，防止他人冒领票款，保护支票所有人的利益。

想一想

空头支票是否具有法律效力？

课堂讨论

A公司在银行的支票存款共有100万元人民币，该公司签发了一张面额为200万元的转账支票给B公司。之后A公司再没有向开户银行存款。

问题：(1) B公司所持的支票是否为空头支票？如何判断空头支票？

(2) 空头支票的付款人是否是票据债务人？为什么？

(3) A公司对空头支票的持票人应负什么责任？

任务三　西方国家的票据立法及票据法的国际统一

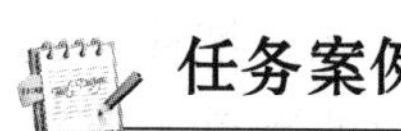

任务案例

我国A商向法国B商出口货物，A交货后开立了一张令法国银行付款的汇票与商业单据，一起交银行结汇。

问题：

该汇票的出票、付款行为适用于哪国票据法？为什么？

一、西方国家的票据立法

西方各国票据法在本质上是相同的，但在某些具体法律制度方面存在着不少的分歧和差异，在关于统一票据法的《日内瓦公约》制定以前，大致可以分为以下三个法系。

（一）法国法系（又称“拉丁法系”）

法国的票据法历史最为悠久，早在1673年《法国商事条例》中就有关于票据的规定，后来经过修订编入1807年《法国商法典》内，作为该法典的一章。《法国票据法》的主要特点有两个：一是认为票据是代替现金输送的工具，对票据的这一作用规定得十分详尽，而对票据作为信用工具和流通手段的作用则考虑较少，规定也很简略。二是认为票据关系与基础关系（包括对价关系与资金关系）不能截然分离。因为法国票据法制定较早，当时票据在经济生活中主要是作为代替现金输送的工具，因此，作为上层建筑的票据法，也只能反映当时社会经济生活的客观需要。

法国的票据法对欧洲大陆各国的票据法一度产生过重大的影响。欧洲许多国家的票据法都是仿效法国法来制定的。但随着时代的推移，商业的飞速发展使法国票据法的某些原则已不能适应近代经济发展的要求。因此，某些仿效法国票据法的国家后来已舍弃法国的旧制度而采用德国的法例。

（二）德国法系（又称“日耳曼法系”）

《德国票据法》于1871年4月16日公布施行，其内容包括汇票法与本票法两种。《德国支票法》则于1908年另行制定。《德国票据法》注重票据的信用功能与流通功能。其主要特点是：(1) 强调票据关系与基础关系相分离，使票据成为不要式的证券。(2) 采取严格的形式主义。德国法认为票据乃是一种不要式的有价证券。属于德国法系的国家主要有瑞士、瑞典、奥地利、荷兰、丹麦、挪威以及日本等。

(三) 英国法系（又称“英美法系”）

英国法系包括英国、美国以及受英国普通法传统影响的国家。《英国票据法》颁布于1882年，包括了汇票、本票和支票。1957年对支票立法进行补充，又颁布了《支票法》。美国也于1952年在修订的《美国统一商法典》的第三编“商业证券”中对汇票、本票、支票及存款单作了相关规定。

由于《英国票据法》制定的年代较晚，票据作为流通手段和信用工具的作用已十分明显，因此，《英国票据法》的立法宗旨与《法国票据法》有明显的差别，而与《德国票据法》比较接近。但对票据的形式要求，英国法有一定灵活性，不像德国法那样严格。《英国票据法》的主要特点是强调票据的流通作用和信用功能，保护正当的持票人的利益，这对于票据的流通、加速社会资金周转有利。

二、票据法的国际统一

(一)《日内瓦公约》

由于资本主义各国票据法的体例不同，不仅存在着上述法国、德国和英国三个不同的法系，而且同一法系的各个国家关于票据的某些具体规定也有差异，这种状况的存在对于票据在国际上的流通使用和国际贸易的发展都是不利的。第一次世界大战后，在国际联盟的主持下，先后于1930年和1931年在日内瓦举行了两次关于统一票据法的国际会议，通过了四项关于统一票据法的《日内瓦公约》。

《日内瓦公约》包括：《1930年关于统一汇票和本票的日内瓦公约》《1930年关于解决汇票与本票的若干法律冲突的公约》《1931年关于统一支票法的日内瓦公约》《1931年关于解决支票的若干法律冲突的公约》。此外，还通过了《关于汇票及本票印花税法公约》。

现在，大多数欧洲国家、日本以及某些拉丁美洲国家已经采用了《日内瓦公约》。此后，大陆法系各国的票据法逐步趋于统一。但是，英美等国则从一开始就拒绝参加《日内瓦公约》，它们认为，《日内瓦公约》主要是按照大陆法的传统制定的，与英美法的传统和实践有矛盾，如果参加《日内瓦公约》，将会影响英美法系各国之间已经实现的统一局面。由于这个缘故，历史上存在的票据法的三大法系，现在已演进为《日内瓦公约》体系与英美法系并存的局面。

(二)《联合国国际汇票和国际本票公约》

由于《日内瓦公约》并没有达到统一各国票据法的目的，英美法系各国的票据法同《日内瓦公约》在许多问题上一直存在着重大的分歧。这种状况的存在，对汇票在国际上的流通使用是十分不利的。为了解决这个问题，促进各国票据法的协调和统一，联合国国际贸易法委员会从20世纪70年代起就着手起草一项适用于国际汇票的统一法公约，并于1973年提出了《统一国际汇票法（草案）》。这个草案是《日内瓦公约》体系与英美法系相互调和、折中的产物。但由于各国在许多问题上的分歧一时难以解决，该草案迟迟未能获得通过。1979年又将其改名为《联合国国际汇票和国际本票公约（草案）》，以后又进行了多次修改，直到1988年12月9日才正式获得通过。《联合国国际汇票和国际本票公约》的适用范围仅限于国际票据，即出票地、付款地和收款人所在地中至少有两地不在一个国家的票据，不适用于缔约国国内的票据。因此，该公约还不能认为是完全的国际统一票据法。从这个意义上讲，《日内瓦公约》体系可称为完全的国际统一票据法，因为它既是适用于国际的票据法规范，也是适用于国内的票据法规范。《联合国国际汇票和国际本票公约》虽尽可能地融合了两大票据法系的不同规定，但却难以从根本上消除两大法系的对立，无论是英美法系国家，还是《日内瓦公约》体系国家对此都有意见，致使该公约至今仍未生效。

1. 适用范围

《联合国国际汇票和国际本票公约》只适用于载有“国际汇票（贸易法委会公约）”或“国际本票（贸易法委会公约）”标题并在文内载有上述字样的国际汇票和国际本票，不适用于支票。

2. 关于票据形式的要求

（1）国际汇票是列明至少下列两处地点并指出所列明的任何两处地点位于不同国家的汇票：1）汇票开出地点；2）出票人签名旁所示地点；3）收票人姓名旁所示地点；4）收款人姓名旁所示地点；5）付款地点。

但须汇票上列明汇票开出地点或汇票付款地点，而且两个地点均位于一个缔约国境内。

（2）汇票是一种书面票据，其中：1）载有出票人指示受票人向收款人或其指定之人支付一笔确定金额款项的无条件命令；2）载明凭票即付或在一确定日期付款；3）载有出票日期；4）载有出票人的签字。

（3）国际本票是列明至少下列两处地点并指出所列明的任何两处地点位于不同国家的本票：1）本票签立地点；2）签票人签名旁所示地点；3）收款人姓名旁所示地点；4）付款地点。

但须本票上列明付款地点，而且该地点位于一个缔约国境内。

（4）本票是一种书面票据，其中：1）载有签票人负责向收款人或其指定之人支付一笔确定金额款项的无条件承诺；2）载明凭票即付或在一确定日期付款；3）载有签票日期；4）载有签票人的签字。

3. 关于持票人的法律保护及票据的抗辩权

《联合国国际汇票和国际本票公约》第四章第一节对于持票人和受保护的持票人的权利作了如下规定：

在第二十七条中规定：

（1）票据持有人对该票据各当事人拥有本公约授予他的一切权利。

（2）持票人可按照第十三条转让该票据。

在第二十八条中规定：

（1）当事人可向不是受保护的持票人提出：

a. 按本公约第三十条第一款可对受保护的持票人提出的任何抗辩。

b. 基于他本人与出票人或他本人与其受让人在票据项下一项交易的任何抗辩，但必须持票人在取得票据时对这种抗辩知情，或他系以欺诈或偷窃手段取得票据，或曾于任何时间参加与票据有关的欺诈或偷窃行为。

c. 基于他成为当事人的情况所产生的任何抗辩，但必须持票人在取得票据时对这种抗辩知情，或他系以欺诈或偷窃手段取得票据，或曾于任何时间参加与票据有关的欺诈或偷窃行为。

d. 对他本人与持票人间的合同内行动可提出的任何抗辩。

e. 根据本公约所能提出的其他任何抗辩。

（2）不是受保护的持票人对票据的权利须受任何人对该票据有效索偿的限制，但必须他在取得票据时对这种索偿知情，或他系以欺诈或偷窃手段取得票据，或曾于任何时间参加与票据有关的欺诈或偷窃行为。

（3）于提示付款期限届满后取得票据的持票人须受制约其转让人的任何对票据的索偿或票据责任提出的抗辩的限制。

（4）除有下列情形之一外，当事人不得以第三者对该票据有索偿的事实向不是受保护的持票人提出抗辩：

a. 该第三者对该票据提出了有效索偿。

b. 该持票人以偷窃手段取得该票据或伪造收款人或被背书人的签字，或参加该偷窃或伪造行为。

在第二十九条中规定：

“受保护的持票人”是指以下票据的持有人，即该票据在他取得时是完整的。或该票据属于第十二条第一款所指的不完整票据并已按照授权予以补齐，但必须是在他成为持票人时：

a. 他对第二十八条第一款 a、b、c 和 e 项所指的对票据责任的抗辩不知情。

b. 他对任何人对该票据的有效索偿不知情。

c. 他对该票据曾因不获承兑或不获付款而遭退票的事实不知情。

d. 该票据没有超出第五十五条所订的提示付款的期限。

e. 他未以欺诈或偷窃手段取得票据或未参加与票据有关的欺诈或偷窃行为。

在第三十条中规定：

（1）当事人不得对受保护的持票人提出任何抗辩，但下列抗辩除外：

a. 本公约第三十三条第一款、第三十四条、第三十五条第一款、第三十六条第三款、第五十三条第一款、第五十七条第一款、第六十三条第一款和第八十四条规定的抗辩定的抗辩。

b. 基于他本人与上述持票人在票据项下的交易或由于上述持票人有任何欺诈行为而使该当事人在票据上签字而提出的抗辩。

c. 基于上述当事人不具备履行票据责任的行为能力，或基于上述当事人在不知道他的签字会使他成为票据当事人的情况下而签了字的事实而提出的抗辩，但须这种不知情并非因其疏忽所致，且须他是被诱骗签字。

（2）受保护的持票人对票据的权利不受任何人对该票据的任何索偿的限制，但由于他本人与索偿者在票据项下的交易而引起的有效索偿除外。

在第三十一条中规定：

（1）受保护的持票人转让票据后，即将受保护的持票人对该票据的权利和就该票据拥有的权利授予任何后手持票人。

（2）如有下列情形，后手持票人即不享有这种权利：

a. 他参与了一项引起对该票据索偿或就票据责任提出抗辩的交易。

b. 他以前曾是持票人但不是受保护的持票人。

在第三十二条中规定：

除有相反证明外，第一个持票人均推定为受保护的持票人。

想一想

涉外票据的准据法是什么？

课堂讨论

A公司欠B公司100万元货款未付，因B公司欠C公司货款也为100万元，三方经协商，决定以汇票结清相互间的债权债务。为此，B公司开出了以B公司为出票人、A公司为付款人、C公司为收款人、金额为100万元、出票日后3个月付款的汇票。C公司得到汇票后向A公司提示承兑，A公司履行了承兑手续。10天后，C公司向D公司购货，将汇票背书转让给了D公司。D公司得汇票后委托其采购人员王某携汇票购买原材料，王某不慎将汇票遗失，李某捡到了该汇票，伪造了D公司的印章，以D公司为背书人、自己为被背书人，用该汇票在某汽车公司购买了一辆100万元的汽车。汽车公司在汇票的到期日持汇票请求A公司付款。

问题：（1）A公司能否对汽车公司行使拒付权？为什么？

（2）该汇票的损失应由谁承担？为什么？

项目小结

票据是出票人签发的，委托他人或由自己于指定日期或于见票时无条件支付一定金额给持票人的有价证券。票据的种类主要有汇票、本票和支票。

票据法律关系由出票人依法发出票据、收款人取得票据而形成，相对于票据的基础关系即实质关系而言，它是一种形式关系。根据票据法律关系的形成是否依据票据本身而产生，票据法律关系可分为票据关系和非票据关系。

票据行为有广义和狭义之分。广义的票据行为是指以产生、变更和消灭票据上权利义务关系为目的法律行为。狭义的票据行为仅指承担票据债务的要式法律行为。票据行为包括出票、背书、承兑、保证、付款。其中出票是基本票据行为，其余均为附属票据行为。

票据权利是指持票人向票据债务人请求支付票据金额的权利。票据权利是一种金钱债权，包括两种权利——付款请求权和追索权。

票据伪造是指行为人假冒他人的名义在票据上签章的票据行为，包括票据本身的伪造和票据上签名的伪造。

票据变造是指无权而擅自变更票据文义的行为，即改变签名以外的票据上的其他记载事项的行为。

西方各国票据法在统一票据法的《日内瓦公约》制定以前，可分为法国法系（又称“拉丁法系”）、德国法系（又称“日耳曼法系”）和英国法系（又称“英美法系”）。为促进各国票据法的协调和统一，各国共同制定了《日内瓦公约》及《联合国国际汇票和国际本票公约》。

综合实务训练

一、名词解释

1. 票据行为
2. 票据权利
3. 票据的丧失
4. 设质背书
5. 票据的抗辩

二、问答题

1. 简述票据的概念与特征。
2. 善意取得票据权利的条件有哪些？
3. 简述票据伪造、变造的概念及构成要件。
4. 比较汇票、本票和支票的联系与区别。

三、案例分析题

1. 2019 年 10 月间，广州某（中外合资）鞋业有限公司（以下简称“鞋业公司”）与英国 Y 公司（以下简称“Y 公司”，该公司为鞋业公司的外国合营者）签订了补偿贸易合同，约定：鞋业公司向 Y 公司进口价值 50 万美元的意大利产鞋面真皮革，用于生产 Y 公司定做的某名牌皮鞋，成品全部返销。进口意大利鞋面真皮革的交易则先行通过托收方式结算，具体托收方式为 D/A（承兑交单）。鞋业公司的中方上级主管公司某石化公司（以下简称“石化公司”）按要求在上述皮革的进出口合同上签署了担保，承诺鞋业公司若不能依约支付进口货款时，将承担付款保证责任。各方签订了适用于整个补偿贸易合同（包括进出口合同）的仲裁条款。同年 11 月 18 日，Y 公司通过香港汇丰银行，向鞋业公司的开户行中国银行某市分行传递了托收凭证。其中，托收凭证项下的承兑汇票的出票人及收款人均记载为 Y 公司，付款人记载为鞋业公司，到期日为 2020 年 2 月 28 日。经中国银行某分行传递和提示汇票后，鞋业公司承兑了汇票，并取得了有关装运提单。其后，因所进口真皮革的质量问题，双方发生纠纷而诉诸仲裁。仲裁期间，Y 公司将前述已承兑汇票背书转让给了其子公司香港某商行。因汇票到期不获付款，香港某商行提供进出口合同、托收凭证副本及前述汇票等，向内地中级人民法院起诉鞋业公司和石化公司，诉求前者支付票款，后者承担汇票的连带付款责任。被告方则立即以仲裁条款为依据，对法院提起管辖异议。

问题：

（1）本案诉讼属于国内票据纠纷还是涉外票据纠纷？

(2) 鞋业公司提起管辖异议的理由是否成立?

(3) 石化公司是否应当成为本案诉讼的当事人?

(4) 假设票据纠纷的诉讼能够继续进行，而诉讼期间，仲裁机构作出了所进口意大利真皮革具有严重质量问题，Y公司应承担解除合同责任和赔偿鞋业公司所有损失的裁决。那么，香港某商行在诉讼中的胜诉概率如何?

2.2020年6月间，国内X银行某分行收到一美籍华人陈大维提示的一张旅行支票。该支票记载的出票人及付款人均为美国纽约M银行，指定的代理付款人为X银行。支票的金额为10万美元，支票上收款人记载为陈大维，并记载有陈大维的美国护照号码。X银行某分行按照惯常柜台审查手续进行审查后，认为除代理付款人记载较特别外，并无其他异常，于是兑付了票款。为稳妥起见，X银行将持票人陈大维以X银行为被背书人，进行了转让背书。支票兑付后的第6天，M银行发来传真给X银行称：因上述支票原持票人挂失，请求X银行立即停止对该支票付款。此时，M银行拒绝付款及支付手续费给X银行，理由是：支票款被冒领，实际领取支票款的持票人的护照是伪造的。于是X银行依据双方业务关系协议中的仲裁条款，向某仲裁机构提起仲裁。

问题：

(1) 本案中的支票属于涉外票据还是国外票据?

(2) X银行的实际法律地位如何?

(3) 你对本案适用法律方面有何见解?

3.2020年7月间，某工商银行A市分行某办事处（相当于县级支行）办公室主任李某与其妻弟密谋后，利用工作上的便利，盗用该银行已于1年前公告作废的旧业务印鉴和银行现行票据格式凭证，签署了金额为人民币100万元的银行承兑汇票一张，出票人和付款人及承兑人记载为该办事处，汇票到期日为同年12月底，收款人为某省建筑公司，该建筑公司系李某妻弟所承包经营的企业。李某将签署的汇票交给该公司后，该公司请求某外贸公司在票据上签署了保证，之后持票向某城市合作银行申请贴现。该合作银行扣除利息和手续费后，把贴现款96万元支付给了该建筑公司。汇票到期，城市合作银行向工商银行A市分行某办事处提示付款遭拒绝。

问题：

(1) 本案中有哪些票据行为? 其效力如何? 为什么?

(2) 城市合作银行是否享有票据权利? 如有，应如何行使? 如没有，该如何处理?

(3) 如果李某用已经作废的旧票据格式凭证（无出票人一栏）签署银行承兑汇票，在其他情节相同的情况下，对城市合作银行有何影响?

项目八

国际货物运输与保险法

知识目标

1. 了解国际海上货物运输的类型、相关国际公约的内容、海上货物运输关系中当事人的权利义务及违约的处理；

2. 了解国际铁路货物运输的类型、相关国际公约的内容、铁路货物运输关系中当事人的权利义务及违约的处理；

3. 了解国际航空货物运输的类型、相关国际公约的内容、航空货物运输关系中当事人的权利义务及违约的处理；

4. 了解国际货物多式联运相关国际公约的内容、国际货物多式联运运输关系中当事人的权利义务及违约的处理；

5. 了解国际货物运输保险合同的种类以及国际海上货物运输保险的险种及内容。

能力目标

1. 能够签订国际货物运输合同和保险合同；

2. 能够处理国际货物运输的违约问题；

3. 能够运用保险合同进行风险索赔。

项目分析

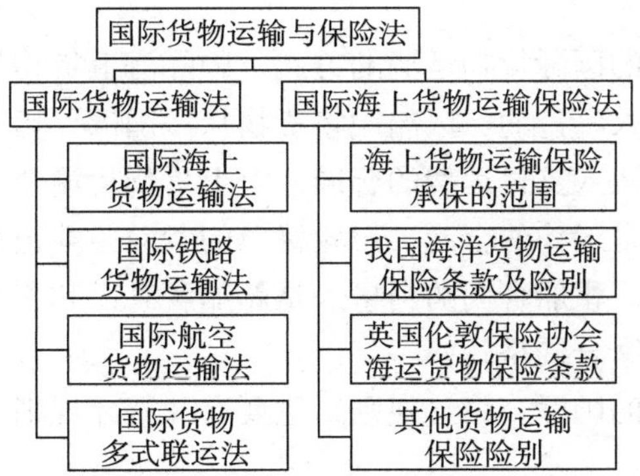

任务一　国际货物运输法

任务案例

2020 年 4 月，我国 T 公司向荷兰 M 公司出售一批纸箱装货物，以 FOB（船上交货价）条件成交，目的港为鹿特丹港，由 M 公司租用 H 远洋运输公司的货轮承运该批货物。同年 5 月 15 日，该合同货物在青岛装船。当船方接收货物时，发现其中有 28 箱货外表有不同程度的破损，于是在收货单上批注："该批货物有 28 箱外表破损"。当船方签发提单，欲将批注转注提单时，卖方 T 公司反复向船方解释说买方是老客户，不会因一点点包装问题提出索赔，要求船方不要转注收货单上的批注，同时向船方出具了下列保函："若收货人因包装破损货物受损为由向承运人索赔时，由我方承担责任。"船方接受了上述保函，签发了清洁提单。该货船起航不久，接到买方 M 公司的指示要求其将卸货港改为法国的马赛港，收货人变更为法国的 F 公司。经过一个月航行载货船到达马赛港，船舶卸货时法国收货人 F 公司发现该批货物有 40 多箱包装严重破损，内部货物不同程度受损，于是以货物与清洁提单记载不符为由，向承运人提出索赔。后经裁定，承运人向法国收货人赔偿 20 多万美元的损失。此后，承运人凭保函向卖方 T 公司要求偿还该 20 多万美元的损失，但 T 公司以装船时仅有 28 箱包装破损为由，拒绝偿还余下的十几箱损失，于是承运人与卖方之间又发生了争执。

问题：

（1）什么是已装船清洁提单？承运人一旦签发了清洁提单，将承担哪些责任？

（2）为什么买方要求卖方提供清洁提单？

国际货物运输方式包括国际海上货物运输、陆路运输、航空运输、邮政运输以及集装箱多式联合运输等，不同的货物运输行为所产生的法律关系，需要由不同的法律来调整，涉及中国海商法和国际上相关的国际货物运输法。

一、国际海上货物运输法

海上货物运输是主要的国际货物运输的方式。国际海上货物运输合同是指船舶所有人或承运人与租船人或托运人签订的、以船舶将货物从一国港口运至另一国港口的货物运输为内容的、由租船人或托运人支付运费的合同。海上货物运输合同分为班轮合同与租船合同两大类。班轮的提单亦是运输的合同，班轮提单的背面条款记载承运人和托运人的权利义务和提单持有人的权利。租船合同的当事人是船舶所有人和租船人，根据租船形式的不同，有金康合同和巴尔的摩合同格式。

与海上货物运输有关的国际公约（规则）主要有《海牙规则》《维斯比规则》《汉堡规则》《鹿特丹规则》等。

（一）国际海上货物运输类型

国际海上货物运输主要分为两类，即班轮运输和租船运输。

1. 班轮运输

班轮运输（Liner Transport），也称为定期运输，是指按照固定的航线、船期、港口和运费进行的运输。班轮运输通常适用于数量少的零货或杂货，因此也称为杂货运输。同时，由于班轮运输合同多以提单为表现形式，所以班轮运输也被称为提单运输。

班轮运输具有“四固定”的特点，即固定航线、固定港口、固定船期和相对固定的运费率；货物由承运人负责配载装卸，运价内包含装卸费用，不计滞期费和速遣费；班轮运输合同通常用承运人签发的提单证明，适用有关提单的国际公约。

2. 租船运输

租船运输（Carriage by Charter），也称为不定期船运输，是指出租人将船舶租给承租人使用以完成一定的货运任务的运输。租船运输一般用于成交量大、货种单一、交货港集中的大宗货物的运输。

租船运输不具有“四固定”的特点，一般由承租人根据自身的需要去租赁船舶安排货运；租金由出租人与承租人自行协商确定；租船合同由出租人与承租人协商订立，不适用有关提单的国际公约。

租船运输还可以分为程租船、期租船和光船租船三种方式。

（1）程租船也称为航次租船（Voyage Charter），是指承租人租用船舶的全部、部分或指定舱位，将约定货物运抵指定港口的运输。

（2）期租船也称为定期租船（Time Charter），是指承租人租用了出租人配备船员的船舶，在约定期间内按照约定用途从事的运输。

（3）光船租船是指出租人向承租人提供不配备船员的船舶，在约定期间内由承租人安排使用并支付租金的方式。一般认为，光船租船属于单纯的财产租赁，不属于租船运输。

（二）国际班轮运输中关于提单法律问题

1. 提单的概念和作用

提单（Bill of Lading，B/L）是指用以证明海上货物运输合同和货物已由承运人接收或装船以及承运人保证据以交付货物的凭证。

提单具有重要的法律作用，主要包括下述几个方面：

（1）运输合同证明作用。即提单是承运人与托运人之间订有海上货物运输合同的证明。在托运人手中，提单只是运输合同及其内容的证明，不是运输合同，如果提单和运输合同有矛盾，应以运输合同为准；但在托运人以外的提单受让人手中，提单本身就是运输合同，而不仅仅是运输合同的证明。

（2）货物收据作用。即提单是承运人接收货物或货物装船的证明。提单在托运人手中是承运人收到货物的初步证明，表明承运人已接管货物或已将货物装船；在托运人以外的提单受让人手中，提单是承运人收到货物的最终证明，除提单上载有“不知条款”外，提单成为承运人收到货物的绝对证据，货物有短少或损害时，承运人必须向收货人或提单受让人赔偿。

（3）物权凭证作用。即提单是代表货物所有权的凭证。占有提单就等于占有货物，转让提单就等于转让处于运输途中的货物。因此，提单是提取货物的唯一凭证，承运人只能将货物交给提单持有人，如果承运人把货物交给了非提单持有人，就得自己承担风险。

2. 提单的内容

提单通常是由正反两面组成的一张纸，没有统一的格式。提单正面内容一般包括以下事项：船舶名称和国籍，承运人的名称和主营业所，承运人名称，托运人名称，收货人名称，物的名称、标志、包装、件数、重量或体积，装运港和在装运港接收货物的日期，卸货港，运费，提单的签发日期、地点和份数、承运人或其代表的签字。提单的背面通常是印好的运输合同条款，主要是规定承运人与托运人的权利和义务。

3. 提单的种类

（1）按照提单签发的时间，提单可以分为已装船提单和备运提单。

已装船提单（Shipped B/L，on Board B/L），是指承运人将货物装船后签发的提单，这种提单一般记载了承运船舶的船名和装船日期。已装船提单应用较广泛。

备运提单（Received for Shipment B/L），是指承运人接收了货物但未将货物装船之前签发的提单。这种提单没有记载承运船舶的名称和装船日期。在国际货物买卖中，买方一般不接受备运提单。

（2）按照提单对货物表面状况是否加列不良批注，提单可以分为清洁提单和不清洁提单。

清洁提单（Clean B/L），是指提单上注明“表面状况良好”或对货物表面状况未加批注的提单。承运人签发了清洁提单，如果货到目的港后货物出现表面破损，承运人应承担赔偿责任。买方一般愿意接受清洁提单。

不清洁提单（Unclean B/L），是指提单对货物表面状况有不良批注的提单。如提单上加注“包装不固”“污损”“某件损坏”等。在国际货物买卖中，买方和提单受让人一般不愿接受不清洁提单，银行也不愿对不清洁提单议付或付款。有些托运人在货物外表不良时，以向承运人出具保函为代价，请求承运人签发清洁提单，这种情况往往会构成欺诈。

（3）按照提单上是否记载收货人的名称，提单可以分为记名提单、不记名提单和指示提单。

记名提单（Straight B/L），又称收货人抬头提单或不可转让提单，是指提单上记载了收货人名称的提单。记名提单只能由指定的收货人提货，不能转让。

不记名提单（Open B/L），又称空白提单，是指提单上没有记载收货人名称或仅在收货人一栏中填有“交与持票人”字样的提单。不记名提单仅凭交付即可转让，风险较大，因此使用不广泛。

指示提单（Order B/L），是指在提单收货人栏内填写“凭指定”或“凭某人指示”字样的提单。指示提单可以通过背书方式进行转让，这种提单应用最广泛。

（4）按照运输方式的不同，提单可以分为直达提单、转船提单和多式联运提单。

直达提单（Direct B/L），是指货物由装运港直接运到目的港，中途不转船的提单。

转船提单，也称为海上联运提单（Ocean Through B/L），是指货物从装运港运往卸货港，中途需换船转运的提单。

多式联运提单（Combined Transport B/L，Multimodal Transport B/L），是指货物以两种以上的运输方式进行联合运输而签发的适用于全程运输的提单。多式联运中必须包括海上运输方式。

（5）根据提单内容的繁简可将提单分为全式提单和略式提单。

全式提单，是指既有正面内容又有背面提单条款的提单。背面提单条款详细规定了承运人的权利与义务，现在多数情况下使用的是全式提单。

略式提单，是指省略提单背面条款的提单。

（6）根据其他情况分为过期提单、倒签提单和预借提单。

过期提单（Stale B/L），是指卖方向当地银行交单结汇的日期与装船开航的日期相距太久，以致银行按正常邮程寄单预计收货人不能在船到达目的港前收到的提单。此外，根据《跟单信用证统一惯例》的规定，在提单签发日期后 21 天才向银行提交的提单也是过期提单。

倒签提单（Antedated B/L），是指承运人应托运人的要求，签发提单的日期早于实际装船日期的提单，以符合信用证对装船日期的规定，便于在信用证下结汇。根据国际贸易惯例和有关国家的法律规定，倒签提单是一种欺诈行为。

预借提单（Advanced B/L），又称无货提单，是指因信用证规定装运日期和议付日期已到，货物因故而未能及时装船，但已被承运人接管，或已经开装而未装毕，托运人出具保函，要求承运人签发的已装船提单。预借提单与倒签提单性质相同，应避免使用这种提单。

4. 提单的国际海上货物运输的立法

调整国际海上货物运输的法律主要有国际公约、国际惯例及各国的国内立法。

（1）国际公约。

1）《海牙规则》。

《海牙规则》的全称是《统一提单的若干法律规定的国际公约》。该公约于 1924 年 8 月 25 日制定于比利时的布鲁塞尔，1931 年 6 月 2 日生效，目前有 80 多个缔约国。《海牙规则》共有 16 个条款，主要规定了承运人最低限度的责任与义务、承运人的责任期限、承运人的免责、诉讼时效等内容。《海牙规则》主要的成就是限制了承运人单方面任意免责的自由，规定了承运人的最低责任。但由于布鲁塞尔会议的参加者主要是代表船方利益的海运大国，因此该公约的很多内容仍然明显维护承运人的利益，对货主则很不公平。

2）《维斯比规则》。

《维斯比规则》的全称是《修改统一提单若干法律规定的国际公约议定书》。该公约于 1968 年 2 月在布鲁塞尔制定，1977 年 6 月 23 日生效，目前共有 20 多个缔约国。《维斯比规则》对《海牙规则》进行了部分修改，提高了承运人对货物损害赔偿的最高金额，但由于《维斯比规则》的制定者仍然是航运大国，因此对《海牙规则》并未做实质性变更，主要还是维护承运人的利益。

3）《汉堡规则》。

《汉堡规则》的全称是《联合国海上货物运输公约》。该公约于 1978 年 3 月在德国汉堡通过，于 1992 年 11 月 1 日生效，目前已有 20 多个缔约国，但以内陆国家居多，航运大国均未加入。《汉堡规则》对《海牙规则》做了全面修改，较公平地分配了货主与承运人在国际海上货物运输中的责任。

4）《鹿特丹规则》。

《鹿特丹规则》的全称为《联合国全程或部分海上货物运输合同公约》，于 2009 年 9 月 20 日由荷兰、美国、挪威、加纳和尼日利亚等 15 国在荷兰的鹿特丹签订。《鹿特丹规则》是当今国际海上货运的集大成者，不仅包括海运在内的国际多式联运，在船货两方的权利和义务方面寻求平衡，而且还引进了电子运输单据、批量合同以及控制权、管辖权和仲裁等新内容，目的在于统一国际海运立法，使参与各方的责权更加明确，为统一联合国海运法公约奠定了关键基础。

（2）国际惯例。

目前，调整国际海上货物运输的国际惯例主要是 1990 年《国际海事委员会海运单统一规则》。

（3）国内立法。

各国为调整海上货物运输而制定的法律也属于国际海上货物运输法的组成部分。美国、英国、澳大利亚等国家都制定了有关货物运输的法律，中国于 1992 年 11 月 7 日通过了《中华人民共和国海商法》（以下简称我国《海商法》），该法主要借鉴了《海牙规则》，同时也采用了《汉堡规则》的一些制度，对规范海上货物运输关系起到了重要作用。

5. 海上货物运输索赔与诉讼问题

（1）索赔。

《海牙规则》规定，收货人在提货时发现货物毁坏或灭失，应立即向承运人提出书面索赔通知；如果灭失或损坏不明显，也应在 3 天内提出索赔。《汉堡规则》规定，索赔通知应在收货后的第 1 个工作日提出，如果货物灭失，要求在 3 天内提出，如果货物损坏不明显，要求在 15 天之内提出。对于延迟交货造成的损失，《汉堡规则》要求在 60 天内提出书面通知。我国《海商法》规定，如果运送的货物是非集装箱货物，货物的损坏不明显的，索赔通知时限为从交货次日起 7 日内；如果运送的货物是集装箱货物，索赔通知时限为 15 日。

（2）诉讼时效。

《海牙规则》规定诉讼时效为 1 年，自货物交付之日起计算，在货物灭失的情况下，自货物应交付之日起计算。《维斯比规则》规定，诉讼时效为 1 年，托运人和承运人可以协商延长；向第三者追偿的，在 1 年的诉讼时效期满后，还可以有 3 个月的宽限期。《汉堡规则》将诉讼时效延长为 2 年，也是自货物交付之日起计算，未交付货物的，则自货物应交付之日起计算。我国《海商法》规定，诉讼时效为 1 年，自承运人交付或应当交付货物之日起计算。

课堂讨论

2020 年 7 月，广西某出口公司从广西一家水泥厂购得 5 500 吨水泥，卖给缅甸的一家公司，价格条件为 CIF（成本加保险费加运费）仰光，由卖方将货物运至仰光。签约后，出口公司委托自己的货运代理与船公司签订了一份航次租船合同。船舶按时到达装货港，但信用证未按时开到出口公司，致使卖方不能按时发船，船舶在港滞留40多天。出口公司支付滞期费和运费合计243 000美元。不久，信用证开到，出口公司审证无误，在三天内便装船完毕。但货物装船后，货运代理公司和船公司在提单签发的问题上发生了争议。按照租船合同规定，装船后，五个银行工作日内，租船人将运费电汇到船公司的账户，同时在提单上注明"运费预付"字样。装船完毕后，出口方的货运代理根据信用证的要求，请船公司签发"运费预付"的提单，遭到拒绝。船公司要求租船方付清运费后才同意签发。因此，货运代理公司与船公司在提单签发的问题上发生了争执。

问题：你认为应当如何处理这一争议？为什么？

（三）国际租船运输中的合同类型及法律问题

1. 租船合同的种类

国际上一般把租船合同分为航次租船合同、定期租船合同和光船租赁合同三种。

（1）航次租船合同。航次租船合同又称程租船合同，是指出租人（即船舶所有人）将船舶租给承租人，按照约定的一个航次或几个航次运输货物，而由承租人支付约定运费的运输合同。按照这种合同，出租人保留船舶的所有权和占有权，并由其雇用船长和船员，船舶仍由出租人负责经营管理，承租人不直接参与船舶的经营事宜。

（2）定期租船合同。定期租船合同又称期租船合同，是指出租人将船舶租给承租人，在约定的期限内按约定的用途使用船舶进行运输，而由承租人支付约定运费的运输合同。按照这种合同，在租用期间，出租人仍保留船舶的所有权和占有权，并负责保持船舶的工作效能，以及支付船长、船员的工资和给养。至于船舶的经营以及经营所直接产生的费用，则由承租人负责。

（3）光船租赁合同。光船租赁合同是指船舶所有人保留船舶所有权，而将船舶的占有权移转给租船人，由租船人雇用船长、船员来管理船舶的一种合同。从法律性质来说，光船租赁合同与航次租船合同和定期租船合同有所不同，航次租船合同和定期租船合同都是运输合同，但光船租赁合同则是属于财产租赁合同，而不是运输合同。

2. 租船合同的条款

租船合同又称租约，是载有租船订约双方权利和义务条款的一种运输合同。程租船使用较广的有"标准杂货租船合同"（Uniform General Charter），简称金康合同（Gencon）。期租船则有"标准定期租船合同"（Uniform Time Charter），又称巴尔的摩租船合同。

（1）程租船合同的主要条款。

程租船合同（也称航次租船合同）包括了规定船东和租方双方的权利和义务的种种条款，在洽租船舶时，双方须逐一洽定每一条款。为了简化和加速合同谈判的进程，洽定租船合同的当事人通常都采用标准格式的租船合同，根据各自的需要，对标准格式中的某些条款进行修改、删减或补充，最后达成协议。

航次租船合同的标准格式大都由各个国际航运组织制定，供洽租双方在洽定租船合同时选用。航次租船合同范本很多，根据船舶航行的航线、承运货物种类等不同而有所区别。例如，由波罗的海国际航运公会（The Baltic and International Maritime Council，简称 BIMCO）制定的标准杂货租船合同，适用于不分航线的杂货运输；由美国船舶经纪人和代理人协会（Association of Shipbrokers & Agents，简称 ASBA）制定的北美谷物租船合同（North America Grain Charter Party，简称 Norgrain），适用于由北美至世界各地的谷物运输；澳大利亚谷物租船合同（Australian Grain Charter，简称 Austral）适用于从澳大利亚到世界各地的谷物运输；油船航次租船合同（Tanker Voyage Charter Party，简称 Asba Tank Voy）专门适用于油轮航次租船。其余的还有诸如波兰煤炭租船合同、铁矿石租船合同、波罗的海木材租船合同等专门用途的航次租船合同范本。

航次租船合同范本种类繁多，而且适用的范围也各不相同。但一般而言，航次租船合同都订有下列条款：

船舶说明（Description of Vessel）条款；

预备航次（Preliminary Voyage）条款；

船东责任（Owner's Responsibility）条款；

运费支付（Payment of Freight）条款；

装卸（Loading/Discharging）条款；

滞期费和速遣费（Demurrage & Despatch）条款；

销约（Cancelling）条款；

留置权（Lien）条款或租船人责任中止（Cesser）条款；

提单（Bill of Lading）条款；

双方互有碰撞责任（Both-to-Blame Collision）条款；

新杰森（New Jason）条款；

共同海损（General Average）条款；

仲裁（Arbitration）条款；

佣金（Brokerage Commission）条款；

罢工（Strike）条款；

战争（War Risks）条款；

冰冻（Ice）条款。

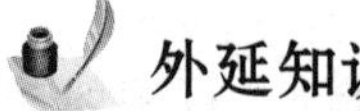

外延知识

对具体条款的解释

（1）提供约定的船舶。其内容主要包括船名、船舶的国籍、种类、船级、载重量以及订约时船舶所处的位置等。

（2）船舶到达装货港的日期。通常都规定船舶应到达装货港的最迟日期，船方履行这一义务，是租方履行装货义务的先决条件。这个日期的最后一天称为“解约日”，按照一般租船合同的规定，船舶如迟于解约日到达装货港，或者虽已到达装货港但未能在各个方面做好装货的准备工作，租方都有权解除合同。而且租方的这项解约权是绝对的，不受租船合同一般免责条款的影响。即使船舶是由于不可抗力的缘故而延期到达装货港，租方也有权解除合同，但无权要求赔偿损失；如果船舶延期到达装货港的原因，是由于船方的疏忽或过失所造成的，则租方除有权解除合同外，还有权请求赔偿损失。

(3) 安全港口和安全泊位。租船合同一般都载明船舶受载的港口，以便船舶驶往该港装货。但有时租船合同也可能不规定具体的装货地点，而只指定若干港口或船舶的航线方向，至于具体的装货地点，则留待租方日后自行选定。在这种情况下，租方应按合同规定，及时把选定的港口通知船方。如果租方通知不及时，以致船舶遭受延滞损失，租方应赔偿船方的损失。船方为了保证船舶的安全，一般都在租船合同中规定，船舶只能驶往安全的装货港和目的港装卸货物，而且还规定装卸的地点应当是该船能经常保持漂浮的地点。

所谓安全，包括政治上的安全和地理上的安全两重含义。就政治上的安全来说，是指租方所指定的装卸港应当是船舶能安全进出，不会遭到扣留、没收或拿捕的危险的港口；就地理上的安全来说，该港应当是船舶既能在空载时驶进，也能在满载货物以后安全驶出的港口。所谓经常保持漂浮，是指船舶在满载后仍应处于浮泊状态。但是，如果租方指定的装货港是潮汐港，在涨潮时船舶能够漂浮，在落潮时船底暂触地，这是属于正常情况，不能作为不安全港论。

(4) 装卸时间和滞期费。航次租船合同都订有装卸时间和滞期费条款。装卸时间就是允许租船人用于装卸货物而不必支付滞期费的时间总数。如超过合同规定的装卸时间，租方应按合同规定向船方支付滞期费。但如提前完成装卸作业，则可以向船方取得速遣费。

(5) 货物损害责任。租船合同不受《海牙规则》的管辖，因此，航次租船合同内有关货物损害责任的条款，得由船舶所有人与租船人自行商定。

(6) 运费。支付运费是租船人的一项主要义务。租船合同对运费的计算方法和支付方法一般都有具体的规定。运费的支付方法有预付运费和到付运费两种。预付运费一般在船舶所有人接管货物或签发提单时支付。预付运费可以全部预付，也可以部分预付。预付运费的特点是，不论船舶与货物灭失与否，一概不予退还。但如遇未能提供适航船舶在合理时间内开航、货物由于免责条款以外的事故而遭致灭失、货物在预付运费的付款期截止前已遭灭失这三种情况，船方必须退还预付运费。到付运费的支付时间，原则上是在船舶抵达目的港交货前付清。反之，船方不交货，租方就没有义务支付到付运费。因此，在到付运费的条件下，如果货物在中途灭失，租方就没有支付运费的义务。

(7) 责任终止条款和留置权。在航次租船合同中，一般都订有责任终止条款。内容主要规定，在货物装船完毕之后，租方对租船合同的责任即告终止，但是在合同所规定的运费、空舱费和滞期费未付清之前，船方对货物有留置权。

(2) 期租船合同的主要条款。

期租船合同（也称定期租船合同）是按照一定的条件，在一定期间内把船舶出租给租船人使用的合同。租船人租到船舶以后，可以用来运送自己的货物，也可以用来经营货物运输业务，承运第三方的货物。定期租船合同的条款主要有：1）船舶说明（Description of the Ship）；2）租期（Charter Period）；3）交船（Delivery of Vessel）；4）租金（Hire）；5）停租与复租（Off Hire/Suspension of Hire or On Hire）；6）还船（Redelivery of Vessel）；7）转租（Back to Back Charter）。

外延知识

对具体条款的解释

(1) 提供约定的船舶。定期租船合同一般都载明船舶的名称、国籍、船级、载重量、燃油消耗量和航速等内容。船方所提供的船舶应与合同的规定相符，否则船方应承担由此而引起的后果。

(2) 船舶的使用范围。定期租船合同一般都订明船舶的航行区域，这个航行区域就是租方得以使用船舶的范围。在规定的区域内，租方可以指示船舶行驶任何航线，开往任何安全港口。但租方不应指令船舶驶离约定的航行区域。如果租方指令船舶超出约定的航行区域，船长有权拒绝接受租方的这种指示，即使船长接受了租方的指示，把船舶驶离约定的区域，租方仍须对由此而引起的一切后果负责，船东有权向租方索赔由此所造成的损失。但是，船方与租方也可以通过特别协议，允许租方在约定的区域范围以外使用船舶。

(3) 租期。定期租船合同都订有租船的期限。租期可以是数月、一年或数年，视租方的需要而定。租期从船方在交船港把船舶交给租方时开始计算。定期租船合同除订明租期外，还要订明交船与还船的日期和地点。船方应在合同规定的期限内把船驶往指定的交船港，交付租方使用。如果船方延迟交船，超过了合同规定的解约日期，租方有权解除合同；反过来说，如果租方未按规定的日期接船，则应照付租金。租方在租期届满时，应在约定的还船港把船舶交还船方。由于海运的特点，要求租方正好在租期届满那天还船往往是不现实的。一般来说，只要租方对最后一个航次的安排是合理的，即使该航次未能在租期届满时完成，船方也不能认为租方违约。

(4) 使用和赔偿责任。这一条款包括的范围很广，比较常见的有以下两种情形：一是船长接受租方的指示把船舶开进不安全港口，或把船舶驶离合同规定的航行区域，如果由此而使船方遭到损失，租方应负责予以赔偿；二是在定期租船合同下，租方可以利用期租船来运送第三方的货物，并要求船长为其签发提单给有关的货物托运人。这时船方与租方都处于承运人的地位，如果货物遭受损失，托运人或收货人完全有权根据船长签发的提单向船方请求损害赔偿。在这种情况下，如果船方根据提单对第三方所承担的责任超过了他依据租船合同所应承担的责任时，船方在根据提单的规定赔付了第三方之后，可按租船合同的规定向租方请求赔偿。

(5) 租金的支付办法。定期租船合同的租船费用称为租金。它与航次租船合同的运费不同，既不是按所装运的货物的吨数或体积计算，也不是按航程的远近计算，而是按照时间来计算的。如果订立合同之后，由于不可归责于双方的原因，该合同不能履行，预付的租金应退回。

(6) 停租。定期租船合同通常都订有停租条款，规定在一定的条件下，租方有权停止支付租金。如果因船员或船用品不足、机器故障、船壳损坏或其他意外事故等，阻碍船舶有效工作的时间超过连续 24 小时，则从该项时间损失开始时起，停止支付租金，直至船舶在有效状态下恢复工作为止。

(7) 船方对货物损害的责任。关于船方对货物保管和照料的责任，可由船方与租方在定期租船合同中自行规定。

知识链接

定期租船合同文本样式

船东：____________________

地址：____________________

电话：____________________

传真：____________________

电传：____________________

邮政编码：________________

租船人：__________________

地址：____________________

电话：____________________

传真：____________________

电传：____________________

邮政编码：____________________

________年____月____日

双方同意按照下列条款履行本合同：

注：双方可以根据合议适当删减以下条款，如有需要，也可在本合同最后并入附加条款。

第一条　承运船舶的规范

船名：______________；船旗国：______________；建造时间：__________；船级：_________；登记港：_________；登记号：_________；载重量：__________公吨（包括货物和燃料以及不超过__________公吨的淡水和物料）；夏季海水干舷：__________米；散装舱容：__________立方米；包装舱容：__________立方米；船舶吨位：__________总吨/总登记吨；在良好天气条件下，风力达到包括最大风力蒲福风级__________级，船舶满载航速大约为：__________节，此时耗油量大约为：__________公吨（燃油）。

第二条　租期

上述船东同意出租、上述租船人同意租用上述船舶，从交船时起算，租期为__________，并在下述航行区域内使用船舶。

第三条　交船

船舶在____________________（地点）交付租船人并使其处于租船人的控制之下。在船舶交付当时，船东应当为接收货物做好下列准备：货舱打扫干净，船体紧密、坚实、牢固并在各个方面适于普通货物的运输。船舶应装备有压载水舱，同时具有启动所有装货设备的足够的动力。船东应在__________天之前向租船人递交预计交付船舶的日期通知。

第四条　交/还船检验

在交/还船之前，除非另有约定，双方当事人应自负费用指定各自的验船师，分别在船舶到达第一个装货港/最后一个卸货港之前，联合进行交/还船检验以便确定船上留存的燃油量和船舶状况。每次检验后都应共同出具一份联合检验报告并由双方检验师签字。如果双方检验师不能达成合议，则各自有权出具一份独立检验报告，陈述有关事项。

如果一方未能参加检验并且未能在联合检验报告上签字，则该方仍然应当受制于另一方在报告中所记录的数据。

交船检验时间由租船人承担，还船检验时间由船东承担。

第五条　危险货物/除外货物

(a) 船舶应被用来运输合法的而非任何具有危险、有害、易燃或腐蚀性质的货物，除非是依据船舶登记国和装卸港以及任何船舶必须经过其水域的中间港口和国家的法定当局之要求或建议。另外在不影响上述大原则的前提下，下列货物也将被特别除外：任何品名的牲畜、武器、弹药、爆炸物、核材料和放射性物质______________________。

(b) 如果协议运输国际海事组织所属的货物，那么这些货物的数量应当被限制在____________吨，而且租船人应向船长提供证据，以证明他会按照国际海事组织的规定合理地给货物包装、加标、装船和积载。如果租船人未能履行上述规定，船长有权拒装这些货物，或者将它们卸载（如果已经装船的话）。以上事项引起的风险和费用由租船人承担。

第六条　航行区域

船舶应当在____________范围内的安全港口和地域之间（其中________________除外），根据租船人的指示，从事合法贸易。

第七条　船东负责的事项

除非另有约定，船东应提供并支付船舶保险、供给、房舱、甲板、机舱和其他所有的必需用品，包括锅炉用水。船东还应支付船员的工资及他们在装卸港的领事签证费和属于船员的港口服务费用。船东应当维持船舶的船级并使船体、机械和设备在提供服务时保持高效状态，而且还应保证有一整套胜任的高级船员和普通船员的班子。

第八条　租船人负责的事项

在租期内，除非另有约定，租船人应当支付所有燃油费用。租船人还应支付港口费用（包括强制看管人和货物看管人以及强制垃圾处理费）与租船人业务有关的所有通信费、引航费、拖带费、代理费、佣金、领事签证费（属于船旗或船员个人的除外），还有所有其他通常费用（第七条中提及的除外）。但是，当船舶因为自身的原因（并非迫于天气）而驶入港口，则由此产生的所有费用将由船东承担。由船员疾病导致的熏舱费用应由船东承担。由在本租约下船舶挂靠的港口和装载的货物所引起的熏舱费用应当由租船人承担。在船舶被连续租用期间达到或超过6个月后，所有其他的熏舱费用应当由租船人承担。

租船人应当提供和支付必需的垫舱费用和特殊贸易或非通常货物所必需的任何附加装置。但船东应允许租船人使用船上已有垫舱设施。在还船之前，租船人应将垫舱设施和附加装置移走，该费用和时间由租船人承担。

第九条　航次的履行

(a) 船长和船员应尽快完成所有航次并提供惯常的协助。船长应当谙熟英语并且因被视为租船人的雇佣和代理而须执行租船人的命令和指示。同时，租船人应在船长的监督下履行所有关于货物的操作，这会包括但不局限于装载、积载、平舱、绑扎、牢固、垫舱、松绑、卸载和理货。上述操作的风险和费用由租船人承担。

(b) 如果租船人有合理的缘由对船长或高级船员的管理方式表示不满，则船东应当在收到投诉的详情后对此进行调查。并且如有需要，应当重新任命有关人员。

第十条 燃油

(a) 船东在交船时和租船人在还船时，应当按照以下约定接收并支付留存在船上的所有燃料油和柴油。交船时，船上有燃料油________公吨，每吨____________；柴油____________吨，每吨____________。还船时，船上有燃料油____________吨，每吨____________；柴油____________吨，每吨____________。

(b) 租船人应当提供符合附加条款的详述并适于在船舶的主机和辅机中燃烧的燃油。船东对于任何因租船人使用不适燃油或不符合附加条款详述的燃油而造成的主机或辅机的损坏保留索赔的权利。另外，如果租船人所提供的燃油不符合双方合议的附加条款的详述或是被证明不适于在船舶的主机和辅机中燃烧，则船东将对于航程中航速的减小和/或耗油量的增加与由此引起的任何时间损失及其他后果不负责任。

第十一条 租金费率/还船区域与还船通知

租船人应当为承租和使用上述船舶而按每天____________支付租金，或者按照____________米夏季干舷时的船舶总载重量以每吨____________支付。每 30 天为一个租金支付期，从交船之日起算。不足一月者以上述费率按比例支付。除非双方另有约定，租金应连续支付直到船舶以良好状态（正常损耗除外）在____________区域归还船东（除非船舶灭失）。租船人应在____________天之前向船东发出预计还船的时间和可能的地点的通知。为方便租金计算，交船、还船或租约的终止的时间应当以格林尼治时间为准。

第十二条 租金的支付

(a) 租金的支付方式应使船东或他在____________（地点）指定的名为____________的收款人能够接收。租金可以用美元或（其他货币）结算，并在约定日期 15 天前存入船东能够使用的账户。最后一个月或其中部分时间应支付估计的租金数额。当其不足以涵盖实际使用时间时，则只要船东提出要求，那么差额租金就应当按时每天支付。如果租金未能按预定准时支付或者出现无论何种原因导致的根本违约，那么船东将有权从租船人手中撤回船舶并保留进一步向租船人索赔的权利。

在下述分条款 (b) 中规定的宽限期满后的任何时间里，如果租金尚未偿付，则船东除保留撤船的权利外，有权停止履行任何正在进行的工作和下述所有义务，并且对由此引起的后果不承担任何责任。关于上述后果导致的损失，租船人应当给予船东赔偿，而且在此期间的租金和任何额外费用照算，并由租船人承担。

(b) 宽限期如果由于租船人或其银行的疏忽、过失而导致租金未能准时支付，则租船人可以得到船东给予的________天净银行工作日（依照合议的支付地的规定）的书面通知，以便纠正错误。在上述期限内支付，应被视为准时。如果未能在上述期限内支付租金，船东有权按照前述分条款 (a) 中的规定施行撤船。

(c) 最后一笔租金的支付。如果船舶在它驶往还船港的途中最后一笔租金和/或倒数第二笔租金已经到期，则所述租金将按照双方合议的完成该航次的必需时间进行估算。在还船之前的估计使用费和船上实际留存的燃油应当由船东承担并接收。如果上述算法不能涵盖实际使用时间，则差额租金应按时每天支付。如果船舶已经归还，则任何差额将由船东归还或由租船人支付，视具体情况而定。

(d) 现金垫付。如果船东要求，船舶在任何港口的日常现金使费可以由租船人垫付。这笔费用以及2.5%的佣金应从租金里扣除。但是，租船人对该垫付款的使用不负责任。

第十三条　泊位

船舶应当在租船人或其代理人指定的任何安全码头或任何安全泊位或者地点装载和卸载，只要船舶能安全地进入、停泊和离开并且在任何潮时都处于漂浮状态。

第十四条　可用空间

(a) 船舶的货舱、甲板和其他货物空间（不超过它的合理安全积载范围）的整个所及之处，还有押运员的住所（如果有的话）应当在租船人的控制之下。船东仅能为船上的高级船员、普通船员、属具、船具、家具、物料、供给和燃油保留适当和足够的空间。

(b) 如果有甲板货被装运，则因此而造成的任何货损和/或货差和/或无论什么性质____________的责任，如果不装载该甲板货物不会发生的话，租船人应当给予船东赔偿。

第十五条　押运员和伙食

租船人有权委派一名押运员跟船（由租船人承担风险）并观察航次是否合理速遣。他将被提供免费的住宿和与船长相等标准的伙食，租船人按每天____________的标准支付。船东应当为引航员和海关官员，还有理货职员、搬运工头等人（如果租船人或他的代理人授权的话）供应膳食，按每顿____________的标准支付伙食费。

第十六条　航行命令和航海日志

租船人应当随时向船长提供书面英语的必需指示和航行指令。而且船长应当保持完整和正确的相关航程的甲板和轮机日志供租船人或他的代理人查阅，并且如有需要，应当提供租船人、他的代理人或者押运员一份上述甲板和轮机日志的真实副本以便表明船舶的航线、航程的距离和燃油的消耗。任何租船人所需的日志摘要应当以英语记录。

第十七条　交船/销约

如果租船人要求，则在____________之前将不计算租期。而且如果在____________之时或之前但不晚于____________时内船舶仍没有为交付而备妥，则租船人有权选择销约。销约的宽限期，如果船东保证，即便他们恪尽职守，船舶仍不能在销约期之前为交付而备妥，并且船东能够提出船舶备妥的合理确定日期，那么他可以最早在船舶预计驶往交付港口或地点的七天之前，要求租船人宣布销约与否。如果租船人选择不销约，或者他未能在两天内或是销约期之前给予答复（以先发生者为准），则船东提出的预计备妥交付日期之后的第七天将取代原先的销约日期。如果船舶进一步迟延，船东有权根据本条款再次要求租船人就是否取消合约做出明示。

第十八条　停租

由于下列原因导致的时间损失可以停租：

高级船员或普通船员的人员不足和/或错误和/或罢工，或者物料不足、火灾和船体、机械或设备的故障或损坏以及搁浅、扣船带来的迟延（除非该扣押是由于租船人、他的雇佣人员、代理人或者分包商应该负责的事项所引起的）或者船舶或货物的海损事故（除非该事故起因于货物的潜在缺陷或固有性质）为检验或油漆船底而进干船坞，或者阻碍船舶处于完全工作状态的任何其他类似原因。如果船舶不按租船人的指示或指令航行，而在航程中绕航或回返，则只要是由于除货物事故或下述第二十二条所允许的情形之外的任何其他原因导致的，租金将从绕航或回返之时起停付，直到船舶回到离目的地相同或等距的地点并重新开始航程为止。停租期间船舶所耗燃油均由船东承担。由于天气的迫使令船舶进港或抛锚、航行直潜水港或江河或禁运港而造成的船舶迟延和/或因该迟延导致的费用应当由租船人承担。如果航程中的航速因为船体、机械或设备的故障、缺陷或者它们部件的故障、缺陷而降低，则因此而起的时间损失和任何额外的燃油损耗以及可证的额外费用可以从租金里扣除。

第十九条　转租

除非另有约定，在本租约持续期间，租船人有权部分或全部转租该船，但租船人仍要对履行本租约负责。

第二十条　进干船坞

船舶于____________最后一次进入干船坞。

(a) 船东有权在租约履行期间选择一个合适的时间和地点使船舶进入干船坞，并在承租双方合议的前提下根据船级和环境的要求进行船底去污和油漆和/或修理。

(b) 除非有紧急情况，租约履行期间船舶不得进入干船坞。

第二十一条　全损

如果船舶灭失，则没有挣到的预付款项（从灭失之日或得到最后消息之日起算）应当立即归还租船人。

第二十二条　免责

天灾，战争行为，公敌行为，火灾，君主、统治者或人民的扣留或拘禁或依法扣押，检疫限制，所有海洋、江河、机械、锅炉和航行的事故与危险以及租约下航行中的错误，双方均可免责。

第二十三条　权利

船舶有权在航行中使用和不使用领航员，拖带和被拖带，救助海难船舶，为救助人命和财产而绕航。

第二十四条　留置权

船东对在租约下的所有货物和所有分运费和/或分租金，包括共同海损分摊有留置权。同时，租船人就没有挣到的预付款与任何应当被立即归还的多付租金或超额定金可以对船舶行使留置权。租船人不应直接或间接招致可能对船舶所有人在船舶中的物权和利益具有优先权的任何留置权或担保物权，也不应允许继续招致此种权利。租船人保证在租期内船舶所有人不会因他的接受补给或服务，包括港口费用和燃料而承担付款责任或时间损失。

第二十五条　救助报酬

所有的海上无主物和救助报酬在扣减完船东和租船人所花费用以及船员应得份额之后应当由船东和租船人平均分享。

第二十六条　共同海损

共同海损应当按照 1974 年约克-安特卫普理算规则，1990 年修订案或任何后来的修订案，在____________（地点）以____________（货币）进行理算。

租船人应设法使得租约期间的所有提单包含有共同海损应当按照1974年约克-安特卫普理算规则，1990年修订案或任何后来的修订案进行理算的条款和第31条“新杰森”条款。

期租租金不列入共同海损分摊。

第二十七条　航行

本租约没有一项内容表明是把船舶转让给租船人。船东对船舶的航行、引航员和拖轮的作为，船舶保险，船员和所有其他事情负有责任，如同船舶为其自己营运一样。

第二十八条　起货机和照明

船东应当按下列要求维护起货设备：____________同时按照以上描述提供足够起重力的起货设备（所有的吊杆或吊车）。船东还应在船上提供夜间作业的照明设备，但是除船舶上已有的照明设备以外的额外照明费用将由租船人支付。租船人可以使用船上的任何起货设备。如经租船人要求，船舶将日夜工作，并且所有的起货设备应在装卸期间处于租船人的控制之下。如果起货设备不能使用，或者没有足够的动力来启动它们，则因此而导致租船人无法工作的实际时间损失应予停租，而且船东将支付由此产生的小工待命费用，除非上述起货设备的无法使用和动力不足是由租船人的小工引起。如果经租船人要求，船东应当承担租用替代岸吊的费用，但此时租金照算。

第二十九条　船员加班费

受租船人或其代理人的指令而使普通船员和高级船员为工作而产生的加班费应由租船人支付给船东，同时租金应按每月____________或按此比例支付。

第三十条　提单

(a) 船长应当按照大副或理货员收据的填写签发货物提单或者海运单。然而，在船东的事先书面授权下，租船人可以代表船长按照大副或理货员收据的填写签发货物提单或者海运单。

(b) 所有的提单或海运单应不损害本租约。租船人应保护船东不招致由租船人签发的或按租船人要求由船长签发的提单或海运单与本租约不一致引起的结果或责任。

(c) 装运甲板货的提单应加上条款：“装运甲板货由租船人、托运人和收货人承担风险、费用和责任，不管什么原因引起的任何灭失、损坏、费用或延迟，船舶或船东一方不承担责任。”

第三十一条　保护条款

本租船合同下所签发的所有提单和海运单应受下列条款约束：

(a) 首要条款。

本提单受《海牙规则》《维斯比规则》或其他相似的由起点港或终点港提单强制采用的国内法规的约束。这些法案被视为并入本提单，并且本提单中的任何规定不应视为承运人放弃其根据这些适当法案所享有的任何权利或豁免，或增加其根据该适当法案所承担的任何义务或责任，如本提单中的任何条款与该适当法案相抵触，则该种条款无效，但以所抵触的为限。

(b) 双方互有责任碰撞条款。

如船舶由于他船疏忽以及本船船长、船员、引航员或承运人的受雇人员在驾驶或管理船舶中的行为，疏忽或不履行职责而与他船碰撞，则根据本提单承运的货物的所有人应补偿承运人的一切损失或对他船亦即非载货船舶或其所有人的赔偿责任。此种损失或赔偿责任是指已由或应由他船亦即非载货船舶或其所有人付给上述货物所有人其货物的灭失或损坏或其提出的任何索赔，且已由他船亦即非载货船舶作为其向载货船舶或承运人提出的索赔的一部分，将其抵消，扣除或退回。

前述条款同样适用于碰撞船舶或物体外的任何船舶或物体的所有人、经营人或其掌管该船或物体的人，如果他们在该碰撞接触中存在过失的话。

(c) 新杰森条款。

船舶在开航之前或开航以后，由于任何原因，不论是否因疏忽所致发生事故、危险、损害或灾难，而承运人依据法规或其他规定对此或其后果不负责任，则货物、托运人、收货人或货物所有人应同承运人在共同海损中分摊因此所产生或引起的共同海损性质的任何损失、灭失或费用，并应支付有关货物的救助报酬和特别费用。

如救助船舶为承运人所拥有或经营，救助报酬应如同救助船属于他人一样全额支付。

(d) 反毒品贸易条款。

租船人要遵守《中华人民共和国刑法》《中华人民共和国海关法》和全国人民代表大会常务委员会《关于禁毒的决定》，保证竭尽小心与勤勉，防止麻醉药品和大麻被装载或隐藏在船上。不遵守本条款的规定将被视作违反保证。租船人应承担由此产生的后果并使本船的船东、船长和船员不承担责任。同时，租船人还要保证赔偿可能产生并单独或共同向本船的船东、船长和船员提出的无论何种原因引起的索赔。此外，所有因为租船人违反本条款的规定而导致的时间损失和产生的费用，包括罚款，应由租船人承担且租金照算。

如果船舶由于租船人不遵守本条款规定的行为而被扣押，租船人应当采取所有合理的步骤，保证在合理的时间内使船舶得以释放，并为此提供保释金。由此产生的所有费用均由租船人承担。

如果隐藏的麻醉药品和大麻被发现为船舶员工所有，则船东应承担由此引起的所有时间损失和产生的费用，包括罚款。

(e) 战争条款。

1) 战时禁运品不能装运，如果没有船东的同意，船舶不能要求进入陷入战争状态、军事战争、敌对状态、内乱、暴动或海盗行为的港口或地区，不管有没有宣战文告，在那里船舶有可能受到来自好战方的俘虏、扣留或敌对行为（好战方指的是法律上事实上拥有海军、陆军、空军的当局或政府组织）。

2) 如果船东同意，租船人应支付额外费用投保船舶战争险，其金额与船舶保险金额相等但不能超过，另外船东可以购买由租船人支付的战争辅助险，如租金的损失，运费支出，全损、阻塞等。如果取得这种保险由于商业上的不可能或由于政府纲领不允许而成为不可能，那么租船人不应要求船舶进入或停泊于此种港口或地区。

3) 如果1) 描述的情况在订立合同以后存在或船舶在租时发生，对于船舶进入这些港口或地区的航次，租船人将承担由于战争、军事或敌对状态引起的有关船长、高级船员、普通船员的额外工资和保险。

4) 由于船舶航行或货物运输引起的有关高级船员和普通船员的额外战争津贴由租船人支付。

第三十二条 战争解约

因合同规定的两个或两个以上列明国家间发生战争（不管有没有宣战文告），船东和租船人都可以取消本租约。如果船上有货，则在目的港卸货以后，或由于战争不能到达或进入目的港，则由船东指定在附近的一个开放和安全的港口还船。如果船上没货，则就地港口交船；在海上则在船东指示的附近的未封锁并安全的港口还船。租金应继续支付，除前述规定外，本租约所有其他规定应适用到还船时止。

第三十三条 冰冻

船舶不应被要求进入或继续停留在任何冰封的港口或区域；或由于冰冻原因，其灯标或灯船已经或被撤除的任何港口和区域；或根据通常事态发展，由于冰冻原因，存在船舶不能安全进入和继续停留或装货或卸货结束后不能安全驶出的港口和区域。

第三十四条 征用

如船舶在本租约的租期内被船旗国政府征用，在此征用期间船舶应被视为停付租金，并且，在此征用期间由该政府所支付的任何租金应由船东留有。船舶被该政府征用的期间应作为本租约规定的租期的一部分。

如果征用期间超过____________月，任何一方均有解除本租约的选择权，并且，任何一方均不可以提出由此而发生的索赔。

第三十五条 装卸工人造成的损坏

尽管有与此相反的规定，只要船长在发现任何损坏后但不超过48小时书面通知租船人和/或其代理人，则租船人应赔偿装卸工人对船舶造成的任何和全部损坏。该通知应详细说明船舶损坏情况，并要求租船人指派一名验船师以确定该损坏的程度。

(a) 如果任何和全部损坏影响到船舶的适航和/或船员的安全和/或船舶的营运能力，租船人应自付费用对该损坏立即安排修理，并且，到该修理结束时和如经要求，通过船舶检验时为止，应照付船舶租金。

(b) 对上述 (a) 款未提及的任何和全部损坏，根据租船人的选择，在还船之前或还船之后同船东要做的修理一起进行。在此情况下，不应向船东支付租金和/或费用，除非租船人负责修理所需的时间和/或费用超过完成船东修理所需的时间和/或费用，并仅以此超过时间为限。

第三十六条 货舱的清洁

如果船员能承担航次与航次间和/或货物与货物间的货舱的清扫和/或清洗和/或清洁工作，并且当地规定允许的话，租船人应提供该项工作，并以每货舱____________费率支付额外费用。

如果船舶货舱未被港口或任何其他机构接受或通过，租船人对有关的任何该作业不负责任。租船人在整笔支付____________以代替清洁货舱的条件下，具有船舶货舱未清洁（未经清扫）而还船的选择权。

第三十七条 税款

租船人应支付由其指示引起的无论在履行本租约期间或其后船舶或其所有人所征收的所有地方税、州税、国家税和/或应付税，包括向货物和/或运费和/或转租运费和/或租金所征收的任何税款和/或应付款（不包括由船旗国或租船人所征收的税款）。

第三十八条 租船人的标志

租船人具有悬挂自己的公司旗，并将其公司的标志油漆在船舶上的权利。在本租约届满前，应以船东自己的颜色重新油漆船舶。由于这些变化而进行油漆、维持和重新油漆船舶而发生的时间和费用，由租船人承担。

第三十九条 停泊退保费

当船舶在港内停留最短期间30天，如对此期间全额支付租金或对实际租用时间已按比例支付租金时，则租船人对船东从其保险人处可领取的任何退还保险费享有利益。

第四十条 证书

船东应提供允许船舶在约定的航行区域营运所可能要求的与船舶有关的任何证书，包括但不仅限于船舶的油污财政责任证书（只要该油污证书能够从船东互保协会获得）有效的国际吨位证书、苏伊士和巴拿马吨位证书、有效的登记证书以及与船舶强度和/或船舶起货设备可用性有关的证书。

第四十一条 偷渡者

(a) 租船人保证以适当的谨慎防止偷渡者以秘密藏在其装运的货物和/或集装箱的方式上船。

1) 如尽管租船人已尽适当的谨慎，但偷渡者仍以秘密藏在其装运的货物和/或集装箱的手段上船，应视为对本租约的违反，对由此产生的后果由租船人负责，并应使船东不受损害；对向船东可能提起的或已经提起的所有种类的索赔，由租船人赔偿船东。而且，对全部的时间损失和不管如何发生的何种性质的全部费用应由租船人负担，船舶的租金照付。

2) 如根据第(a)款1)项规定，因租船人违反本租约而使船舶被扣押，则租船人应采取所有合理措施保证船舶在合理期间内获释，并自付费用提供保释金以保证船舶的释放。

(b) 如尽管船东已尽适当的谨慎，但偷渡者仍以秘密藏在租船人装运的货物和/或集装箱中以外的手段上船，则对全部的时间损失和不管如何发生的何种性质的全部费用应由船东负担，并应停付租金。如因偷渡者以秘密藏在租船人装运的货物和/或集装箱中以外的手段上船而使船舶被扣押，则船东应采取所有合理措施保证船舶在合理期间内获释，并自付费用提供保释金以保证船舶的释放。

第四十二条 走私

如船长、高级船员和/或普通船员走私，船东应承担任何罚款、税款或征收的进口税费用，对由此所产生的任何时间损失，应停付租金。

第四十三条 佣金

船舶和船东应按照本租约已赚取和已支付的租金，以及本租约延续期间所付租金的______%，向____________支付佣金。

第四十四条 经纪人佣金

按照本租约已赚取和已支付的租金的______%，向____________支付经纪人佣金。

第四十五条 仲裁条款

凡因本合同引起的或与本合同有关的任何争议，均应提交中国海事仲裁委员会，按照申请仲裁时该会现行有效的仲裁规则进行仲裁。仲裁裁决是终局的，对双方均有约束力。

如经双方同意，以下所附的第______条至第______条（包括第______条和第______条）视为全部并入本租约。

船东____________________

租船人____________________

________年______月______日

（四）承运人与托运人的义务

1. 承运人的义务

（1）承运人的基本义务。

根据有关国际公约的规定，承运人的基本义务包括以下几项。

1）提供适航船舶。根据《海牙规则》，承运人在开航前和开航时应使船舶处于适航状态。这里的适航（Seaworthiness）是指：提供适于航行的船舶；配备合格的船长和船员；配备齐全的装备和充足的供给；使货舱、冷藏舱、冷气舱和其他载货处所适于并能安全接受、载运和保管货物。

2）管货义务。承运人应当妥善、谨慎地装载、收受、配载、运输、保管、照料和卸载所运货物。承运人未履行上述义务，导致货物毁损或灭失的，应承担赔偿责任。

3）不得无故绕航。承运人应按照约定的、习惯的或者地理上的航线将货物运往目的港，除合理原因外，承运人无故绕航造成的损失应由承运人负责赔偿。在合理原因下绕航造成的损失，承运人不负责赔偿。这里的合理原因包括：合同中载明的事由；救助海上人命或财产；船舶在航行中遇到危险；发生不可抗力。

4）签发提单。货物由承运人接收或装船后，应托运人的要求，承运人应签发提单。承运人签发提单应遵守法律的规定，并符合客观事实。

5）交付货物。承运人应根据运输合同的规定，将货物交给有权提取货物的人。

（2）承运人的责任期限。

关于承运人的责任期限，《海牙规则》采取“钩到钩”的原则，即承运人的责任期限是从货物装上船时起到货物卸下船止。在这一期限内，货物发生毁损或丢失，除法定免责事由外，承运人应负责赔偿。

《汉堡规则》扩大了承运人的责任期限，采取“接到交”的原则，即承运人的责任期限从承运人接收货物时起到交付货物时止。这种规定有利于保护货主的利益。

根据我国《海商法》的规定，采用集装箱运输的货物，承运人的责任期限为从装运港接收货物时起到卸货港交付货物时止，即“接到交”；对于散货或杂货来说，承运人的责任期限为在装运港货物装上船时起到目的港货物卸下船止，即“钩到钩”。

（3）承运人的责任限额。

承运人的责任限额是指承运人在承担赔偿责任时的最高限额。

《海牙规则》规定，每件货物或每一计费单位货物的损坏或灭失，其最高赔偿限额为100英镑，但托运人在装运前已经就该项货物的性质和价值作出声明，并已在提单上注明的，不受此限制。《维斯比规则》规定，承运人对货物灭失或损害的赔偿责任最高限额为每件或每单位10 000金法郎或每千克30金法郎，二者以高者计。《汉堡规则》规定，承运人对货物损坏或灭失的赔偿责任最高限额为每件或每单位835个特别提款权[①]或毛重每千克2.5个特别提款权，二者中以高者为准。承运人迟延交货的赔偿责任，以相当于该延迟交付的货物应付运费的2.5倍为限，但不得超过合同中规定的应付运费的总额。

我国《海商法》规定，承运人对货物灭失或损坏的赔偿责任限额为：按照货物件数或其他货运单位计算，每件或每个货运单位666.67个计算单位；或按货物毛重计算，每千克2个计算单位。二者以高者为准。

(4) 承运人的免责事项。

《海牙规则》规定的免责事项有17种，概括起来包括以下几个方面：

1) 不可抗拒的自然力量或人为力量，如战争、罢工、海上风险等。

2) 承运人在船舶航行或管理方面的过失。

3) 因承运人实际过失以外原因引起的火灾。

4) 救助或企图救助海上人命或财产。

5) 货物的自然特性或固有缺陷。

6) 非因承运人或其雇员、代理人的过失引起的损失。

《海牙规则》实行的是不完全过失免责原则，即在一些情况下，承运人只有无过失才可以免责，而在某些情况下，承运人即使有过失也可以免责。《汉堡规则》实行完全过失责任原则，规定承运人应对在其责任期间内因货物灭失或损坏或延迟交货造成的损失负责赔偿。除非承运人证明他本人或其受雇人、代理人为避免该事故发生已采取了一切所能合理要求的措施。《汉堡规则》采取的责任原则更有利于保护货方的利益。

我国《海商法》关于承运人免责事项的规定与《海牙规则》基本一致。

2. 托运人的义务

(1) 妥善包装和正确申报货物。托运人应妥善包装所托运的货物，并就货物品名、标志、包数或件数、重量或体积等作出正确的标识。托运人违反上述义务给承运人造成损失的，应承担赔偿责任。

(2) 支付运费。托运人应按照合同约定支付运费，运费的数额及支付方式由双方在合同中约定。

二、国际铁路货物运输法

(一) 国际铁路联运和港澳铁路运输的法律问题

铁路运输具有运行速度较快，载运量较大，不易受气候条件的影响，能经年正常运行，在运输途中可能遭遇的风险较小，连续性强等优点。铁路运输方式在内陆国家之间尤其适宜。我国幅员辽阔，边境线长，与我国接壤的国家有十几个，其中与多个国家有铁路相通。因此，我国具备利用铁路运输进出口货物的有利条件。

---

① 特别提款权（Special Drawing Right，简称SDR），是国际货币基金组织创设的一种储备资产和记账单位，又称“纸黄金”。

1. 国际铁路联运的法律问题

国际铁路联运是指两个或两个以上的国家利用各自的铁路联合完成一宗货物的全程运输任务。它通常是根据有关国家间签订的协议进行的。与国际铁路联运相关的条约有《国际铁路货物运送公约》和《国际铁路货物联合运输协定》。《国际铁路货物运送公约》简称《国际货约》，于 1934 年以 1890 年欧洲国家在瑞士伯尔尼制定的《国际铁路货物运送规则》为蓝本修改而成，第二次世界大战后又几经修改，参加的有德国、奥地利、法国、意大利、英国等欧洲 24 个国家。《国际铁路货物联合运输协定》简称《国际货协》，是苏联与捷克、匈牙利、波兰、罗马尼亚、保加利亚、阿尔巴尼亚和原民主德国等 7 国于 1951 年签订的。我国于 1953 年加入，而后朝鲜、蒙古、越南也相继加入。

国际铁路联运只需使用一份统一的国际联运票据，在由一国铁路向另一国铁路交接货物时，不需发货人和收货人参加。国际铁路联运所使用的运单正本和副本是铁路和货主之间缔结的运输契约，也是承运货物的凭证。它具体规定了参加联运的各国铁路和收、发货人的权利和义务，对收、发货人和承运人都具有法律效力，有关各方都受合同的保护和约束。当发货人向始发站提交全部货物，并付清应由发货人支付的一切费用后，运单正本随同货物由始发站全程同行至终点站，最后交给收货人凭此提取货物。运单副本由铁路加盖戳记证明货物已被承运和承运日期后发还发货人，凭此向银行办理结算。

2. 港澳铁路运输的法律问题

港澳地区的铁路运输虽属于我国国内运输，但因香港和澳门特别行政区的管理制度均保持 50 年不变，所以对港澳贸易仍作为进出口贸易处理。目前，内地对港澳特别行政区的铁路运输，是由我国对外贸易运输公司各分支机构和我国香港、澳门地区的旅行社共同组织的。具体操作是先由发货人将货物运到深圳，当地外贸运输公司办事处接货后，再办理港澳段托运手续，由香港澳门旅行社收货后转交香港澳门收货人。出口单位凭外贸运输机构出具的承运收据办理收汇手续。

（二）国际铁路运输的责任

国际铁路运输的基本责任是按运单承运货物的铁路，应对货物负连带责任。具体来说，按国际货协运单承运货物的铁路，应负责完成货物的全程运输，直到在到达站交付货物时为止；每一继续运送的铁路，自接收附有运单的货物时起，即作为参加这项运输合同，并承担由此而产生的义务。国际铁路运输应从承运货物时起，至在到达站交付货物时止，对于货物运到逾期以及因货物全部或部分灭失或毁损所发生的损失负责。同时国际铁路运输还应对发货人在运单内所记载并添附的文件，由于国际铁路运输的过失而遗失的后果负责，并应对由于国际铁路运输的过失未能执行有关要求变更运输合同的申请书的后果负责。

如承运的货物由于下列原因而遭受损失时，国际铁路运输可不负责任：

（1）由于铁路不能预防和不能消除的情况。

（2）由于货物的特殊自然性质，以致引起自燃、损坏、生锈、内部腐坏和类似的后果。

（3）由于发货人或收货人的过失或由其要求，而不能归咎于承运者。

（4）由于发货人或收货人装车或卸车的原因所造成。

（5）由于发送路规章许可，使用敞车类货车运送货物。

（6）由于发货人或收货人的货物押运人采取保证货物完整的必要措施。

（7）由于容器或包装的缺点，在承运时无法从其外部发现。

（8）由于发货人用不正确、不确切或不完全的名称托运违禁品。

（9）由于发货人在托运应按特定条件承运货物时，未按规定办理。

（10）由于货物在规定标准内的途耗。

（三）国际铁路货物运输赔偿与诉讼法律实务问题

1. 赔偿请求的提出

有关当事人在向铁路提出赔偿请求时，应按下列规定办法办理：

（1）货物全部灭失时，由发货人提出，同时须提供运单副本；或由收货人提出，同时须提供运单副本或运单。

（2）货物部分灭失、毁损或腐坏时，由发货人或收货人提出，同时须提供运单和铁路在到达时交给收货人的商务记录。

（3）货物运到逾期时，由收货人提出，同时还须提出运单。

（4）多收运送费用时，由发货人按其已交付的款额提出，同时还必须提供运单副本或发送路国内规章规定的其他文件；或由收货人按其所交付的运费提出，同时须提供运单。铁路自有关当事人向其提出请求之日起，必须在180天内审查这项请求，并予以答复。

2. 关于诉讼问题

凡有权向铁路提出赔偿请求的人，只有在提出赔偿请求后，才可以向铁路提起诉讼。换句话说，提出上述赔偿请求，是向铁路提起诉讼的必经程序。根据《国际货协》第三十条的规定，有关当事人依据运输合同向铁路提出的赔偿请求和诉讼，以及铁路对发货人和收货人关于支付运送费用、罚款和赔偿损失的要求和诉讼，应在9个月间内提出；但关于货物运到逾期的赔偿请求和诉讼，应在2个月间内提出。上述时效期限的计算方法是：

（1）关于货物毁损或部分灭失以及运到逾期的赔偿，自货物交付之日起算。

（2）关于货物全部灭失的赔偿，自货物运到期限满期后30日起算。

（3）关于补充运费、杂费、罚款的要求，或关于退还这项款额的赔偿请求，或关于纠正错算运费的要求，应自付款之日起计算，如未付款时，应自交货之日起算。

（4）关于支付变卖货物的余款的要求，自变卖货物之日起计算。

（5）在其他所有情况下，自确定赔偿请求成立之日起计算。时效期间开始之日，不算入该期间内。

有关运输合同的诉讼只可以向受理赔偿请求的铁路所属国家有管辖权的法院提出。当发货人或收货人向铁路提出赔偿请求时，时效期间即行终止。凡时效期间已过的赔偿请求和要求，不得以诉讼形式提出。

三、国际航空货物运输法

（一）国际航空货物运输方式

航空运输是一种现代化的运输方式，它不受地面条件的限制，航行便利，运输速度快，航行时间短，货物在运输途中受损率小，因此，对于某些急需物资、鲜活商品、易损货物和贵重商品来说，航空运输是一种适宜的运输方式。航空运输的运费，虽然一般比海运和铁路运输高，但有些商品采用航空运输，其运杂费的支出有时反而可以降低。这一方面是因为航空运输计收运费的方法不同于其他运输方式；另一方面，采用航空运输可以减少包装费、装卸搬运费、仓库储费和运输途中利息开支等项附属费用。

国际航空货物运输方式包括班机运输和包机运输两种。

（1）班机运输是指利用在固定航线上定期航行的班机进行的运输，班机运输一般适用于载运数量较少的货物。

（2）包机运输是指包租整架飞机或一架飞机的不同舱位进行的运输，包机运输一般适用于数量较多的货物。

（二）有关国际航空货物运输的国际公约

1.《华沙公约》

《华沙公约》的全称是《关于统一国际航空运输某些规则的公约》。《海牙议定书》于1929年10月12日在波兰首都华沙签订，1933年2月13日生效，目前已有130多个缔约国，是关于国际航空货物运输的最重要的公约，我国于1958年加入。《华沙公约》共5章41条，适用于启运地和目的地都属于公约的成员国的航空运输，也适用于启运地和目的地都在一个成员国境内，但飞机停留地在其他国家的航空运输。

2.《海牙议定书》

《海牙议定书》的全称是《修改1929年10月12日在华沙签订的统一国际航空运输某些规则的公约的议定书》。《海牙议定书》于1955年9月28日在海牙签订，1963年8月1日生效，目前已有90多个缔约国，我国于1975年加入。《海牙议定书》共3章27条，对《华沙公约》的18个重要条款进行了修改，适用范围比《华沙公约》广泛，对于启运地和目的地位于不同国家的运输，或者虽然启运地和目的地都位于同一国家，但在另一成员国或非成员国的领域内有经停地点的运输，都可以适用。

3.《瓜达拉哈拉公约》

《瓜达拉哈拉公约》的全称是《统一非缔约承运人所办国际航空运输某些规则以补充华沙公约》。该公约于1961年9月18日在墨西哥的瓜达拉哈拉签订，1964年5月1日生效，目前已有60多个缔约国，我国未加入该公约。

《瓜达拉哈拉公约》共18条，将承运人分为“缔约承运人”和“实际承运人”两种，将《华沙公约》中有关承运人的规定适用于实际承运人。

（三）航空货运单

1.空运单证的内容

根据《华沙公约》的规定，航空货运单的主要内容包括以下几个方面：填单地点和日期；启运地和目的地；约定的经停地点；托运人的名称和地址；第一承运人的名称和地址；收货人的名称和地址；货物的性质；货物的重量、数量、体积或尺寸；包装件数、方式、特殊标志或号数；声明运输应受本公约所规定的责任制度的约束。

《海牙议定书》将航空货运单的内容进行了简化，规定航空货运单必须包括以下三项内容：启运地和目的地，约定的经停地点，声明应受公约的约束。

《华沙公约》把空运单证称为空运托运单，《海牙议定书》把空运单证改称为空运单。按照规定，承运人有权要求托运人填写空运托运单，每件货物应填写一套单证，而承运人则应接受托运人填写的空运托运单。每一套空运托运单应有三份正本，并与货物一起提交承运人。其中，第一份注明“交承运人”，由托运人签字；第二份注明“交收货人”，由托运人签字后随同货物递送；第三份在货物受载后由承运人签字，交给托运人。托运人还须向承运人提交有关货物运输和通过海关所必需的有关单证，如发票及装箱单等，以便及时办妥海关手续，迅速将货物送到收货人手中。空运托运单应载明填写的地点和日期、起运地和目的地、约定的经停地点、发货人和收货人的姓名和地址、货物的性质、货物的件数与包装、货物的重量或数量或体积或尺码，并应在空运托运单上声明，该项运输受该公约所规定的有关承运人责任规则的约束。托运人应对他在空运托运单上所填写的有关货物资料的正确性负责，如因托运人填报不实或有遗漏而致承运人遭到损失，托运人应负责给予赔偿。

2. 空运单据的作用

空运托运单不同于海运提单，它不是货物所有权的凭证。因为空运的速度快，通常在托运人把托运单交收货人之前，货物就已经运到目的地，这在很大程度上排除了通过转让装运单据来转让货物的需要。因此，虽然公约并不妨碍签发可转让的空运托运单，但在实际业务中，空运单据一般都印有“不可转让”的字样。业务上的一般做法是，货物运抵目的地后，收货人凭承运人的到货通知及有关证明提货，并在提货时在随货运到的空运托运单上签收，而不要求收货人凭空运托运单证提货。

（四）承运人与托运人的义务及权利

1. 承运人的义务与权利

（1）承运人的义务。

承运人的基本义务是按照合同的约定，将货物安全地运送到指定的目的地。如果在航空运输期间内，货物发生毁损或灭失，承运人必须承担赔偿责任，除非他能够证明自己或代理人为避免损失的发生已采取了一切必要的措施。

承运人的免责是指货物在承运期间虽然发生了毁损或灭失，但承运人也不必承担赔偿责任。根据《华沙公约》的规定，在出现以下情况时，承运人可以免除赔偿责任：

1）承运人能够证明自己或代理人为避免损失的发生，已采取了一切必要的措施或不可能采取这种措施。

2）承运人能够证明损失的发生是由于驾驶、飞机操作或领航上的过失造成的，而且在其他方面承运人及其代理人已经采取了一切必要的措施以避免损失的发生。

3）承运人能够证明损失的发生是由受害人的过失所引起或促成的。

《海牙议定书》关于承运人的免责事项与《华沙公约》大体相同，只是删除了上述的第2）项规定。

《华沙公约》规定，对于货物在运输途中发生毁损、灭失或延迟交付的，承运人的责任赔偿限额为每千克 250 金法郎，但托运人曾声明货物的价值并支付了附加费的，承运人的赔偿责任应以该声明的金额为限。

（2）承运人的权利。

承运人的权利主要是向托运人或收货人收取运费及其他约定费用的权利。

2. 托运人的义务和权利

（1）托运人的义务主要包括以下几个方面：

1）对其所填写的航空货运单内容的正确性负责，如果由于托运人所填写的内容不正确而给承运人造成损失的，托运人应负责赔偿；

2）向承运人交付货物及与货物有关的单证，由于交付的单证不合格而给承运人造成损失的，托运人应给予赔偿；

3）对承运人因执行其指示而造成的损失予以赔偿；

4）支付运费及约定的其他费用。

（2）托运人的权利。

1）有权在启运地或目的地机场将货物提回；

2）在途中经停时要求终止运输；

3）在目的地或运输途中将货物交给非航空货运单所指定的收货人；

4）要求将货运回启运地机场。

（五）索赔与诉讼

1. 索赔

根据《华沙公约》的规定，收货人发现货物损坏的，应立即向承运人提出异议，最迟应在收到货物后 7 日内提出；如果是延迟交货的，最迟应在收到货物后 14 日内提出。《海牙议定书》将上述期限分别延长为 14 日和 21 日。收货人必须在规定期限内提出索赔。

2. 诉讼

有关国际航空货物运输赔偿纠纷的管辖问题，《华沙公约》规定原告可以选择下列缔约国之一的法院提起诉讼：承运人住所地的法院；承运人总管理处所在地法院；签订合同的机构所在地法院；目的地法院。

国际航空货物运输纠纷的诉讼时效为 2 年，自航空器到达目的地之日，或应到达之日，或终止运输之日起计算。

四、国际货物多式联运法

国际货物多式联运是指多式联运经营人按照多式联运合同，采用两种以上的运输方式将货物从一国指定地点运往另一国指定地点的运输。国际货物多式联运具有以下特点：必须采用两种或两种以上的运输方式；必须有一个多式联运合同，并使用一份全程多式联运单据；必须由一个多式联运经营人完成或负责组织完成多式联运，负责全程运输；必须就全程运费制定统一费率，并一次性向货主收取。

（一）调整国际货物多式联运的国际规则

（1）《联合运输单证统一规则》。该规则由国际商会于 1973 年制定，共包括 19 项规定。该规则的性质属于国际惯例，而非国际公约。

(2)《联合国国际货物多式联运公约》。该公约由联合国贸易和发展会议起草，1980年通过。该公约目前尚未生效，但已具有重要的影响，为许多当事人参照使用。《联合国国际货物多式联运公约》是1980年5月24日在日内瓦举行的联合国国际联运会议第二次会议上，经与会的84个贸发会议成员一致通过的。《联合国国际货物多式联运公约》全文共40条和一个附件。该公约在结构上分为总则、单据、联运人的赔偿责任、发货人的赔偿责任、索赔和诉讼、补充规定、海关事项和最后条款等8个部分。

(二)《联合国国际货物多式联运公约》的主要内容

1. 多式联运单据

多式联运单据是证明多式联运合同和多式联运经营人接收货物并负责按照合同条款交付货物的单据。多式联运单据可以起到合同证明作用，同时还具有货物收据和提货凭证的作用，与提单的作用基本一致。

多式联运单据的内容主要包括：货物品质、数量、重量等基本资料；货物外表状况；多式联运经营人的名称与主营业地；发货人名称；收货人名称；交货地点和日期；单据签发时间和地点等共15项。

2. 多式联运经营人

(1) 国际多式联运经营人的含义。

国际多式联运经营人是指其本人或通过其代表订立国际多式联运合同的任何人。他是事主，而不是发货人的代理人或代表，也不是参加国际多式联运的承运人的代理人或代表，他负有履行合同的责任。

(2) 国际多式联运经营人的特征。

1) 国际多式联运经营人是“本人”而非代理人，他应对全程运输享有承运人的权利，承担承运人的义务。

2) 国际多式联运经营人在以“本人”身份开展业务的同时，并不妨碍他同时也以“代理人”身份兼营有关货运代理服务，或者在一项国际多式联运业务中不以“本人”身份而是以其他诸如代理人、中间人等身份开展业务。

3) 国际多式联运经营人是“中间人”。国际多式联运经营人具有双重身份，他既以契约承运人的身份与货主（托运人或收货人）签订国际多式联运合同，又以货主的身份与负责实际运输的各区段运输的承运人（通常称为实际承运人）签订分运输合同。

4) 国际多式联运经营人作为总承运人，对全程运输负责，对货物灭失、损坏、延迟交付等均承担责任。国际多式联运经营人既可以拥有运输工具，也可以不拥有运输工具，不拥有自己的运输工具的多式联运经营人也叫无船承运人。

(3) 国际多式联运经营人的类型。

1) 以船舶运输为主的国际多式联运经营人。

2) 无船国际多式联运经营人，可分为（车、铁、空）承运人型、场站经营人型、代理人型。

（4）国际多式联运经营人的责任范围。

1）国际多式联运经营人从接受货物起到交付货物止即对货主负主要责任：托运人委托多式联运经营人负责装箱、计数的，应对箱内货物不是由于委托人要求，结果因积载不当、衬垫捆扎不良而造成串味、污损、倒塌、碰撞等货损负责；在责任期间内，对因责任事故致使货物损坏或灭失负责；对货物延迟交付负责。

2）对下述原因造成的货损或灭失不负责：

a. 托运人所提供的货名、种类、包装、件数、重量、尺码及标志不实，或由于托运人的过失和疏忽而造成的货损或灭失，则为托运人自行承担责任。如对多式联运经营人或第三方造成损失，即使托运人已将多式联运单转让，托运人仍应承担责任。

b. 由托运人或其代理装箱、计数或封箱的。

c. 货物品质不良，外包装完好而内装货物短缺变质。

d. 货物装载于托运人自备的集装箱内的损坏或短少。

e. 由于运输标志不清而造成的损失。

f. 对危险品等特殊货物的说明及注意事项不清或不正确而造成的损失。

g. 对有特殊装载要求的货物未加标明而引起的损失。

h. 由于海关、商检、承运人等行使检查权所引起的损失。

3. 国际多式联运经营人的责任

国际多式联运经营人的责任以过失责任为基础，其责任限制和赔偿限额目前国际上有三种不同做法：

（1）统一责任制（Uniform Liability System）。

货物如发生灭失或损坏，不论发生在哪个区段，经营人都要按一个统一原则负责并按一个约定的限额进行赔偿。这一做法对多式联运经营人来说，责任较大，赔偿额较高。

（2）分段负责制，又称网状责任制（Network Liability System）。

这是以各运输区段原有的责任为限。如海上区段按《海牙规则》，铁路区段按《国际铁路货物运输公约》，公路区段按《国际公路货物运输公约》，航空区段按《华沙公约》处理。在不适合上述所有公约的情况下，按相应的国内法处理。赔偿限额也是按各区段的国际公约规定的或相应国内法的规定赔付。目前国际上大多采用此制度。根据我国《海商法》第一百零四条至第一百零六条的规定，我国国际多式联运经营人也是采用的网状责任制。

（3）修正的统一责任制（Modified Uniform Liability System），又称混合责任制。

这是介于上述两种责任之间的责任制。它在责任范围上按统一责任制，在赔偿限额上按分段责任制。

4. 主要国际公约和法律的责任限额规定

（1）有关延迟交付的责任限额。

《汉堡规则》和《联合国国际货物多式联运公约》的规定：对于延迟损失的责任限额，相当于对延迟交付的货物应付运费的2.5倍，但不得超过整个合同运费额，而且，在同时伴随货物的灭失、损坏时，总赔偿责任不能超过按公约所规定的货物损坏、灭失的责任限额所确定的货物全部灭失的赔偿责任限额。

(2) 多式联运经营人的赔偿责任限制。

《海牙规则》：100 英镑/件；《维斯比规则》：10 000 金法郎/件或 30 金法郎/千克毛重(1979 年修订为：666.67 SDR/件，2 SDR/千克)；《汉堡规则》：12 500 金法郎/件或 37.5 金法郎/千克毛重；我国《海商法》：666.67 SDR/件或 2 SDR/千克；《华沙公约》：250 金法郎/千克（17 SDR/千克）；《铁路联运公约》：50 金法郎/千克；《公路货约》：25 金法郎/千克。

5. 索赔与诉讼时效

(1) 索赔。

收货人如对承运人进行索赔，应在收货的下一工作日将货物灭失或损坏情况书面通知多式联运经营人，否则，即视多式联运经营人已交付多式联运单据上所载明货物的初步证据。如果货物灭失或损坏不明显，收货人应在交付货物之日后连续 6 日内提出书面通知，否则，视为多式联运经营人交付多式联运单据上所载明货物的初步证据。如果货物灭失或损坏情况在交付收货人时已经由当事人各方联合调查或检验，则收货人无须送交书面通知。对于延迟交付货物，收货人应在应当交付货物之日后连续 16 日内向多式联运经营人提交书面通知。

(2) 诉讼时效。

有关多式联运的任何诉讼，时效为 2 年，如在 2 年内没有提起诉讼交付仲裁便丧失时效。但是，如果在货物交付之日后 6 个月内，或于货物未付时，在应当交付之日后 6 个月内没有提出书面索赔通知说明索赔的性质和主要事项，则诉讼在此期限届满后也失去时效。

时效日期自多式联运经营人交付货物或交付部分货物之日起的下一日起算，如货物未交付，则自货物应当交付的最后一日的下一日起算。

值得注意的是：以上是《联合国国际货物多式联运公约》中的规定，但该公约尚未生效，因此，关于索赔与诉讼时效，仍应以多式联运经营人所签发的多式联运单据或提单中背面条款为依据。

任务二　国际海上货物运输保险法

任务案例

2020 年 1 月，甲公司将其租赁给乙公司的 200 个集装箱在保险公司投保了集装箱保险一切险，保险金额为 50 万美元，保险期限自 2020 年 1 月 10 日至 2021 年 1 月 9 日。2020 年 7 月，甲公司与乙公司在联系工作中出现了异常情况，后发现乙公司负责人逃匿，乙公司也被查封，投保集装箱失踪。甲公司于是向当地公安局申请立案，并就失踪的集装箱向保险公司提出索赔。保险公司认为，甲公司没有将所投保集装箱全部交给乙公司营运的事实在投保时如实告知保险公司，该事实足以影响保险人决定是否承保或以何种条件承保，甲公司也没有提供足够的证据证明损失发生在保险合同约定的航程之间，因此，保险公司拒绝赔偿。

问题：

保险公司的拒绝赔偿是否有理?

一、海上货物运输保险承保的范围

海上货物运输保险承保的范围，包括承保的风险、承保的损失和承保的费用。

（一）保险人承保的风险

1. 海上风险

海上风险包括自然灾害和意外事故两种。

（1）自然灾害：一般是指由于自然界变异现象的力量而造成的灾害，即人力不可抗拒的灾害（恶劣气候、雷电、地震、海啸、洪水等）。

（2）意外事故：指由于偶然的、非意料之中的原因造成的事故。海上保险业务中的意外事故，并不局限于发生在海上，也包括发生在陆上的意外事故（运输工具的搁浅、触礁、沉没失火、爆炸、与流冰或其他物体的碰撞等）。

2. 外来风险

外来风险指海上风险以外的其他风险引起的风险。保险业说的外来原因，是指事先难以预料的、致使货物受损的某些外部因素。

（1）一般外来风险：是指由于一般外来原因（如偷窃、雨淋、短量、沾污、破碎、受潮、受热、渗漏、串味、锈损、钩损、包装破裂等）引起风险而造成的损失。

（2）特殊外来风险：是指由于国家的政策、法令、行政命令、军事等原因所造成的风险和损失，如战争、罢工等风险导致的损失。

（二）保险人承保的损失

1. 全部损失与部分损失

（1）全部损失：是指运输中的整批货物或不可分割的一批货物的全部损失。具体分为以下几种情况：

1）实际全损：一般是指被保险货物全部灭失，或全部变质或全部不能归还货主。就情形而言，有以下四种情况：保险标的物完全灭失；保险标的物丧失；保险标的物发生变质，失去原有使用价值；船舶失踪达到一定时期。

2）推定全损：一般是指保险标的物受损后并未全部灭失，但若进行施救、整理、修复所需的费用或者这些费用再加上续运至目的地的费用的总和，估计要超过货物在目的地的完好状态的价值；或保险标的实际全损已经无法避免，或者是为了避免实际全损，需要花费的施救费用，将超过获救后标的的价值；或保险标的发生保险事故后，使被保险人失去标的的所有权，而收回这一所有权所需花费的费用，将超过收回后的价值；或保险标的受损后，整理和续运到目的地的费用，超过货物到达目的地的价值；或保险标的受损后，修理费用已超过货物修复后的价值。

（2）部分损失：凡保险标的物的损失未达到实际全损和推定全损所列情况之一者，都属于部分损失。

2. 共同海损与单独海损

（1）共同海损（General Average，GA）：是指载货船舶在海上遇到灾害、事故，威胁到船、货等各方面的共同安全，为了解除这种威胁，维护船、货安全，使航程得以继续完成，船方有意识地、合理地采取措施，造成某些特殊损失或者支出特殊额外费用。

共同海损的构成条件包括以下几个方面：

1）船舶确实遭遇危及船、货等共同安全的危险。这里的共同危险，包含两层含义：一是危险是航程中的船舶、货物共同面临的，即危险情况发生时危及了船、货的共同安全，如果不及时采取措施，船、货都有灭失或损坏的危险。单纯为了某一方的利益而做出的牺牲不属于共同海损。二是这种危险必须是真实存在的，主观臆断的危险不是真正的危险，因判断错误而造成的损失不属于共同海损。

2）共同海损牺牲必须是自愿的和有意识的行动所造成的。共同海损牺牲的产生是人为的故意行动，而不是遭遇海上风险造成的意外损失。例如，某船舶在航行中，A 舱中的甲批货物着火，危及船、货的共同安全，船长下令灭火，救火过程中将 A 舱中的货物淋湿，发生损坏，则这种损失属于共同海损。假如是货物在航行中遭遇暴风雨被淋湿造成的损失就不属于共同海损。

3）共同海损牺牲和费用的支出必须是合理的。共同海损牺牲和费用的支出必须以解除危难局面为限，船长不能滥用职权，任意扩大牺牲和费用的支出。例如，船舶在河口搁浅，可以等潮水来后，借助潮水和风的力量重新浮起，但是船长为了节约时间，使用主机企图摆脱危险，由于过度使用而造成主机损坏，则这一损失不构成共同海损。

4）共同海损牺牲和费用的支出的目的仅限于为保船、货等各方面的共同安全。对于共同海损牺牲和费用，各个受益人用获救的船舶、货物和运费按其获救后的价值按比例进行分摊，称为“共同海损分摊”。

（2）单独海损（Particular Average）：是指除共同海损以外的部分损失。

3. 共同海损与单独海损的区别

（1）致损原因不同；

（2）损失的承担者不同；

（3）损失的内容不同。

（三）保险人承保的费用

（1）施救费用。

施救费用是指当被保险标的遭受保险责任范围内的灾害事故时，由被保险人或其代理人、雇佣人和受让人等采取措施，抢救保险标的，以防止扩大损失，由于实施此种抢救行为所支出的合理费用。

（2）救助费用。

当被保险标的遭遇保险责任范围内的灾害事故时，由保险人或被保险人以外的第三者采取抢救行为，对于此种救助行为，按照国际法的规定：获救方应向救助方支付相应的报酬，所支付的该项费用被称为救助费用，属于保险赔付范围。

课堂讨论

一条货船从青岛港出发驶往日本，在航行途中货船起火，大火蔓延到机舱。船长为了船、货的共同安全，命令采取紧急措施，往舱中灌水灭火。火扑灭后，由于主机受损，无法继续航行。船长雇用拖轮将货船拖回青岛修理，检修后重新将货物运往日本。事后经调查，此次事件造成的损失有如下几项：(1) 500 箱货物被火烧毁；(2) 1 500 箱货物因灌水灭火受到损失；(3) 主机和部分甲板被烧坏；(4) 雇用拖船费用；(5) 额外增加的燃料和船长、船员工资。

问题：以上各项损失中哪些属于共同海损，哪些属于单独海损？

二、我国海洋货物运输保险条款及险别

我国海洋货物运输保险条款及险别主要依据中国人民保险公司制定的《中国保险条款》(China Insurance Clause，CIC) 及我国海洋货物运输保险条款。

(一) 保险人承保责任范围

1. 基本险

(1) 平安险 (Free from Particular Average，FPA)。

平安险的责任范围主要包括以下几项：

1) 被保险货物在运输途中由于恶劣气候、雷电、海啸、地震、洪水等自然灾害造成整批货物的全部损失或推定全损。

2) 由于运输工具遭受搁浅、沉没、触礁、互撞、与流冰或其他物体碰撞，以及失火、爆炸等意外事故造成货物的全部或部分损失。

3) 在运输工具已经发生搁浅、触礁、沉没、焚毁等意外事故的情况下，货物在此前后又在海上遭受恶劣气候、雷电、海啸等自然灾害所造成的损失。

4) 在装卸或转运时，由于一件或数件整件货物落海造成的全部或部分损失。

5) 被保险人对遭受承保责任范围内危险的货物采取抢救措施，防止或减少货损的措施而支付的合理费用，但以不超过该批被救货物的保险金额为限。

6) 运输工具遇海难后，在避风港由于卸货所引起的损失以及在中途港、避难港由于卸货、存仓以及运送货物所产生的特别费用。

7) 共同海损的牺牲、分摊和救助费用。

8) 运输契约订有"船舶互撞责任"条款，根据该条款规定，应由货方偿还船方的损失。

(2) 水渍险 (With Particular Average，WPA)。

水渍险原意为"负责单独海损责任"。它的承保范围除了包括平安险的各项责任外，还负责保险标的由于恶劣气候、雷电、海啸、地震、洪水等自然灾害所造成的部分损失。

(3) 一切险 (All Risks)。

一切险的承保责任范围，除了包括平安险和水渍险的责任外，还包括保险标的在运输

途中，由于一般外来原因所致的全部损失或部分损失。一切险实际上是平安险、水渍险与偷窃、提货不着、淡水雨淋、短量、混杂、沾污、渗漏、碰损、破碎、串味、受潮受热、钩损、包装破裂和锈损等附加责任的总和。

2. 附加险（Additional Risks）

附加险是指必须附加在基本险上，不能单独投保的险种。附加险一般分为一般附加险和特殊附加险。

（1）一般附加险。主要包括 11 种：偷窃、提货不着险；淡水雨淋险；短量险；混杂、玷污险；渗漏险；碰损、破碎险；串味险；受潮受热险；钩损险；包装破裂险；锈损险。

（2）特别附加险。指由于特殊外来原因的风险而造成损失的险别。特别附加险主要包括以下几种：

1）战争险（War Risk）。保险人对战争险的承保责任范围包括：由于战争、类似战争行为和敌对行为、武装冲突或海盗行为以及由此引起的捕获、拘留、扣留、禁制、扣押所造成的损失，或者各种常规武器（包括水雷、鱼雷、炸弹）所造成的损失以及由于上述原因所引起的共同海损牺牲、分摊和救助费用。但对原子弹、氢弹等核武器所造成的损失不负责赔偿。

2）罢工险（Strike Risk）。指承保因罢工者、被迫停工工人、参加工潮、暴动的人员采取行动而造成的承保货物的损失，以及任何人的恶意行为造成的损失的险别。罢工险仅仅负责直接损失，不负责间接损失。

3）交货不到险（Failure to Deliver Risk）。指承保货物从装上船起算，满 6 个月仍未运抵目的地交货，则不论何种原因，保险人均按全部损失赔偿。由于交货不到很可能是保险标的并未实际遭受全损，因此，在保险人按全损赔偿后，应由被保险人将货物的全部权益转给保险人。

4）舱面险（On Deck Risk）。指承保被保险货物存放舱面因被抛弃或风浪冲击落水造成的损失。舱面险的保险标的是依照航运习惯应载于舱面的货物，对于应装于舱内却装在舱面的货物，保险人不予赔偿。

5）拒收险（Rejection Risk）。指承保货物由于在进口港被进口国的政府或有关当局拒绝进口或没收所造成的损失。保险人按该货物的价值予以赔偿。

6）黄曲霉素险（Aflatoxin Risk）。指承保货物在进口港或进口地经当地卫生当局检验证明，含有黄曲霉素，并且超过了进口国的限制标准，必须拒绝进口、没收或强制改变用途时所造成的损失。

7）出口货物到香港（包括九龙在内）或澳门存仓火险责任扩展条款。这是一种扩展存仓火险责任的保险，我国到港澳的货物，加贴这一条款，则延长存仓期间的火险责任。保险期限从货物运入过户银行指定的仓库开始，直到过户银行解除货物权益或者运输责任终止时起算满 30 日为止。这一保险是为了保障过户银行的利益。货物单据通过银行办理押汇业务，在货主未向银行归还贷款前，货物的权益属于银行。因此，在保险单上必须注明过户给放款银行。在此阶段货物即使到达目的港，收货人也无权提货。货物往往存放在过户银行指定的仓库中，加贴了这一条款，如在存仓期间发生火灾，保险公司负责赔偿。

8）进口关税险。指承保货物到达目的港后，因遭受保险责任范围内的损失，而仍须按照完好货物缴纳进口关税所造成的损失。

（二）除外责任

除外责任（Exclusion）是指保险公司规定不予承保的损失或费用。主要包括以下几种：

（1）被保险人的故意或过失行为造成的损失；

（2）发货人的过失造成的损失；

（3）保险责任开始前被保险货物已存在的品质不良和数量短差；

（4）被保险货物的自然损耗、本质缺陷、特性及市价跌落造成的损失；

（5）运输延迟造成的损失。

另外，战争险和罢工险所承保的责任一般也可作为除外责任。

（三）承保责任的起讫期限

平安险、水渍险和一切险的承保责任的起讫期限是国际保险业中的“仓至仓条款”的规定方法。它规定保险责任自被保险货物运离保险单所载明的启运地发货人仓库开始时生效，包括正常运输过程中的海上运输和陆上运输，直至该项货物到达保险单所载明的目的地收货人仓库为止。该条款中的“运离”是指货物一经离开发货人仓库，保险责任即为开始；所指“到达”，是指货物一经进入收货人最后仓库，保险责任即告终止，在仓库中发生的损失概不负责。如果被保险货物从海轮卸下后放在码头仓库、露天或海关仓库，而没有运到收货人仓库，保险责任继续有效，但最长负责至卸离海轮后 60 天为限。如在上述 60 天内被保险货物需转运到非保险单所载明的目的地时，则以该项货物开始转运时终止。另外，被保险货物在运至保险单所载明的目的地或目的地以前的某一个仓库而发生分配、分派的情况，则该仓库就作为被保险人的最后仓库，保险责任也以自货物运抵该仓库时终止。

海运战争险的责任起讫是自保险单所载明的起运港装上海轮或驳船时开始生效，直至到达保险单所载明的目的港卸离海轮或驳船时为止。如果货物不卸离海轮或驳船，则保险责任最长延至货物到达目的港之当日午夜起 15 天为止。如果在中途转船，则不论货物在当地卸载与否，保险责任以海轮到达该港或卸货地点的当日午夜起算满 15 天为止，等到再装上续运海轮时责任恢复有效。

（四）海上货物运输保险的索赔与诉讼

1. 索赔

被保险人在提货时，发现货物有灭失或损坏的，应及时向保险人提出索赔，索赔时应提交有关的单据，包括：检验报告或证明损害的文件；货物发票；提单；保险单正本；索赔清单等。

索赔应在法定期限内提出，一般保险条款中都规定，从被保险货物在最后卸载港全部卸离海轮后起算 1 年内索赔有效。我国的保险条款规定索赔时效为 2 年。

2. 诉讼

被保险人与保险人就保险问题发生纠纷时，双方可以协商解决，也可以请第三人进行调解，通过前两种方式还不能解决的，就要通过申请仲裁或提起诉讼的方式来解决。关于管辖问题，中国保险条款规定，诉讼或仲裁应在被告所在地进行。对于所适用的法律，按国际习惯，国际货物运输保险合同双方当事人可协议选择准据法，双方未做选择的，一般适用于保险人主营业地的法律。

（五）代位求偿权

广义上的代位权包括两种：一种是权利代位，即代位求偿权；另一种是物上代位权，即保险人在赔偿全部损失之后取得保险标的物的权利，即接受委付权。我们这里只讲代位求偿权。

1. 概念

所谓代位求偿权，指在财产保险中，保险人在赔偿被保险人损失后，如果第三人对保险标的的损失根据法律或合同的规定，应承担责任，被保险人应将对该第三人享有的赔偿请求权转移给保险人，由保险人代位行使。它根源于财产合同的补偿性，是保险人履行赔偿责任后的必然结果。被保险人对于因第三人责任造成的保险财产损失，或者向有责任的第三人追偿，或者从保险人那里得到保险赔偿，不能两者兼得。如果被保险人获得了保险赔偿，就应当将享有的向第三人追偿的权利转移给保险人。

代位求偿制度为各国保险法所普遍承认，成为财产保险业务中权益转移的主要方式。我国的《保险法》和《海商法》都规定了这一制度。《保险法》规定：因第三者对保险标的的损害而造成保险事故的，保险人自向被保险人赔偿保险金之日起，在保险金额范围内代位行使被保险人对第三者请求赔偿的权利。《海商法》规定：保险标的发生保险责任范围内的损失是由第三人造成的，被保险人向第三人要求赔偿的权利，自保险人支付赔偿金之日起，相应转移给保险人。

2. 适用的条件

代位求偿权的适用，必须同时满足下列条件：

（1）保险事故及其引起的损失确实属于保险责任范围。如果事故和损失不在保险范围内，则与保险人无关。

（2）保险事故的发生必须是由于第三者的行为引起的，并且被保险人具有向责任方的索赔权。

（3）保险人已向被保险人作了实际赔付。如果未支付保险赔偿金，保险人不能取得代位求偿权，就不能向第三人追偿。

3. 行使的方式

保险人能否正确行使代位求偿权，关系到各方当事人的合法权益，并与财产保险合同的职能密切相关。因此，保险人应严格依据法律规定行使代位求偿权。

（六）保险委付

1. 概念

保险委付是指在海上保险中，在保险标的物发生推定全损时，被保险人明确表示将该保险标的的一切权利转移给保险人，而请求保险人赔偿全部保险金额的法律行为。

保险委付是海上保险的一项传统制度，自 15 世纪以来，它为各国海商法所确认并付诸实施。我国《海商法》第二百四十九条规定：保险标的发生推定全损，被保险人要求保险人按照全部损失赔偿的，应当向保险人委付保险标的。保险人可以接受委付，也可以不接受委付，但是应当在合理的时间内将接受委付或者不接受委付的决定通知被保险人。委付不得附带任何条件。委付一经保险人接受，不得撤回。英国《1906 年海上保险法》与《日本商法典》等也作了相关规定，其内容和条件大致相当。

2. 适用的条件

在哪些条件下被保险人可以行使委付权呢？各国法律对此均有规定，概括起来，包括如下几项：

（1）保险标的物发生推定全损是委付的前提。

（2）委付是一项双方法律行为，必须经保险人承诺方能生效。

（3）委付财产的接受包括权利和义务。

（4）委付被保险财产的整体，而不是一部分。

3. 行使的方式

被保险人应当在合理的时间内决定是否委付，并及时向保险人寄送委付通知。被保险人有权等待一段时间以获得对损害的全面评估，再决定是否委付。

委付和代位权是两种不同性质的法律行为，区别主要体现在以下几个方面：

（1）代位权实质上是一种债权转移，是债的主体变更，债的内容与客体并未发生变化。而委付所要转让的是保险标的的所有权及其他依附于所有权上的权利和义务，因而还具有物权的特点。

（2）代位权既适用于全损，也适用于部分损失，而委付权仅适用于推定全损。

（3）保险人要取得代位权，必须以向被保险人支付赔款为前提，而委付则不以支付赔款为前提。

（4）在代位求偿中，保险人只能获得不超过赔偿被保险人金额的数额，而在委付的情况下，保险人可以获得大于其赔偿金额的数额。

（5）代位求偿是保险人的权利，保险人取得该权利时，无须承担其他义务，而保险人在接受委付时，不仅取得标的物的所有权，而且还承担该标的物产生的其他义务。

三、英国伦敦保险协会海运货物保险条款

英国伦敦保险协会的“协会货物条款”（Institute Cargo Clauses，ICC），最早制定于 1912 年，已经过多次修改。其保险条款共有 6 种：协会货物条款（A）、协会货物条款（B）、协会货物条款（C）、协会战争保险条款、协会罢工险条款、恶意损害险条款。6 种保险条款中，前三种是主险，后三种为附加险。

（一）承保风险与除外责任险

1. 条款（A）的承保风险与除外责任

条款（A）的承保范围较广，采用了“一切风险减去除外责任”的规定方式，其承保风险如下：

（1）承保“除外责任”各条款以外的一切风险所造成的保险标的的损失；

（2）承保共同海损和救助费用；

(3) 根据运输契约订有“船舶互撞责任”条款应由货方偿还船方的损失。

条款（A）的除外责任包括一般除外责任、不适航和不适货除外责任、战争险除外责任、罢工险除外责任。但条款（A）的除外责任中不包括“海盗行为”和“恶意损害条款”。

2. 条款（B）的承保风险与除外责任

条款（B）采用“列明风险”的规定方式，其承保的风险有：

(1) 归因于火灾、爆炸所造成的灭失或损害；

(2) 归因于船舶或驳船触礁、搁浅、沉没或倾覆所造成的灭失或损害；

(3) 归因于运输工具倾覆或出轨所造成的灭失或损害；

(4) 归因于船舶、驳船或运输工具同除水以外的任何外界物体碰撞所造成的灭失或损害；

(5) 归因于避难港卸货所造成的灭失和损害；

(6) 归因于地震、火山爆发或雷电所造成的灭失和损害；

(7) 共同海损的牺牲引起的保险标的损失；

(8) 由于抛货或浪击入海引起的保险标的损失；

(9) 由于海水、湖水或河水进入船舶、驳船、运输工具、集装箱、大型海运箱或贮存处所引起的保险标的损失；

(10) 货物在装卸时落海或跌落造成的整件全损。

条款（B）的除外责任是条款（A）的除外责任再加上条款（A）承保的“海盗行为”和“恶意损害条款”。

3. 条款（C）的承保风险与除外责任

条款（C）的承保风险比条款（B）少，它只承保“重大意外事故”的风险，而不承保（B）中的自然灾害（如地震、火山爆发、雷电等）和非重大意外事故（如装卸过程中的整件灭失等）。条款（C）的除外责任与条款（B）相同。

（二）协会海运货物（A）、（B）、（C）险保险期限

协会海运货物（A）、（B）、（C）险条款有关保险期限的规定是在“运输条款”、“运输终止条款”和“航程变更条款”这三个条款中规定的。

运输条款规定，保险人对被保险货物应负“仓至仓”的责任以及被保险人在无法控制的情况下发生船舶绕航、运输迟延、被迫卸货、重新装载、转运，或由于承运人行使运输契约所赋予的自由处置权而发生变更航程等情况，被保险人无须告知保险人及须付保险费。

运输终止条款规定，由于被保险人无法控制的原因，被保险货物在运抵保险单所载明的目的地以前，运输契约即在其他港口或处所终止，则在被保险人立即通知保险人并在必要时加缴一定保险费的条件下，保险继续有效，直至货物在这个卸载港口或处所卖出和送交之时为止。但最长时间以不超过货物到达该港口或处所满 60 天为止。

航程变更条款规定，在保险责任开始之后，如果被保险人要求变更保险单所载明的目的地，则在立即通知保险人并另行确定保险费及保险条件的情况下，保险责任仍然有效。

四、其他货物运输保险险别

（一）陆上运输货物保险

1. 陆运险责任范围

责任范围：被保险货物在运输途中遭受暴风、雷电、地震、洪水等自然灾害，或由于陆上运输工具（主要指火车、汽车）遭受碰撞、倾覆或出轨，如有驳运过程，包括驳运工具搁浅、触礁、沉没或由于遭受隧道坍塌、崖崩或火灾、爆炸等意外事故所造成的全部损失或部分损失。大致范围相当于海运险中水渍险。

2. 陆运一切险

责任范围：除包括上述陆运险的责任外，保险人还对被保险货物在运输途中由于外来原因造成的短少、短量、偷窃、渗漏、碰损、破碎、钩损、雨淋、生锈、受潮、受热、发霉、串味、沾污等全部或部分损失，也负赔偿责任。相当于海运险中的一切险。

3. 陆上运输货物战争险

属于附加险，包括运输途中由于战争、类似战争行为、敌对行为或武装冲突以及各种常规武器和炸弹所造成的货物损失。原子武器或热核武器造成的损失除外。起止责任类似于海运战争险。

4. 除外责任

（1）被保险人的故意行为或过失行为所造成的损失。

（2）属于发货人所负责任或被保险货物的自然损耗所引起的损失。

（3）由于战争、工人罢工或运输延迟所造成的损失。

起止期限与海洋运输的“仓至仓”条款大致相同。

上述基本险中也可投保附加险。与海运附加险大致相同。

此外还有陆上运输冷藏货物险，它具有基本险的性质，责任范围除包括陆运险的责任外，还负责赔偿由于冷藏设备在运输途中损坏而导致货物变质的损失。

（二）航空运输险

1. 航空险

责任范围：被保险货物在运输途中遭受雷电、火灾、爆炸或由于飞机遭受恶劣气候或其他危难事故而被抛弃，或由于飞机遭受碰损、倾覆、坠落或失踪等意外事故所造成的全部或部分损失。包括为此采取的抢救、防止或减少货损的措施而支付的合理费用也负责赔偿，但以不超过被救货物的保险金额为限。与海运险中的“水渍险”大致相同。

2. 航空运输一切险

责任范围：除航空险的责任范围外，还对被保险货物在运输途中由于外来原因造成的（包括被偷窃、短少等）全部或部分损失，也负赔偿责任。

3. 航空运输战争险

属于附加险，包括运输途中由于战争、类似战争行为、敌对行为或武装冲突以及各种常规武器和炸弹所造成的货物损失。原子武器或热核武器造成的损失除外。起止责任类似于海运战争险。

（三）邮政包裹险

1. 邮包险

责任范围：包括被保险货物在邮运途中遭受恶劣气候、雷电、海啸、地震、洪水等自然灾害，由于运输工具遭受搁浅、触礁、沉没、碰撞、倾覆、出轨、坠落、失踪或由于失火、爆炸等意外事故所造成的全损或部分损失。包括有关费用，但以不超过保险金额为限。

2. 邮包一切险

责任范围：除包括上述邮包险的范围外，还负责赔偿被保险邮包在运输途中由于外来原因造成的（包括被偷窃、短少在内）全部或部分损失。

保险责任是被保险邮包离开保险单所载明的启运地寄件人的处所运往邮局时开始生效，直至该项邮包运达保险单所载明的目的地邮局，自邮局发出到货通知给收件人的当日午夜起算，满 15 天为止，或邮包一经递交收件人处所，保险责任即告终止。

3. 邮包战争险

它是一种附加险，类似于航空战争险。

国际陆运、空运货物保险以及邮包险出现较晚，主要是参照国际海上货物运输保险产生和发展起来的。陆运险和航空险与国际海上货物运输保险中的“水渍险”相似，陆运一切险及航空运输一切险与国际海上货物运输保险中的“一切险”相似。保险人如果要加保其他附加险，可参照国际海上货物运输保险处理。

保险人在陆运和空运货物保险基本险别中的责任期限采用“仓至仓”条款，其除外责任也与国际海上货物运输保险基本险别的除外责任基本相同，保险索赔期限为 2 年。

项目小结

本项目主要介绍国际货物运输与相关保险法，包括：国际海上货物运输、国际铁路货物运输、国际航空货物运输和国际货物多式联运等形式；各类型运输的国际公约和国际惯例内容；国际海上、铁路、航空及多式联运中与提单相关国际公约的内容；各类运输合同关系中当事人的权利义务、违约责任等；我国海洋货物运输保险条款和英国伦敦保险协会海运货物保险条款，包括货物运输保险的险种险别、承保范围、除外责任、责任期限、索赔方法等。

综合实务训练

一、名词解释

1. 提单
2. 班轮运输
3. 租船运输

4. 清洁提单

5. 不清洁提单

6. 倒签提单

7. 共同海损

8. 单独海损

9. 实际全损

10. 推定全损

二、问答题

1. 提单的作用有哪些？

2. 国际海上货物运输中承运人的义务有哪些？

3. 国际航空运输中承运人、托运人的权利义务各有哪些？

4. 国际货物运输保险的基本原则有哪些？

5. 国际货物运输保险合同的内容有哪些？

6. 什么是共同海损和单独海损？二者有哪些联系和区别？

7. 平安险、水渍险、一切险中保险人的保险责任各有哪些？

三、案例分析题

1. 浙江省华光国际贸易有限公司（简称国贸）与浙江某集运有限公司（简称集运）于2014年5月3日签订了委托代理合同，约定国贸公司委托集运公司办理在宁波港出运货物事宜，合同对代理的业务范围、分工、费用结算等做了明确规定。而后，国贸公司委托集运公司出运一只20英尺集装箱（真丝夹克衫，货值60 300美元）。5月14日，中国宁波外轮代理公司（简称外代）签发了已装船提单，托运人为国贸公司，收货人凭EXISTENCE ENTERDRISTES LTD的指示，船名为“熊岳城”565航次。5月21日浙江集运公司未经浙江国贸公司授权，超越代理的权限，擅自传真给提单签发人中国宁波外轮代理公司，称：“该票正本提单在寄香港途中，能否烦请招商给予担保提货”。同日，根据宁波外代公司要求，集运公司又传真宁波外代公司称：“因客户寄香港正本提单尚未收到，烦请传真招商能否以正本传真件，银行担保提货，由此产生的一切责任由我公司承担。”并加盖了集运公司章。宁波外代公司接集运公司传真后，于同日向招商发出传真，称：“烦请货主凭公司担保提单传真件提货，由此产生的后果由我公司负责。”5月24日，国贸公司将发票等全套单据委托中国银行浙江省分行向香港代收行托收，因招商根据宁波外代公司的指令，让客户凭公司担保及提单传真件将货物提走。由于客户未赎单提货，中国银行浙江省分行将用于办理结汇手续的全套单证退还国贸公司，造成浙江国贸公司货款损失60 300美元，利息损失10万余元人民币。国贸公司为追回货款，在多次向客户追讨无果情况下，委托国际追账公司向客户追账，由于追索未成功，国贸公司决定通过诉讼途径挽回损失。请对此案进行分析。

2. 承运人对经营柑橘的托运人口头保证：其船舶在西班牙某港口装上柑橘后，将直接驶往伦敦并卸货。但该船并未直驶伦敦，而是先驶向比利时的安特卫普。结果当托运人的柑橘到达伦敦时，柑橘的进口关税提高了，且由于其他柑橘大量到货，使柑橘的价格下降。托运人认为如果货轮是依口头约定直驶伦敦的，关税的提高和柑橘价格的下跌都应在该船到达之后发生。托运人向法院起诉，要求承运人赔偿其遭受的损失。被告则辩称提单中载明有规定承运人可任意地经过任何航线将货物直接或间接地运往目的地的条款，因此不应为因绕道安特卫普引起的损失承担赔偿责任。

问题：

(1) 双方的口头约定是否有效?

(2) 提单是否是运输合同本身?

(3) 承运人应否赔偿托运人的损失?

项目九

国际商事仲裁法

知识目标

1. 掌握国际商事仲裁的概念；
2. 了解国际商事仲裁的仲裁机构、可仲裁事项、仲裁程序；
3. 了解国际商事仲裁的证据；
4. 了解国际商事仲裁与中国商事仲裁之间的区别与联系。

能力目标

1. 能够正确认识仲裁协议的法律意义和作用；
2. 能够正确认识国际商事仲裁机构与仲裁程序；
3. 能够正确认识仲裁裁决的主要内容、效力、承认与执行。

项目分析

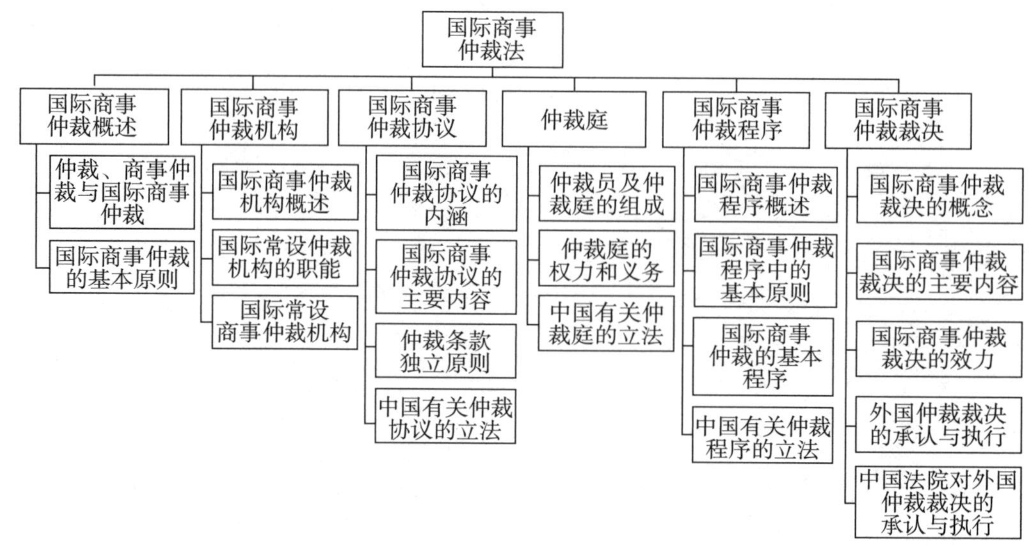

任务一　国际商事仲裁概述

任务案例

美国B公司与中国A公司签订了商标许可合同和浓缩液供应协议。协议中的争议解决条款规定："本合同的解决或执行而产生的争议，双方应尝试首先通过友好协商解决此项争议。如展开协商后四十五天内仍不能以上述方法解决争议，任何一方皆可将争议呈交中国国际经济贸易仲裁委员会或斯德哥尔摩商会仲裁院，仲裁院根据仲裁委员会或仲裁院的仲裁程序进行仲裁，另一方应同意在仲裁委员会或仲裁院进行仲裁。"双方当事人在履行合同中发生争议，美国B公司将此案提交斯德哥尔摩商会仲裁院，该院受理了此案并裁决A公司败诉。由于后者未能自动履行此裁决，美国B公司向我国某人民法院申请执行此裁决。

问题：

在当事人于仲裁协议中约定应当首先通过协商的方法解决当事人之争议的情况下，如果当事人未能通过协商程序，仲裁协议约定的仲裁机构是否能取得对协议项下争议的管辖权？

一、仲裁、商事仲裁与国际商事仲裁

（一）仲裁、商事仲裁与国际商事仲裁的概念

仲裁（Arbitration）是指由双方当事人签订协议将争议提交（具有公认地位的）第三者，由该第三者对争议的是非曲直进行评判并作出裁决的一种解决争议的方法。仲裁不同于诉讼和审判，仲裁需要双方自愿；也不同于强制调解，是一种特殊调解。仲裁是自愿型公断，区别于诉讼等强制型公断。

商业仲裁是指买卖双方在纠纷发生之前或发生之后，签订书面协议，自愿将纠纷提交双方所同意的第三者予以裁决，以解决纠纷的一种方式。仲裁协议有两种形式：一种是在争议发生之前订立的，它通常作为合同中的一项仲裁条款出现；另一种是在争议之后订立的，它是把已经发生的争议提交给仲裁的协议。这两种形式的仲裁协议，其法律效力是相同的。

国际商事仲裁是指在国际商事活动中，不同国家的自然人、法人依事先或事后达成的仲裁协议，将他们在对外经济贸易及海事中所发生的有关争议提交给某临时仲裁庭或常设仲裁机构进行审理，并由其作出具有约束力的仲裁裁决的制度。

（二）仲裁的基本制度

仲裁的基本制度包括：

（1）协议仲裁。这是仲裁中当事人自愿原则的最根本体现，也是自愿原则在仲裁过程

中得以实现的最基本的保证。仲裁协议可以是合同中写明的仲裁条款，也可以是单独签订的仲裁协议书。仲裁协议的内容应当包括请求仲裁的意思表示、约定的仲裁事项以及选定的仲裁委员会。

（2）或裁或审。或裁或审是尊重当事人选择解决争议途径的制度，当事人达成书面仲裁协议的，应当向仲裁机构申请仲裁，就丧失了向法院起诉的权利。法院也不受理有仲裁协议的起诉。如果一方当事人出于自身的利益或其他原因，没有信守仲裁协议或者有意回避仲裁而将争议起诉到法院，那么被诉方当事人可以依据仲裁协议向法院提出管辖权异议，要求法院驳回起诉。

（3）一裁终局。一裁终局是指裁决作出后，即产生法律效力，即使当事人对裁决不服，也不能就同一案件向法院提起诉讼。

想一想

仲裁与审判相比，其优势有哪些？仲裁的局限性有哪些？

（三）仲裁的特征

与诉讼程序不同，仲裁具有如下特征：

（1）自愿性。当事人的自愿性是仲裁最突出的特点。仲裁以双方当事人的自愿为前提，即当事人之间的纠纷是否提交仲裁、交与谁仲裁、仲裁庭如何组成、由谁组成以及仲裁的审理方式、开庭形式等都是在当事人自愿的基础上，由双方当事人协商确定的。可见，仲裁是最能充分体现当事人意思自治原则的争议解决方式。

（2）专业性。商事纠纷往往涉及特殊的知识领域，会遇到许多复杂的法律、经济贸易和有关的技术性问题，故专家裁判更能体现专业权威性。因此，由具有一定专业水平和能力的专家担任仲裁员对当事人之间的纠纷进行裁决是仲裁公正性的重要保障。

（3）灵活性。由于仲裁充分体现当事人的意思自治，仲裁中的诸多具体程序都是由当事人协商确定与选择的，因此，与诉讼相比，仲裁程序更加灵活，更具有弹性。

（4）保密性。仲裁以不公开审理为原则。有关的仲裁法律和仲裁规则也同时规定了仲裁员及仲裁秘书人员的保密义务。因此当事人的商业秘密和贸易活动不会因仲裁活动而泄露。由此可见，仲裁表现出极强的保密性。

（5）快捷性。仲裁实行一裁终局制，仲裁裁决一经仲裁庭作出即发生法律效力。这使得当事人之间的纠纷能够迅速得以解决。

（6）经济性。时间上的快捷性使得仲裁所需费用相对减少；仲裁无须多审级收费，使得仲裁费往往低于诉讼费；仲裁的自愿性、保密性使当事人之间通常没有激烈的对抗，且商业秘密不必公之于世，对当事人之间今后的商业机会影响较小。

（7）独立性。仲裁机构独立于行政机构，仲裁机构之间也无隶属关系。在仲裁过程中，仲裁庭独立进行仲裁，不受任何机关、社会团体和个人的干涉，亦不受仲裁机构的干涉，显示出最大的独立性。

（8）国际性。随着现代经济的国际化，当事人进行跨国仲裁已屡见不鲜。仲裁案件的来源、当事人、仲裁庭的组成直至裁决的执行，国际性因素越来越多。

二、国际商事仲裁的基本原则

国际商事仲裁的基本原则是指那些为国际社会公认的，在国际商事仲裁领域内普遍适用的原则。

（一）意思自治原则

意思自治原则是合同法的基本原则，商事仲裁中所解决的争议方式是基于当事人之间已经存在的仲裁协议，仲裁协议就是当事人就他们之间的争议解决方法作出的约定。这一原则体现在：

（1）当事人可以通过制定仲裁协议自愿将他们之间的争端提交仲裁解决。

（2）当事人可以选择仲裁庭的组成人员、适用的仲裁规则、仲裁审理地点、仲裁使用语言等事项。

（3）当事人可以选择仲裁程序和解决争议的实体问题所适用的法律。

（4）当事人可以共同选择由仲裁庭主持调解解决他们之间的争议。

（二）仲裁庭独立、公正地解决争议的原则

仲裁庭对特定案件的管辖权来自当事人之间签订的仲裁协议，其职责是独立、公正地解决当事人之间的争议，这不同于作为国家司法工作人员的法官，也不同于代表一方当事人的律师。仲裁庭应当遵守当事人约定的仲裁程序规则，在仲裁协议规定的地点或仲裁规则规定的地点，按照仲裁规则规定的方式审理，在查明事实的基础上，正确地适用法律，并且只有在当事人授权的情况下，才能按照公平合理的原则解决当事人之间的争议，作出独立、公正的裁决。

（三）法院对仲裁实施保障和监督的原则

不同于法院法官的公共领域执法，仲裁员是在私人商事领域内执法，从这一角度来说，仲裁也是执法活动，而仲裁员也是执法人员。但国际商事仲裁必然在某一国家的某一地点进行，所以仲裁程序的进行必然受到仲裁地国家的法院的监督。法院对仲裁的监督首先表现在法院对仲裁的支持，包括管辖权的支持、证据保全、财产保全、裁决执行等方面。其次表现在法院对仲裁裁决所实施的监督，主要表现在法院可以不予执行仲裁协议、认定仲裁协议无效、拒绝承认与执行仲裁裁决等方面。

课堂讨论

中国A公司与瑞士B公司在中国宁波签订专卖合同，约定：“因执行本合同或与本合同有关的争执，应由双方通过友好协商方式解决。如经协商不能得到解决，应提交位于中国的国际商会按照《联合国国际货物销售合同公约》仲裁。裁决是终局的，对双方当事人均有约束力。仲裁费由败诉方承担。”双方在履行合同的过程中发生纠纷，瑞士B公司将争议提交国际商会仲裁院裁决。国际商会仲裁院在通知中国A公司之后，A公司没有采取任何措施。最终国际商会仲裁院裁决中国A公司败诉。瑞士B公司向宁波市中级人民法院提出执行该裁决的申请。

问题：本案涉及哪些国际商事仲裁问题?

任务二　国际商事仲裁机构

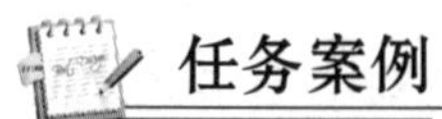

任务案例

内地A公司与香港B公司在双方订立的焦炭购销合同仲裁条款中约定："无论是自然产生的和/或任何方式与合同或合同的解释或履行有关的任何可能会被提起仲裁的争议，应在香港提起并依照国际商会规则和英国法来进行。在分歧或争议不能协商解决确定之日起30日内，当事人中任何一方可就争议的分歧提起仲裁。仲裁费用由仲裁中失败的一方承担。仲裁裁决将是终局的并对双方具有约束力。"合同在履行中，香港B公司以货物不合格为由拒收货物并要求内地A公司赔偿损失，同时将此争议提交国际商会仲裁院仲裁。按照仲裁院规则组成的独任仲裁庭经审理后在香港作出裁决，裁定内地A公司败诉并承担90%的仲裁费。由于内地A公司未能主动执行此裁决，香港B公司向内地法院申请强制执行此裁决。

问题：

我国内地法院是否有义务强制执行此裁决？

一、国际商事仲裁机构概述

国际商事仲裁活动是通过仲裁机构予以实施的，在各国的商事仲裁立法与实践中，处理商事争议的仲裁机构可以分为临时仲裁机构和常设仲裁机构。

（一）临时仲裁机构

临时仲裁机构是根据当事人之间的仲裁协议，为了解决该特定协议中的争议而设立的仲裁机构。当仲裁庭对该协议的争议案件作出裁决后，其使命即完成并解散。临时仲裁的优势在于：一是程序上灵活，争议双方可就与仲裁有关的任何事项作出约定；二是一定程度上可以提高工作效率和减少仲裁费用的开支。

当然，也存在当事人没有在其仲裁协议中对仲裁所涉及的全部问题作出规定的情况，这会给仲裁审理带来麻烦。为了弥补临时仲裁中的缺陷，联合国于1976年推出了临时仲裁适用的联合国国际贸易法委员会《仲裁规则》。由于该规则对仲裁程序问题作了比较系统的规定，对于充分发挥临时仲裁的优势起到了重要的作用。

（二）常设仲裁机构

常设仲裁机构是指依据国际条约和一国国内立法所成立的、有固定的组织、固定的地点和固定的仲裁程序规则的永久性机构。如国际商会国际仲裁院、伦敦国际仲裁院、斯德哥尔摩商会仲裁院、美国仲裁协会、中国国际经济贸易仲裁委员会、香港国际仲裁中心等，均属于常设仲裁机构。与临时仲裁机构相比，常设仲裁机构的主要优势：一是方便交易双方当事人，因为对仲裁机构的选择就意味着适用该机构的仲裁规则，所以交易方只需要在签订协议时约定将争议交由某仲裁机构仲裁解决即可。二是常设仲裁机构的办案质量和工作效率一般比较高。三是常设仲裁机构能够提供与仲裁相关的服务，比如记录、翻译、通信、交通等。

想一想

选择仲裁机构时需考虑哪些因素？

二、国际常设仲裁机构的职能

常设仲裁机构并不具体负责对某一仲裁案件的审理，其主要职能是指定仲裁规则和监督该规则的实施，也就是对当事人提交给其仲裁的案件所适用的仲裁规则进行管理，保障所适用仲裁规则的实施。具体包括以下三个职能：

(1) 接受当事人提出的仲裁申请，对仲裁管辖权作出初步认定。仲裁机构对当事人的申请及其所依据的仲裁条款或仲裁协议进行初步审查后认为有管辖权的，即可决定受理当事人提交的案件，并按仲裁规则及有关的收费标准收取仲裁费。

(2) 协助仲裁庭的组庭工作。常设仲裁机构的重要职能之一就是协助仲裁庭的组成。在当事人就约定担任仲裁员或首席仲裁员的人选达不成一致的情况下，或者未能在规定的期限内指定合议仲裁庭组成的情况下，许多仲裁机构会指定上述仲裁人员。

(3) 撤销对仲裁员的指定和指定替代仲裁员。因仲裁员辞职、回避、死亡，或者根据当事人的要求，仲裁机构可以就替代仲裁员作出指定，这也是常设仲裁机构的重要职责。

三、国际常设商事仲裁机构

国际上常设的商事仲裁机构很多，下面就主要的机构作简单介绍。

(一) 国际商会国际仲裁院

国际商会（The International Chamber of Commerce，ICC）是为世界商业服务的非政府间组织，是联合国等政府间组织的咨询机构。国际商会于 1919 年在美国发起，1920 年正式成立，其总部设在法国巴黎。国际商会的基本目的是为开放的世界经济服务，坚信国际商业交流将带来更大的繁荣和国家之间的和平。

国际商会国际仲裁院（The ICC International Court of Arbitration）是国际商会的下设机构，成立于 1923 年，是国际性民间组织，具有很大的独立性。该仲裁院总部设在巴黎，理事会由来自 40 多个国家和地区的具有国际法专长和解决国际争端经验的成员组成。设立国际商会国际仲裁院的目的在于通过处理国际性商事争议，促进国家间的经济贸易合作与发展。该院最初受理的案件主要是有关货物买卖合同和许可证贸易的争议。

(二) 伦敦国际仲裁院

伦敦国际仲裁院（London Court of International Arbitration，LCIA）的前身是 1892 年 11 月 23 日成立的伦敦仲裁会，1903 年 4 月 2 日改名为伦敦仲裁院，1981 年改名为伦敦国际仲裁院，是国际上最早成立的常设仲裁机构，现由伦敦市、伦敦商会和女王特许协会三家共同组成的联合管理委员会管理。该仲裁院的日常工作由女王特许协会负责，仲裁协会的会长兼任仲裁院的主席。该仲裁院的宗旨是根据当事人的请求，为国内外商业、贸易、工业界的争议解决提供服务。该仲裁院在组成仲裁庭方面确定了一项重要的原则，即在涉及不同国籍的双方当事人的商事争议中，独任仲裁员和首席仲裁员必须由1名中立国籍的人士担任。它是目前英国最主要的国际商事仲裁机构，尤其擅长国际海事案件的审理。由于其较高的仲裁质量，该仲裁机构在国际社会上享有很高的声望。

（三）美国仲裁协会

美国仲裁协会（American Arbitration Association，AAA）成立于1926年，是一个民间性的非营利性组织，总部设在纽约，主要包括解决国际争议解决中心（The International Centre for Dispute Resolution，ICDR）等。AAA的主要职能是在美国仲裁法规定的范围内，制定适用于当事人之间解决各种争议的仲裁规则以及监督这些规则的实施，通过其行使的管理工作，不断地完善其为当事人所提供的仲裁解决争议的服务。对于AAA制定的各种仲裁规则，当事人在通过仲裁方式解决特定种类争议的过程中选择适用。当事人还可以选择适用联合国国际贸易法委员会仲裁规则，在适用该规则时，所涉及的行政管理职能由AAA行使。

（四）中国国际商会仲裁院

中国国际经济贸易仲裁委员会（China International Economic and Trade Arbitration Commission，CIETAC），是以仲裁的方式，独立、公正地解决契约性或非契约性的经济贸易等争议的常设商事仲裁机构。其前身是对外贸易仲裁委员会，是中国国际贸易促进委员会根据中国中央人民政府政务院1954年5月6日的决定，于1956年4月设立的。中国实行对外开放政策以后，为了适应国际经济贸易关系不断发展的需要，对外贸易仲裁委员会于1980年改名为对外经济贸易仲裁委员会，又于1988年改名为中国国际经济贸易仲裁委员会，自2000年10月1日起同时启用“中国国际商会仲裁院”（the Court of Arbitration of China Chamber of International Commerce）的名称。

（五）中国海事仲裁委员会

中国海事仲裁委员会（China Maritime Arbitration Commission，CMAC）是根据国务院1958年11月21日的决定，于1959年1月22日设立于中国国际贸易促进委员会内受理国内外海事争议案件的常设仲裁机构。设立时名为中国国际贸易促进委员会海事仲裁委员会，1988年改为现在的名称，主要以仲裁的方式，解决海事、海商和物流争议，以及其他契约性和非契约性争议。

课堂讨论

中国A公司与美国B公司签订国际贸易销售合同，约定B公司购买A公司的产品。合同约定的仲裁条款为：“合同争议均应提交中国国际商会仲裁院或者美国仲裁协会仲裁。”双方因履行上述合同发生纠纷，B公司向中国国际商会仲裁院提起仲裁，A公司却在仲裁开庭前向中国某法院提起确认仲裁条款无效的诉讼，并及时向中国国际商会仲裁院书面通报了这一情况，要求中止仲裁程序。

问题：中国某法院应该如何处理？

任务三　国际商事仲裁协议

任务案例

英国A公司与美国B公司签署了书面委托合同，委托B公司推销其产品。该合同中包含如下仲裁协议："当事人之间由于本协议引起的或者本协议中的任何条款及各条款中所包含的事项的任何争议，均应按照仲裁法及现行有效的修订中的各项规定通过仲裁解决。"A公司在合同签署后不久便以合同落空为由单方面终止了该合同，B公司将A公司诉至英国法院，请求法院判定由于英国公司单方面终止合同而给其造成的损失。A公司则以合同存在仲裁条款为由，请求法院裁定终止诉讼程序，令当事人将争议提交仲裁解决。法院裁定拒绝终止诉讼程序。

问题：

法院的做法是否正确？为什么？

一、国际商事仲裁协议的内涵

（一）国际商事仲裁协议的概念

国际商事仲裁协议是当事人之间达成的，就他们之间已经发生的或将来可能发生的争议提交仲裁解决的协议。

（二）国际商事仲裁协议的特征

国际商事仲裁协议的特征可以概括为如下三点：

（1）它是当事人之间同意将他们之间的争议提交仲裁解决的共同意思表示，而不是一方当事人的意思表示。

（2）仲裁协议是使某一特定的仲裁机构取得对协议约定的案件具有管辖权的依据，同时也是排除法院对该案件管辖的抗辩理由。

（3）有效的仲裁协议是仲裁裁决得以承认与执行的基本前提。

（三）国际商事仲裁协议的作用

一项有效的仲裁协议的主要作用包括：

（1）该仲裁协议对当事人具有法律上的约束力，任何一方当事人均不得单方面撤回。

（2）有效地排除法院对协议所涉及争议的管辖，至少在仲裁裁决作出之前，法院不得对协议的争议进行干预，除非法院认定该仲裁协议无效、失效或者不能履行。

（3）仲裁协议也是仲裁庭取得仲裁管辖权的主要依据，赋予了仲裁员解决该协议的权力。

（4）仲裁协议也是根据该协议作出的仲裁裁决得以执行的保证。

（四）国际商事仲裁协议的形式

国际商事仲裁协议有两种表现形式：合同中的仲裁条款和专门的仲裁协议书。合同中的仲裁条款是合同当事人在争议发生之前订立的将合同履行过程中可能发生的争议提交仲裁解决的协议。而专门的仲裁协议书往往体现为当事人之间在发生争议后订立的通过仲裁方式解决争议的独立协议。

国际商事仲裁协议一般应当采用书面形式订立。在互联网时代，许多国家的法律规定通过互联网订立的仲裁协议，也可以视为书面形式。

二、国际商事仲裁协议的主要内容

不管仲裁协议采用的是合同中的仲裁条款还是专门的仲裁协议书，仲裁协议的内容都应该包括以下内容：

（1）将争议提交仲裁解决的意思表示。即当事人同意将争议通过仲裁的方式来解决的约定，这是仲裁协议最重要的内容，否则就不可能有仲裁的发生。也正是因为这个意思表示，排除了司法诉讼解决争议的途径。

（2）提交仲裁的事项。即将什么样的争议提交仲裁，这也是仲裁庭可仲裁的范围。如果仲裁庭做出的仲裁超出协议规定的范围就不能得到法院的承认与执行。

（3）选择的仲裁机构。这里选择的仲裁机构可以是临时仲裁庭，也可以是常设仲裁机构。在选择常设仲裁机构的情况下，就要适用所选定仲裁机构的仲裁规则。

三、仲裁条款独立原则

仲裁条款独立原则是指即使仲裁条款只是协议中的一项条款，但这些条款与它所涉及的协议是两个相互独立的协议，如果争议所涉及的协议存在是否有效的问题，或者争议所涉及的协议无效或者失效，仲裁条款作为当事人约定解决协议争议的条款，仍可独立存在，并不因为所涉及协议的无效或失效而失效。

四、中国有关仲裁协议的立法

（一）仲裁协议的形式要件

书面形式是仲裁协议形式要件，无论其形式是合同中有关的仲裁条款，还是单独的仲裁协议。根据《中华人民共和国仲裁法》（以下简称《仲裁法》）第十六条的规定，仲裁协议包括合同中订立的仲裁条款和以其他书面方法在纠纷发生前或者纠纷发生后达成的请求仲裁的协议。

（二）仲裁协议的实质要件

《仲裁法》对仲裁协议的有效性规定了实质要件，要求仲裁协议应当具有下列内容：请求仲裁的意思表示；仲裁事项；选定的仲裁委员会。

（三）仲裁协议无效的情形

《仲裁法》第十七条规定了仲裁协议无效的情形，即有下列情形之一的，仲裁协议无效：约定的仲裁事项超出法律规定的仲裁范围的；无民事行为能力人或者限制民事行为能力人订立的仲裁协议；一方采取胁迫手段，迫使对方订立仲裁协议的。

同时，如果当事人在仲裁协议中未能就仲裁机构作出约定，而当事人不能进一步约定的，仲裁协议也属无效。《仲裁法》第十八条规定：仲裁协议对仲裁事项或者仲裁委员会没有约定或者约定不明确的，当事人可以补充协议；达不成补充协议的，仲裁协议无效。

（四）仲裁条款独立原则的规定

关于仲裁协议的独立性，《仲裁法》第十九条规定了仲裁协议条款独立的原则：仲裁协议独立存在，合同的变更、解除、终止或者无效，不影响仲裁协议的效力。仲裁庭有权确认合同的效力。同时，《民法典》第五百零七条也规定：合同不生效、无效、被撤销或者终止的，不影响合同中有关解决争议方法的条款的效力。仲裁条款就属于“有关解决争议方法的条款”。

课堂讨论

德国A银行与中国B造船公司达成的船舶建造合同第十三章中规定：“（a）如果各方就本合同或说明书发生任何技术上的争议或任何分歧，各方可在协商一致后将争议提交船级社或类似的其他专门机构，其决定将是最终的，决定性的，并对各方均有约束力；（b）如果各方不同意按上述（a）解决争议，可将争议按下述内容提交仲裁……”合同中对仲裁地点、仲裁程序、仲裁组织的构成、仲裁裁决的效力作出了明确的约定。

后因船舶建造合同解除后发生了返还造船款及利息需缴纳税款的纠纷，B造船公司诉至上海海事法院，A银行以存在仲裁条款为由对该法院的管辖权提出了异议。被法院裁定驳回后，A银行不服该裁定而上诉称：本案争议均应通过仲裁解决，原裁定所作关于船舶建造合同及解除合同的通知中均未明确涉案纠纷属于当事人约定仲裁事项的认定是错误的。

问题：如何确定该仲裁条款的效力范围？

任务四 仲裁庭

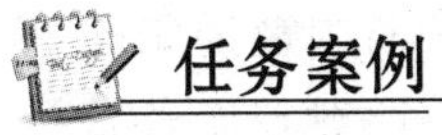

A公司将B公司诉至法院，要求后者赔偿在运输途中对A公司的货物造成的损失。B公司以双方之间的租船合同中存在仲裁条款为由，请求法院驳回A公司的诉讼请求，裁定终止诉讼程序，令当事人将争议提交仲裁解决。该合同条款如下：“该租船合同中引起的任何争议将提交伦敦仲裁，双方各指定一名仲裁员，如果两名仲裁员意见不一致，则由他们共同指定的公断人作出裁断，该裁断是终局的并对双方具有拘束力。仲裁庭的组成人员应从伦敦仲裁协会的仲裁员名册中选任。”法庭接受B公司的提议并中止对此案的审理以使A公司诉诸仲裁。

问题：

怎样组成仲裁庭？

一、仲裁员及仲裁庭的组成

（一）仲裁员的资格

对于仲裁员的资格，许多国家的法律并没有严格的限制，凡是具有完全行为能力的人，包括本国人和外国人，都可以被指定为仲裁员。各国法律允许当事人在协议中对仲裁员的资格作出约定，但通常都是为当事人所信赖并能够对争议的是非曲直作出独立判断的人。

（二）仲裁员的指定

在国际商事仲裁的立法与实践中，仲裁员通常通过以下两种方式指定：

(1) 当事人指定。包括由当事人一方指定或者双方当事人共同指定，前者适用于合议仲裁庭当事人各指定一名仲裁员的情况；后者适用于合议仲裁庭首席仲裁员或者独任仲裁员的人选达成一致意见。

(2) 当事人委托的第三方指定。根据许多国家的仲裁法的规定，当事人可以委托与争议无利害关系的第三方对仲裁员作出指定。如果当事人不能就独任仲裁员的人选达成一致，或者不能就首席仲裁员达成一致，或者一方当事人未能在法律规定的期限内指定仲裁员，那么当事人可以根据他们之间的仲裁协议及其所适用的仲裁规则或者法律，由仲裁协议或者该协议所适用的法律或者仲裁规则规定的指定机构，对仲裁员作出指定。

（三）仲裁员的限制

(1) 常设仲裁机构仲裁员名册内外的限制。在国际商事仲裁实践中，主要有以下限制方式：一是只能在仲裁员名册中指定。通常被列入名册的仲裁员都是相关领域的专家，具有解决争议的经验和能力，能够满足当事人的选择，并为当事人所信赖。二是有的仲裁员必须在名册中指定，有的仲裁员可以在名册外指定。比如有些公约就规定首席仲裁员必须在名册中指定，但其他仲裁员可以是未列入名册的仲裁员。三是所有的仲裁员的指定都不受名册限制。一些仲裁机构虽然备有仲裁员名册，但也允许当事人指定名册之外的人作为仲裁员。

(2) 仲裁员国籍、住所和居所的限制。国际商事仲裁机构对于仲裁员的国籍通常没有限制，但在审理国际商事案件时，为了保证仲裁庭的公正性和独立性，往往对首席仲裁员或者独任仲裁员的国籍限制较为严格，规定他们不得具有任何一方当事人的国籍。

（四）仲裁员的回避

在国际商事的立法与实践中，被当事人指定或者被相关机构选定的仲裁员，如果与所仲裁的案件有个人利害关系，或者不符合当事人在仲裁协议中约定的选定标准，进而可能影响案件的公正审理，任何一方当事人均可对该仲裁员提出回避请求。

回避通常分两种情形：一是被指定的仲裁员应该自行披露可能影响案件公正审理的情

况，并请求回避；二是当事人对被指定的仲裁员的公正性和独立性有正常的理由产生怀疑的，也有权请求被指定的仲裁员回避。

被指定的仲裁员回避之后，通常按原来适用的指定仲裁员的方法指定替代仲裁员。

（五）仲裁庭的组成

根据组成仲裁庭人数的不同，可以分为独任仲裁庭和合议仲裁庭，有时也存在二人仲裁庭。但在大多数情况下，仲裁庭都由奇数仲裁员组成。

（1）独任仲裁庭。是指由当事人共同指定的或者由当事人共同委托的第三方指定的一位仲裁员组成仲裁庭来负责对整个案件的审理。独任仲裁庭的优势在于迅速、经济，劣势在于不容易平衡，因此在国际商事仲裁中，一般争议数额较大的案件，当事人更愿意选择合议仲裁庭。

（2）合议仲裁庭。是指由当事人各指定的一名仲裁员，以及他们共同指定或者共同委托的第三方指定的首席仲裁员，来组成仲裁庭对争议案件进行审理。合议仲裁庭的优势在于各方当事人都有自己指定的仲裁员，沟通起来更为便捷有效，同时来自不同领域的仲裁员能够解决仲裁案件中不同的技术问题，而且三名仲裁员可以相互制约，容易形成更公正的仲裁裁决。合议仲裁庭的劣势就是经济成本较高，时间通常也会更长。

想一想

选择仲裁庭时应考虑的因素有哪些？

二、仲裁庭的权力和义务

（一）仲裁庭的权力

（1）决定其管辖权限。管辖权限与管辖权不同，管辖权是确定仲裁庭对案件是否具有管辖的权力，而管辖权限是指在仲裁庭对案件具有管辖权的前提下，对案件行使管辖权的权限范围。仲裁庭通常根据书面材料或者会同当事人并依据各方最近提交的意见，撰写一项文件，界定其审理范围。

（2）决定仲裁程序和证据事项。除非当事人对仲裁程序有约定，仲裁庭有权就仲裁审理中的程序事项作出决定。同时，在仲裁庭认定事实的过程中，有权指定专家对专业问题提出专业性报告。

（3）作出保全措施和令一方当事人提供费用担保的决定。有些国家的法律允许仲裁庭作出与案件有关的临时性的保全措施的决定。但需要说明的是，我国《仲裁法》规定，当事人申请财产保全或者证据保全的，仲裁委员会应将当事人的申请提交人民法院。

（4）决定仲裁应当适用的法律。如果当事人没有约定法律，仲裁庭有权就仲裁应当适用的法律作选择，包括仲裁协议应适用的法律、程序和解决争议的实体法律等。

（5）作出仲裁裁决。仲裁程序以仲裁庭作出终局裁决而终结。终局裁决通常包括仲裁事项的责任归属、仲裁费用的分担等，如果在仲裁过程中就临时发生的情况作出了裁定，这些裁定应当从属于终局裁决。

（二）仲裁庭的义务

（1）确定仲裁审理的范围。根据仲裁协议确定仲裁审理的范围，这是仲裁庭的首要义务。

（2）独立、公正、及时地审理仲裁案件。独立、公正、及时地审理仲裁案件是仲裁庭最重要的义务。如果当事人在仲裁协议中约定了仲裁规则和法律，仲裁庭应该严格遵守当事人的约定；如果当事人没有约定仲裁规则和法律，仲裁庭可以按其认为适当的规则和法律进行仲裁。

（3）在当事人约定或仲裁规则规定的期限内作出裁决。这里有两个层面的要求：首先，仲裁庭应当在当事人约定的或者应当适用的仲裁规则期限内依法作出仲裁裁决；其次，仲裁庭应当就当事人所提出的所有仲裁事项作出裁决。

（4）对其所审理的案件过程承担保密义务。不同于司法诉讼的公开审理原则，仲裁案件是不公开审理的，除非当事人之间另有约定。所以仲裁庭对案件的实体问题和程序问题都负有保密义务，不得以任何形式向外界透露。

三、中国有关仲裁庭的立法

（一）仲裁员与仲裁庭的组成

1. 仲裁员的资格

根据我国《仲裁法》的规定，通常采用机构仲裁，也就是根据法律规定在各地设立的仲裁委员会。这些仲裁委员会应当根据法律规定设立仲裁员名册，《仲裁法》第十三条规定，仲裁员应当符合下列条件之一：通过国家统一法律资格考试取得法律职业资格，从事仲裁工作满八年的；从事律师工作满八年的；曾任法官满八年的；从事法律研究、教学工作并具有高级职称的；具有法律知识、从事经济贸易等专业工作并具有高级职称或者具有同等专业水平的。

2. 仲裁庭的组成

《仲裁法》第三十条规定："仲裁庭可以由三名仲裁员或者一名仲裁员组成。由三名仲裁员组成的，设首席仲裁员。"第三十一条规定："当事人约定由三名仲裁员组成仲裁庭的，应当各自选定或者各自委托仲裁委员会主任指定一名仲裁员，第三名仲裁员由当事人共同选定或者共同委托仲裁委员会主任指定。第三名仲裁员是首席仲裁员。当事人约定由一名仲裁员成立仲裁庭的，应当由当事人共同选定或者共同委托仲裁委员会主任指定仲裁员。"第三十二条规定："当事人没有在仲裁规则规定的期限内约定仲裁庭的组成方式或者选定仲裁员的，由仲裁委员会主任指定。"

（二）仲裁庭管辖权限

只有当事人之间存在有效的仲裁协议，仲裁机构才有可能取得对案件的管辖权。我国法律的规定集中体现在仲裁协议的有效性判断上。《中华人民共和国民事诉讼法》（以下简称《民事诉讼法》）规定，涉外经济贸易、运输和海事中发生的纠纷，当事人在合同中订有仲裁条款或者事后达成书面仲裁协议，提交中华人民共和国涉外仲裁机构或者其他仲裁机构仲裁的，当事人不得向人民法院起诉。当事人在合同中没有订有仲裁条款或者事后没有达成书面仲裁协议的，可以向人民法院起诉。《仲裁法》第五条规定："当事人达成仲裁协议，一方向人民法院起诉的，人民法院不予受理，但仲裁协议无效的除外。"

对于仲裁委员会是否有权对案件进行管辖，《仲裁法》第二十条规定：“当事人对仲裁协议的效力有异议的，可以请求仲裁委员会作出决定或者请求人民法院作出裁定。一方请求仲裁委员会作出决定，另一方请求人民法院作出裁定的，由人民法院裁定。”

课堂讨论

荷兰A公司与广州B装饰公司签订了一份装修合同，约定：“产生于合同的一切争议，应当由双方协商解决，协商不成的，提交广州市仲裁委员会进行仲裁。”后两公司因合同履行发生争议，经协商未果，B公司向广州仲裁委员会提请仲裁，仲裁裁决支持B公司的诉请。

仲裁裁决送达后，荷兰A公司一直未履行裁决义务，广州B公司向广州市中级人民法院申请执行。同时，荷兰A公司向法院提出不予执行的申请，理由在于，双方在仲裁条款中没有选定明确的仲裁委员会，事后也未达成补充仲裁协议，受理装修合同纠纷一案的仲裁机构（广州仲裁委员会）与协议选定的仲裁机构（广州市仲裁委员会）名称不符，根据《仲裁法》第十六条及第十八条的规定，该仲裁条款无效，进而主张法院不予执行该仲裁裁决。

问题：本案根据当事人的仲裁协议，仲裁机构是否可以确定？其理由何在？

任务五　国际商事仲裁程序

任务案例

英国A公司与印度B公司订立了服务协议，该协议中规定：“本协议受印度法支配，并按印度法解释。”协议中的仲裁条款中有如下规定：“由于本协议产生的与本协议有关的一切争议，如不能通过友好的方式解决，应提交由三名仲裁员组成的仲裁庭解决。任何一方当事人在作出此项决定时，应当就仲裁事项向对方发出通知……仲裁程序的本座地在英国伦敦。”

双方当事人在履行该合同时发生争议，并根据协议仲裁条款的规定提交仲裁解决，仲裁庭已经确定了将在英国伦敦开庭审理。当事人提交法院解决的问题是：支配仲裁程序的法律究竟是英国法还是印度法？

问题：

仲裁程序应当受当事人约定的适用法律的约束，还是受仲裁地法律的约束？

一、国际商事仲裁程序概述

（一）国际商事仲裁程序的概念

仲裁程序是指当事人、代理人、仲裁庭、仲裁机构以及其他仲裁参加人进行仲裁过程中所应共同遵循的各项程序规则的总和。仲裁程序的基础是当事人约定和法律的规定。

机构仲裁中的程序通常分为四个阶段：开始阶段、庭前准备阶段、庭审阶段和裁决阶段。而临时仲裁中的程序通常可以分为：仲裁请求和组庭阶段、庭前准备阶段、庭审阶段以及裁决阶段。

（二）国际商事仲裁程序与诉讼程序的异同

作为商事领域争议的解决手段，仲裁程序与诉讼程序有很多共同之处，比如都存在启动、审理、裁判等阶段，在庭审、辩论、举证等环节有很大的相似之处，但二者也存在很大的不同，主要表现在以下几方面：

（1）诉讼程序是国家司法机关在审判案件时所适用的程序，而仲裁程序是民间性质的仲裁机构所适用的程序。

（2）仲裁程序更为灵活、简便，而诉讼程序更为严格、复杂。相比诉讼程序的官方制定规则，仲裁程序更强调当事人对仲裁程序的选择、控制，更大程度上体现当事人的意思自治，所以仲裁程序的规则往往更为简单，更能节省时间，能更快地结案。

（3）仲裁程序不具备强制性。诉讼程序中，司法机关是国家机构的一部分，其行使的权力具有强制性。而仲裁程序中仲裁庭的权力来源于法律的规定，也来源于当事人的约定，所以不具有强制性。

二、国际商事仲裁程序中的基本原则

仲裁程序的基本原则贯穿整个仲裁程序，主要包括以下几项：

（1）尊重当事人意思自治原则。这一原则要求仲裁庭对于相关程序事项需要依照当事人的共同意思表示办理，这也是仲裁制度最重要的原则。仲裁机构虽然被当事人授权进行仲裁，但是不能超过当事人约定的范围。

（2）平等原则。这一原则要求仲裁庭平等对待当事人，具体体现在仲裁过程中的方方面面，比如文件提交、时间限制、举证等。

（3）正当程序原则。正当程序原则是指程序的中立、理性、排他、可操作、平等参与、自治、及时终结和公开。这一原则贯穿仲裁程序的始终。

（4）经济性原则。这一原则要求仲裁庭以及当事人在仲裁程序中尽可能快速、不拖延地完成程序的各个步骤，直至作出裁决。贯彻经济性原则应当避免不必要的拖延和节省不必要的费用。

想一想

仲裁程序的基本原则体现了仲裁的哪些特征？

三、国际商事仲裁的基本程序

（一）仲裁程序的启动

仲裁程序的启动是指仲裁协议的当事人根据该协议的约定启动仲裁程序，通常因一方当事人将有关争议提出仲裁请求为开始。

（1）仲裁申请及受理。仲裁申请是仲裁协议的一方当事人（即申请人，另一方当事人

是被申请人）请求仲裁庭或仲裁机构解决争议的行为。仲裁受理是指仲裁机构接到当事人的仲裁请求后，依照当事人约定的仲裁规则确定该仲裁请求符合要求并正式立案的行为。需要注意的是，临时仲裁中仲裁程序的开始仅仅发生在当事人之间，由于没有常设机构的推动，要将临时仲裁程序进行下去的关键是仲裁庭的组成，只有仲裁庭成功组成之后，才能保证仲裁程序正常进行。

（2）仲裁费用。为了维持机构的运作和提供管理服务，仲裁机构都要收取一定的费用，通常包括：管理费用、仲裁费、仲裁员为办理仲裁而发生的实际开销、仲裁庭指定的专家费用等。

（3）答辩与反请求。答辩是指仲裁程序中的被申请人针对申请仲裁请求、理由所提出的反驳意见。反请求是指被申请人提出要求仲裁庭驳回申请人仲裁请求以外的实体请求。

（二）仲裁审理

（1）庭审前的程序。从仲裁程序的开始到正式开庭审理前的准备工作非常重要，这些工作主要包括：组成仲裁庭、阅卷、召开预备会议、确定仲裁程序时间表等。其中召开预备会议要完成确定仲裁所使用的语言、确定仲裁地点、安排提交书面陈述、安排提交证据、安排庭审时间等工作。

（2）开庭审理。开庭审理是指当事人与仲裁庭共同集中，通常在非公开的情况下，由各方当面向仲裁庭陈述案情事实、发表意见、出示证据和进行质证的活动。与庭审相关的内容主要有：出庭人员的组成、委托与授权、庭审的方式、陈述与辩论、证据出示与质证、最后陈述等。

（3）简易仲裁程序与书面审理程序。这两种程序是相比于普通的仲裁程序而言的。简易仲裁程序是根据当事人对快速与经济性的纠纷解决方式的需求，对于情节简单、金额不大的案件采用的程序。简易仲裁程序具有仲裁庭通常为独任仲裁员、各种期限时间也更短等特点。书面审理程序是指仲裁庭只根据当事人的仲裁请求书、证据等书面材料进行审理，而不进行开庭审理的程序。选择书面审理程序的案件往往是案情简单、书面证据材料完整、争议数额不大的案件，书面审理程序没有开庭审理环节，能在很大程度上降低仲裁费用。

（三）送达

仲裁程序中的送达是指将有关的文件送交给仲裁程序的参与人。如果没有完成送达，则最后的裁决将面临被撤销或拒绝执行的结果。

在国际商事仲裁中，送达模式主要有三种：完全由有关的仲裁机构送达；完全由制作文件的人向仲裁程序的其他参与人送达；由仲裁机构送达与当事人送达相结合。

当事人和仲裁庭可以就送达的具体方式达成协议，可以采用特快专递、挂号邮寄、当面送达、传真等送达方式。伴随着电子信息的发展，电子送达方式也成为一种快捷的送达方式。

四、中国有关仲裁程序的立法

根据我国《仲裁法》的规定，对于在我国境内进行的国际仲裁，在仲裁案件的申请与受理、仲裁庭的组成、开庭审理与裁决的作出等方面，与国际仲裁程序基本上相同，没有本质上的区别。

课堂讨论

A 公司（出租方）与 B 公司（租赁方）签订了一份光船租船合同，规定租约下的纠纷将提交英国法院解决。但是，该合同同时规定，A 公司有将争议提交仲裁的选择权。由于当事人对相关款项的支付产生了争议，B 公司便诉请英国法院解决。A 公司却根据提交仲裁的选择权条款，要求英国法院搁置诉讼程序。

问题：英国法院应该如何处理？

任务六　国际商事仲裁裁决

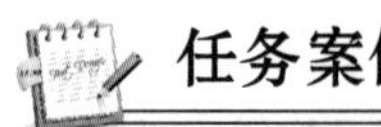

任务案例

日本 A 公司与中国 B 公司签订了为期 5 年的某特种产品买卖合同，该合同中的仲裁条款规定："由本协议产生和与本协议相关的所有纠纷在双方无法协商解决的情况下，根据《日本商事仲裁协会商事仲裁规则》在日本东京进行仲裁。仲裁裁决应是终局的，对双方均有约束力。"

合同签订后不久，中国商务部就对原产于日本该特种产品进行反倾销调查，中国 B 公司要求日本 A 公司就进口产品价格问题作出修订，由于未能达成一致意见致使合同未能履行。后日本 A 公司向日本商事仲裁协会申请仲裁。仲裁庭未能就裁决达成一致意见，最后由两名仲裁员作出中国 B 公司败诉的裁决。

裁决作出后，中国 B 公司未能履行。日本 A 公司向我国人民法院申请强制执行。

中国 B 公司提出证据证明，仲裁庭在进行仲裁程序的过程中，未能遵守应当适用的仲裁规则，给予被申请人中国 B 公司平等待遇和充分的陈述案件的机会，请求法院拒绝执行此裁决。法院经审理认为，本案裁决存在着《纽约公约》第五条第一款第二项、第五项规定的情形，裁定拒绝执行此裁决。

问题：

什么情况下本国法院会拒绝对外国仲裁裁决进行承认与执行？

一、国际商事仲裁裁决的概念与分类

仲裁裁决是仲裁庭就当事人提交仲裁解决的事项作出的裁定，具有法律上的约束力。根据裁决内容和作出裁决的时间不同，仲裁裁决可以分为以下几种：

（1）先决裁决。在仲裁程序开始后，如果一方当事人对仲裁庭的管辖权提出异议，为了确定仲裁庭对其所审理的案件的管辖权，仲裁庭可就其管辖权问题作出先决裁决。

（2）部分裁决。也称中间裁决，是指在仲裁过程中，仲裁庭可就当事人提出的某些请求事项作出部分裁决，通常是针对需要立即处理的问题或者当事人不存在争议的部分的裁决。这些裁决都构成最终裁决的一部分。

（3）最终裁决。最终裁决是就当事人所提交的争议的裁决。仲裁庭作出最终裁决后仲裁程序结束。

（4）追加裁决。追加裁决是指在仲裁程序结束后，如果仲裁庭在裁决中漏裁了当事人的请求中的某些事项而追加作出的裁决。

（5）和解裁决。和解裁决是指在仲裁程序中当事人就其之间的争议事项自行达成了和解协议，仲裁庭就和解协议作出的裁决。

二、国际商事仲裁裁决书的主要内容

国际商事仲裁裁决书的主要内容通常包括三个部分：

（1）基本案情。这一部分包括对争议事项的描述、申请人的仲裁请求及证据、被申请人的答辩及证据。

（2）仲裁庭意见。仲裁庭意见通常围绕当事人争议的主要问题，包括仲裁庭在事实问题上的认定、法律适用问题上的认定、作出认定所依据的证据及理由。

（3）仲裁裁决。对申请人提出的仲裁作出的最终裁决，通常包括两个方面的内容：一是对申请人仲裁请求的肯定或者否定，也可以是部分支持或者否定的内容；二是仲裁费用的承担，通常根据申请人在案件中的胜诉情况分担仲裁费。如果申请人完全胜诉，那么仲裁费就由被申请人承担；如果双方当事人对争议事项均有过错，则应当按照过错责任的比例分摊仲裁费。

三、国际商事仲裁裁决的效力

仲裁裁决一经作出，即对当事人有法律上的约束力，此约束力一方面来源于当事人之间已经存在的仲裁协议，另一方面也来源于裁决地国家的法律对仲裁裁决约束力的认可。如果一方当事人不能自动履行仲裁裁决，另一方当事人可请求相关国家的法院强制执行该裁决。

四、外国仲裁裁决的承认与执行

（一）承认与执行外国仲裁裁决的依据

仲裁庭就国际商事贸易中的争议在一国境内作出的仲裁裁决需要到另一个国家执行的情况非常普遍，执行地国的法院承认和执行外国仲裁裁决的依据有：

（1）执行地国的国内法。执行地国的国内法主要是这些国家的民事诉讼法或仲裁法。通常，执行地国法院不再对仲裁裁决所涉及的争议实体问题进行司法复审，而只是依据本国法律或有关的国际公约对仲裁裁决所涉及的程序问题进行司法复审。仲裁裁决不存在法律规定的不予执行的理由，法院将作出承认与执行该仲裁裁决的裁定。

（2）执行地国缔结或参加的双边或多边国际条约。这些条约也是执行地国承认与执行外国仲裁裁决的重要依据。需要强调的是，如果缔约国的国内法与其所缔结或者参加的国际公约的规定发生冲突，该缔约国所承担的国际公约勘正的义务，应当优先适用，除非该缔约国对公约中的规定作出了保留。

（二）拒绝承认与执行外国仲裁裁决的理由

根据国际商事仲裁立法与实践，执行地国法院拒绝承认与执行外国仲裁裁决的理由可以分为以下情况。

1. 申请人提出证据证明的不予执行的事项

（1）裁决所依据的仲裁协议无效。这是执行地国法院拒绝承认与执行外国仲裁裁决的主要理由之一。仲裁协议无效由执行地国法院予以认定。导致仲裁协议无效的主要情况有：仲裁协议的当事人依据应当适用的法律中存在着某种无行为能力的情况；仲裁协议本身应当适用的法律为无效协议等情况。

（2）仲裁庭的组成不当。如果仲裁庭的组成与仲裁所适用的法律规则不符，该仲裁庭作出的裁决就会得不到执行地国法院的承认与执行。

（3）仲裁程序不当。如果仲裁程序不当，裁决也不能得到执行地国法院的承认与执行，通常包括当事人未能得到指定仲裁员或者进行仲裁程序的机会、当事人未能申述案情或者对专家鉴定作出评论等情况。

（4）仲裁庭超裁。如果被执行人提出证据证明裁决所处理的争议不在仲裁协议约定的范围之内，执行地国法院可以拒绝承认与执行该外国仲裁裁决。

2. 法院依职权查明的不予执行的事项

（1）不可仲裁事项。如果外国仲裁裁决所涉及的事项根据执行地国的法律为不能通过仲裁的方式解决的事项，则该外国仲裁裁决不能得到执行地国法院的承认与执行。

（2）社会公共利益。如果外国仲裁裁决与执行地国的法律、重大利益、基本政策、道德观念相抵触，那么也会被执行地国法院拒绝承认与执行。

想一想

外国的仲裁裁决与本国法律之间是什么关系？

五、中国法院对外国仲裁裁决的承认与执行

（一）执行外国仲裁裁决的依据

我国《民事诉讼法》第二百八十三条规定，国外仲裁机构的裁决，需要中华人民共和国人民法院承认和执行的，应当由当事人直接向被执行人住所地或者其财产所在地的中级人民法院申请，人民法院应当依照中华人民共和国缔结或者参加的国际条约，或者按照互惠原则办理。

我国于 1987 年加入《承认及执行外国仲裁裁决公约》（The New York Convention on the Recognition and Enforcement of Foreign Arbitral Awards，简称《纽约公约》），并在加入时作出了公约允许的互惠保留声明和商事保留声明。根据我国加入该公约所作的互惠保留声明，我国对在另一缔约国领土内作出的仲裁裁决的承认和执行适用该公约，该公约与我国《民事诉讼法》有不同规定的，按该公约的规定办理。根据我国加入该公约所作的商事保留声明，仅对按照我国法律属于契约性和非契约性的商事法律关系所引起的争议适

用该公约。所谓"契约性和非契约性的商事法律关系"是指由于合同、侵权行为或者根据有关法律规定而产生的经济性的权利义务关系。

对于非公约裁决，根据我国《民事诉讼法》第二百八十三条的规定，按照互惠原则予以承认与执行。

（二）执行外国仲裁裁决的机构

按照我国《民事诉讼法》的相关规定，申请人申请执行外国仲裁裁决的，应当直接向被执行人住所地或者其财产所在地的中级人民法院申请。

有管辖权的法院在接到申请人关于请求执行外国仲裁裁决的申请后，依照中华人民共和国缔结或者参加的国际条约，或者按照互惠原则进行审查后，认为不违反中华人民共和国法律的基本原则或者国家主权、安全、社会公共利益的，裁定承认其效力，需要执行的，发出执行令，依照有关规定执行。违反中华人民共和国法律的基本原则或者国家主权、安全、社会公共利益的，不予承认和执行。

课堂讨论

中国A公司与美国B公司就贸易项下欠款产生争议，双方未能达成和解。A公司根据协议中的仲裁条款，向美国食品工业协会提出仲裁申请，B公司应诉。最终A公司获得胜诉裁决。但经长时间努力，B公司均拒绝执行裁决。无奈之下，A公司向美国法院申请执行仲裁裁决。

问题：A公司向美国法院申请执行仲裁裁决的行为说明仲裁与执行之间是什么关系？

项目小结

国际商事仲裁是指在国际商事活动中，不同国家的自然人、法人依事先或事后达成的仲裁协议，将他们在对外经济贸易及海事中所发生的有关争议提交给某临时仲裁庭或常设仲裁机构进行审理，并由其作出具有约束力的仲裁裁决的制度。国际商事仲裁遵守意思自治、仲裁庭独立公正解决争议、法院对仲裁实施保障和监督等原则。

国际商事仲裁活动是通过仲裁机构予以实施的，在各国的商事仲裁立法与实践中，处理商事争议的仲裁机构可以分为临时仲裁机构和常设仲裁机构。

国际商事仲裁协议是当事人达成的，就他们之间已经发生的或将来可能发生的争议提交仲裁解决的协议。国际商事仲裁协议是当事人的共同意思表示，是仲裁机构对协议约定的案件具有管辖权的依据和排除法院对该案件管辖的抗辩理由，也是仲裁裁决得以承认与执行的基本前提。

根据组成仲裁庭人数的不同，可以分为独任仲裁庭和合议仲裁庭等类型，通常由奇数仲裁员组成。仲裁庭具有决定管辖权限、决定仲裁程序和证据事项、作出保全措施和令一方当事人提供费用担保的决定、决定仲裁应当适用的法律、作出仲裁裁决的权力。

仲裁程序是指当事人、代理人、仲裁庭、仲裁机构以及其他仲裁参加人进行仲裁过程中所应共同遵循的各项程序规则的总和。仲裁程序的基础是当事人约定和法律的规定。机构仲裁的程序通常可以分为四个阶段：开始阶段、庭前准备阶段、庭审阶段和裁决阶段。

仲裁裁决是仲裁庭就当事人提交仲裁解决的事项作出的裁定，具有法律上的约束力。仲裁裁决书通常包括基本案情、仲裁庭意见和仲裁裁决三个部分。仲裁裁决对当事人具有法律上的约束力，如果一方当事人不能自动履行仲裁裁决，另一方当事人可请求相关国家的法院强制执行该裁决。

综合实务训练

一、名词解释

1. 国际商事仲裁
2. 仲裁协议
3. 国际商事仲裁裁决

二、问答题

1. 简述国际商事仲裁的基本原则。
2. 简述国际常设仲裁机构的职能。
3. 简述仲裁庭的权力与义务。
4. 简述中国法院对外国仲裁裁决的承认与执行。

三、案例分析题

1. 法国A公司与中国B公司订立了买卖合同，该合同第15条规定："买卖双方在产生与该合同有关的分歧、争议时，应本着友好协商的原则共同协商解决。如果协商无效，应提交中国相关的国际贸易仲裁机构，根据相应的规则和程序进行仲裁。"双方当事人在履行合同中发生争议，A公司将该争议提交人民法院，B公司对法院的管辖权提出异议，理由是根据当事人之间的买卖合同第15条，该合同项下的争议应当提交仲裁解决，人民法院对此无管辖权。

问题：

人民法院对此争议是否有管辖权？为什么？

2. 申请人A公司与被申请人B公司订立了货物买卖合同，约定了A公司购买B公司货物的价格、交货时间、交货地点。货物经过周转港口时，当地的进出口商品检验局对货物进行了检验，之后货物被从仓库转移到露天存放。进出口商品检验部门经检验后出具了检验证书，证明货物重量短缺和质量不符合要求。申请人根据其与被申请人之间的货物买卖合同和该合同中的仲裁条款，向约定的仲裁委员会提出了书面仲裁请求。

在仲裁审理过程中，双方当事人就造成货物瑕疵的原因各执一词。仲裁庭指定的专家组从这批货物中提取了5个样品进行检验，并提出了检验报告，该报告的结论是本案货物缺陷早在工厂期间就存在了。

被申请人在收到该检验报告后，口头通知仲裁庭希望对该报告发表评论意见，并就上述口头意见向该仲裁委员会发出书面通知，就检验报告中的问题提出质疑。之后，仲裁庭作出申请人胜诉的裁决。

由于被申请人未能主动履行此裁决，申请人A公司向被申请人所在地法院申请执行。

问题：

A公司的申请能否得到法院的支持？为什么？

参考文献

1. 马三生. 国际商法. 西安：西安交通大学出版社，2016.
2. 左海聪. 国际商法. 北京：法律出版社，2013.
3. “七五”普法图书中心. 合同法案例读本. 北京：中国法制出版社，2016.
4. 史学瀛，潘晓滨. 国际商法. 北京：清华大学出版社，2015.
5. 郭双焦. 国际商法. 武汉：武汉大学出版社，2015.
6. 周黎明. 国际商法理论与实务. 北京：北京大学出版社，2014.
7. 李双元，王海浪. 电子商务法若干问题研究. 2 版. 武汉：武汉大学出版社，2016.
8. 全国人大财政经济委员会电子商务法起草组. 中国电子商务立法研究报告. 北京：中国财政经济出版社，2016.
9. 李晓秋. 电子商务法案例评析. 2 版. 北京：对外经济贸易大学出版社，2015.
10. 李国旗. 电子商务法实务研究. 杭州：浙江大学出版社，2015.
11. 吴伟光 . 网络与电子商务法. 北京：清华大学出版社，2012.
12. 王迁. 知识产权法教程. 5 版. 北京：中国人民大学出版社，2016.
13. 刘春田. 知识产权法. 5 版. 北京：高等教育出版社，2015.
14. 冯晓青，刘友华. 专利法. 北京：法律出版社，2010.
15. 潘灿君. 著作权法. 杭州：浙江大学出版社，2013.
16. 赵秀文. 国际商事仲裁法. 3 版. 北京：中国人民大学出版社，2012.
17. 曾宪义，王利明. 仲裁法. 3 版. 北京：中国人民大学出版社，2016.
18. 邓瑞平. 国际商事仲裁法学. 北京：法律出版社，2010.
19. 吴薇. 国际商法. 大连：大连理工大学出版社，2014.
20. 沈四宝，刘刚仿. 国际商法. 5 版. 北京：中国人民大学出版社，2021.